山西师范大学教材建设资金资助

婚姻家庭法学

HUNYIN JIATING FAXUE

潘新喆　赵跃先　编著

项目策划：梁　平
责任编辑：杨　果
责任校对：孙滨蓉
封面设计：璞信文化
责任印制：王　炜

图书在版编目（CIP）数据

婚姻家庭法学 / 潘新喆，赵跃先编著．— 成都：四川大学出版社，2021.9
ISBN 978-7-5690-4922-0

Ⅰ．①婚…　Ⅱ．①潘…　②赵…　Ⅲ．①婚姻法—法的理论—中国　Ⅳ．①D923.901

中国版本图书馆 CIP 数据核字（2021）第 169402 号

书名　婚姻家庭法学

编　著	潘新喆　赵跃先
出　版	四川大学出版社
地　址	成都市一环路南一段 24 号（610065）
发　行	四川大学出版社
书　号	ISBN 978-7-5690-4922-0
印前制作	四川胜翔数码印务设计有限公司
印　刷	郫县犀浦印刷厂
成品尺寸	185mm×260mm
印　张	12.75
字　数	312 千字
版　次	2021 年 9 月第 1 版
印　次	2022 年 6 月第 2 次印刷
定　价	39.00 元

版权所有 ◆ 侵权必究

◆ 读者邮购本书，请与本社发行科联系。
电话：(028)85408408/(028)85401670/
(028)86408023　邮政编码：610065
◆ 本社图书如有印装质量问题，请寄回出版社调换。
◆ 网址：http://press.scu.edu.cn

四川大学出版社
微信公众号

前 言

甜蜜的爱情、幸福的婚姻、和睦的家庭、相亲相爱的家人，对大学生而言，是非常憧憬和向往的。因而，如何使自己未来的婚姻家庭美满幸福，是当代大学生的一门人生必修课，更是我们高等学校应该开设的一门通识课。

众所周知，2020 年 5 月 28 日，《中华人民共和国民法典》经第十三届全国人民代表大会第三次会议表决通过，自 2021 年 1 月 1 日起施行。作为《中华人民共和国民法典》独立一编的“婚姻家庭编”，调整因婚姻家庭产生的民事关系，规范现实生活中夫妻、父母子女、祖孙、兄弟姐妹等家庭成员相互之间的具体行为。学习婚姻家庭法，大学生能了解和掌握我国婚姻家庭法的基本理论知识，明确夫妻之间、父母子女等家庭成员之间的权利和义务，在未来的婚姻家庭中，正确行使权利，勇于承担义务，做好自己的本分；学会运用法律规则，分析和解决婚姻家庭纠纷，避免家庭矛盾处理不当而导致婚姻破裂、家庭解体；忠于婚姻，促进婚姻家庭和睦、社会和谐文明进步。总之，学习婚姻家庭法，大学生可提高自身的法律意识，形成尊重法律、敬畏法律、遵守规则的法治观念；树立正确的婚姻家庭权利义务观，为未来的婚姻家庭生活奠定良好基础。

本书共分九章，主要内容包括：

第一章，婚姻家庭法概述。第二章，婚姻家庭法的基本原则。第三章，亲属制度。第四章，结婚制度。第五章，夫妻关系。第六章，父母子女关系和其他近亲属关系。第七章，离婚制度。第八章，收养制度。第九章，婚姻家庭观。

该书写作过程中，借鉴和参考了学界多位同仁的宝贵资料，在此一并表示感谢。

目　　录

第一章　婚姻家庭法概述

第一节　婚姻、家庭、婚姻家庭

在人类社会发展的过程中，婚姻家庭并不是自始就存在的，也不是永恒不变的。婚姻家庭是社会发展到一定阶段的产物，是与一定的生产、生活方式相适应的两性和血缘关系的社会形式。

一、婚姻的概念

婚姻是男女双方以永久共同生活为目的，以夫妻的权利义务为内容的合法结合。它具有以下四层含义：

（1）婚姻必须是男女两性的结合。

婚姻必须是男女两性的结合，这是婚姻的基本特征和前提条件，是婚姻关系与其他社会关系的根本区别，是婚姻的自然层面的要求。两性的结合是人伦之本，男女两性的性差异、性吸引、性本能是产生婚姻的原始动力，是婚姻成立的自然条件。

（2）婚姻是男女双方以永久共同生活为目的的两性结合。

婚姻要求男女双方在结合时具有永久共同生活的主观愿望，以维护其严肃性、稳定性，排除了附条件、有期限的结合。但这并不是否认婚姻的可解除性，禁止离婚主义是宗教、神学的观点。夫妻的结合，包括了精神、性、物质及其他权利义务关系的结合，且具有持久性，这是婚姻区别于一切违法两性结合的重要标志。男女结合以永久共同生活为目的，有利于实现婚姻家庭健康生存发展的社会需求，也符合婚姻当事人自身的要求。我国大多数婚姻当事人实现了双方终身共同生活的夙愿，少数当事人因感情破裂解除了婚姻关系，也是符合事物发展的辩证规律的。

（3）婚姻须为一男一女的结合。

人类自进入阶级社会以来，婚姻形式已由对偶婚发展为个体婚，即一夫一妻制。个体婚制度是社会生产发展的结果，它有利于建立稳定的婚姻关系，有利于对子女的抚养教育，也是人类由愚昧野蛮走向文明的标志。人类历史表明，个体婚是实现人种的繁衍和组织家庭生活最合理的两性结合形式。

（4）男女的结合必须为当时的社会制度所确认，才具有夫妻身份并受到相应保护。

自阶级社会以来，婚姻一般是由法律来确认的，即婚姻当事人必须依照法定的条件和程序行使结合，才能产生夫妻身份和相互之间的权利义务关系。因此，男女的结合是一种法律行为，而非任意行为；婚姻的组成关系到人类社会的延续和发展，关系到人类有秩序而合理的社会生活。用法律对婚姻加以规范和干预，是人类完善和提高婚姻质量、保障社会发展的需要。

二、家庭的概念

家庭是由一定范围内的亲属所构成的社会生活单位，其成员之间互享法定权利，互负法定义务。

家庭具有两个基本特征：

（1）家庭是一个社会生活单位。

家庭在历史上曾经既是一个生产单位，又是一个生活单位。

在我国社会主义制度下，随着生产资料公有制的建立，家庭失去了生产职能，成为单纯生活的单位。自 1978 年我国经济体制改革以来，农村实行土地联产承包责任制，城市出现了个体户经营，尤其是私营经济的发展，使许多家庭的生产职能又部分地恢复并有所强化了。但这只是经济改革这一特定历史阶段的产物，随着我国社会生产力的发展，家庭的生产职能已经或正在转归社会。比较而言，家庭的生活和消费职能却是稳定不变、经久不衰的，人类的生活职能，从古至今都是由家庭这种社会结构来承担的。

（2）家庭是由一定范围的亲属所构成的生活单位。

自古以来，家庭就是由有血缘关系的人所组成的群体，它是亲属生活的单位。在近现代社会，家庭结构日趋缩小，组成家庭的亲属自然只能限定在法定范围内。在我国《中华人民共和国民法典婚姻家庭编》（以下简称《民法典婚姻家庭编》）① 中，具有权利义务关系的亲属包括夫妻、父母子女、祖父母孙子女、外祖父母外孙子女和兄弟姐妹。家庭是特定的亲属间履行权利义务，实现共同生活的最佳组织形式。

三、婚姻家庭

婚姻家庭在本质上是一种特定形式的社会关系，或是一种特殊的社会关系。婚姻家庭以两性结合和血缘关系为其自然条件，这是婚姻家庭关系和其他社会关系的重要区别。因此，在研究婚姻家庭的本质时，要对婚姻家庭的自然属性和社会属性，以及两者之间的关系有一个正确的认识。

（一）婚姻家庭的自然属性

婚姻家庭的自然属性，是指婚姻家庭赖以形成的自然因素。它体现了生物学、生理

---

① 因本书提及较多法律法规名称，为避免篇幅过长，法律法规名称均使用简称。

学规律在人类婚姻家庭方面的作用，具体表现在以下方面：

（1）男女两性的差别和人类的性本能，构成婚姻中男女两性结合的生理学基础。

（2）通过生育而实现的种的繁衍和家庭成员之间的血缘联系，构成家庭这一亲属团体在生物学上的特征。

（3）某些自然规律对人类的婚姻家庭制度起到制约、影响作用。违背自然规律，人类就会遭受惩罚。例如，自然选择规律在逐步排斥近亲通婚的过程中表现得十分突出，原始社会中两性和血缘关系的社会形式从低级到高级的发展演变，就体现了对自然选择规律的适应。从优生学的角度来看，它对创造体质和智力更加健全的人种，推动社会的进步，起了很重要的作用。

如果没有婚姻家庭的自然属性，婚姻家庭便无从产生，也不可能实现其特殊的社会职能。因此，人类进入阶级社会以来，任何国家的婚姻家庭立法者，都要考虑婚姻家庭的自然属性，只是各国在程度和表现形式上有所区别而已。各国在婚姻立法时往往会规定：结婚者须达到一定的年龄，双方当事人不能有一定的血亲关系或患有某种疾病，一方缺乏性行为能力可以离婚等。这些都是从婚姻家庭固有的自然条件出发的。

（二）婚姻家庭的社会属性

婚姻家庭的社会属性，是指社会制度赋予婚姻家庭的本质属性。作为社会关系特定形式的婚姻家庭，是出于社会生产和生活的客观需要而形成的。婚姻家庭中的物质社会关系和思想社会关系，是同一定的经济基础和上层建筑意识形态相适应的。婚姻家庭的社会属性具体表现在两个方面：

（1）婚姻家庭关系是一种社会关系，其产生、形成和发展是由社会的生产关系决定的。

自人类社会产生以来，人们就以社会成员的身份从事物质资料的生产和人口的再生产，并且在这两种生产过程中，形成了包括婚姻家庭在内的社会关系。同时，人类的生产关系，又决定着婚姻家庭形态。伴随生产力的发展，人类从社会之初的杂乱性关系逐步进化至高级形态，最终产生了一夫一妻制家庭。

（2）婚姻家庭关系又受上层建筑诸因素的制约和影响。

婚姻家庭关系是一种社会关系，它和社会的上层建筑，如政治、法律、道德、文艺、宗教、风俗习惯等都有密切联系。在阶级社会中，政治制度最集中地反映了经济基础的性质和要求，统治者必然通过法律来维护符合其阶级利益的婚姻家庭制度。道德、宗教和风俗习惯、文学艺术等，也通过不同的途径对婚姻家庭起着重要作用。它们依靠社会舆论、人们的信仰、传统或教育等力量，去判断是非、善恶，从而调整和影响婚姻家庭关系。

（三）自然属性和社会属性的关系

婚姻家庭的本质是由它的社会属性决定的，自然属性只是婚姻家庭产生的前提条件。我们不能夸大自然属性对婚姻家庭的作用，但也不能将自然属性和社会属性并列对待。两性结合和血缘联系是普遍存在于一切高等或较高等的动物之中的，而婚姻家庭却

是人类特有的社会现象。所以，社会性是人类的根本属性，婚姻家庭关系依存于一定的社会结构，具有一定的社会内容。婚姻家庭的起源、性质及其发展变化，皆是由社会制度及社会的物质生活条件决定的。

肯定婚姻家庭的社会属性的决定作用，是马克思主义婚姻家庭观的出发点。有的资产阶级学者企图用猿类、鸟类等某些动物中较长时期内配偶同居的现象，来证明人类的婚姻家庭从来就是一夫一妻制的；有的资产阶级学者则认为，性的本能是婚姻家庭中的决定因素。这些主张都是错误的，它们仅用生理学、生物学领域中起作用的自然因素来解释婚姻家庭这种社会关系，而忽视了从社会性角度来分析婚姻家庭关系。

四、婚姻家庭的社会功能

婚姻家庭是适应人类社会发展的客观需要而出现的，从它开始产生之时，便担负着重要的、其他社会组织无法替代的功能。这些功能将婚姻家庭和社会密切地联系在一起，是婚姻家庭的本质和作用在社会生产、社会生活中的具体表现。一夫一妻制形成以来的婚姻家庭起着调节两性关系、组合亲属生活的重要作用。它是社会中人口再生产的单位，也是重要的经济单位和教育单位。

（一）实现人口再生产的功能

一定数量的人口和人口的再生产，是社会存在和可持续发展的必要条件。恩格斯说："根据唯物主义观点，历史中的决定性因素，归根结底是直接生活的生产和再生产。但是，生产本身又有两种。一方面是生活资料即食物、衣服、住房以及为此所必需的工具的生产；另一方面是人自身的生产，即种的繁衍。"① 以两性结合和血缘联系为其自然条件的婚姻家庭，是人口再生产的社会形式。实现社会人口再生产，具体要通过婚姻家庭中的生育行为来实现。但在人类社会中，人口的再生产并不是一个纯自然的过程，它会受到社会制度的制约，历史上的每一种生产方式，都有其特定的人口规律，社会制度不同，婚姻家庭在实现人口再生产的功能时也呈现出相应的特点。基于社会主义制度的人口规律的客观要求和我国的人口现状，我国实行计划生育的目的在于实现人口与经济、社会的协调发展和社会的可持续发展。

（二）经济功能

家庭的经济功能，是同一定社会中生产力和生产关系的性质和特点相适应的。以婚姻为基础的个体家庭形成后，家庭便取代了氏族组织成为社会经济的基本单位。尤其是在奴隶社会、封建社会的经济结构中，家庭的经济功能非常强大，它是组织生产和消费的基本单位。到了资本主义社会以后，随着生产组织形式的变化，家庭作为生产单位的功能已大为削弱，但它仍然是组织消费的经济单位。

---

① 中共中央马克思恩格斯列宁斯大林著作编译局：《马克思恩格斯文集》（第4卷），人民出版社，2009年，第15～16页。

恩格斯曾经指出："随着生产资料转归公有，个体家庭就不再是社会的经济单位了。"[①] 但是，社会主义建设的实践表明，完成上述变革并非一件容易的事情，还需要一个漫长的历史过程。我国作为社会主义国家，虽然实现了生产资料公有制，但我们正处于社会主义初级阶段，改革开放以来，家庭的经济功能有所增强，实行家庭土地承包经营责任制的广大农民家庭，以及众多的城乡个体工商户，都是社会主义市场经济中活跃的细胞，担当着组织生产经营的功能；家庭作为消费的经济单位，仍是社会分配和个人消费的中介，在养老育幼方面起着重要的作用。

（三）教育功能

以婚姻为基础的家庭也是社会中的一个教育单位，家庭教育是社会教育的重要组成部分。这里的家庭教育不仅指父母对子女的教育，还包括家庭成员之间的相互教育。对于每个人来说，家庭教育往往是其最先接受到的教育，家庭成员之间在血缘的、感情的、经济的和共同生活的等方面的密切关系，使家庭教育更具有可行性、可操作性，而且有更明显的效果。在教育事业不发达的古代，家庭教育是最重要的教育手段。近现代以来学校教育和其他社会教育有了很大的发展，但家庭教育在全部社会教育中仍具有其特殊的地位，在培养健全人格、培育思想品德、实现文化传承等方面都起着重要的作用。在社会主义制度下，我们应当将家庭教育、学校教育和其他社会教育更加有效地结合起来，进一步发挥家庭作为教育单位的作用，以促进人的全面发展和社会的文明进步。

第二节 婚姻家庭制度

一、婚姻家庭制度的概念及其形成

（一）婚姻家庭制度的概念

婚姻家庭制度是规范夫妻关系和家庭关系的基本准则，是一定社会中占统治地位的婚姻家庭形态在上层建筑领域的集中反映，是将婚姻家庭关系用法律形态或根据社会习惯加以固定化，使之成为人们共同遵守的行为规则。

婚姻家庭制度并不是人类社会产生之时就有的。在人类原始社会初期，生产力水平极其低下，人类与自然作斗争的能力极为薄弱，为了生存的需要，人们只能聚群而居，共同劳动、共同生活。这种社会制度之下，并没有出现婚姻家庭制度，在原始群体的男

---

① 中共中央马克思恩格斯列宁斯大林著作编译局：《马克思恩格斯文集》（第 4 卷），人民出版社，2009 年，第 89 页。

女成员之间，两性关系十分混乱，没有任何婚姻禁例的限制，完全是一种性本能的表现。恩格斯称当时的状况为“杂乱的性交关系”时期，两性关系只有自然、朴素的性质。之后，人类经过漫长岁月，伴随生产力水平的缓慢发展，人们对自然选择规律有了初步认识，出现了对近亲间两性关系的限制，人类历史上出现了婚姻家庭，并产生了婚姻家庭制度。但最早产生于原始社会的婚姻家庭方面的行为规范是由道德、习惯等形式加以确认的，而产生于阶级社会中的婚姻家庭制度则具有了一定的法律形式，同时，有关的道德、习惯等也是阶级社会的婚姻家庭制度的补充形式。

婚姻家庭关系与婚姻家庭制度并不相同。婚姻家庭关系是就该社会的具体的婚姻家庭形态而言的，具有多样性，在一个社会中，除占统治地位的婚姻家庭形态之外，还存在着多种婚姻家庭形态。而婚姻家庭制度是由各种行为规范构成的，在特定的社会制度下具有统一性，凡被统治阶级认可的法律、道德、宗教、风俗习惯等都是为统治阶级服务的。

在婚姻家庭制度形成的过程中，既要遵循自然规律，不违背婚姻家庭的自然属性，又必须根据统治阶级的利益，对自然属性予以制约、引导、调控，使其有利于社会的稳定与发展。因而，只要不违背自然属性，统治阶级的意志与利益在制定婚姻家庭制度，特别是制定法律的过程中，起着决定性的作用。

为了阐明婚姻家庭制度发展变化的规律性，应当全面地考察它和经济基础以及上层建筑各个领域的关系，揭示其与整个社会制度的内在联系。

（二）经济基础决定婚姻家庭制度

1. 婚姻家庭制度产生并决定于经济基础

马克思曾说：“社会——不管其形式如何——究竟是什么呢？是人们交互作用的产物。人们能否自由选择某一社会形式呢？决不能。在人们的生产力发展的一定状况下，就会有一定的交换〔commerce〕和消费形式。在生产、交换和消费发展的一定阶段上，就会有一定的社会制度、一定的家庭、等级或阶级组织，一句话，就会有一定的市民社会。”[①] 即有什么样的社会生产关系，就会有什么样的社会制度，也就会有什么样的婚姻家庭制度。马克思这一著名论断，揭示了婚姻家庭制度的本质，对婚姻家庭制度的决定性因素作出了科学的结论。随着生产力的发展，人类从原始社会之初的杂乱性关系发展至一夫一妻制度，而不同社会制度的一夫一妻制度又都受到该社会生产关系的制约，具有该社会的特点，打上了该社会的烙印，说明了婚姻家庭制度产生并决定于经济基础。

2. 婚姻家庭制度随着经济基础的变化而变化

人类社会的历史发展证明，无论是原始社会还是阶级社会，无论是奴隶制社会、封建制社会还是资本主义社会，都有与其经济基础相适应的婚姻家庭制度，人类历史上各

---

① 中共中央马克思恩格斯列宁斯大林著作编译局：《马克思恩格斯全集》（第 27 卷），人民出版社，1972 年，第 477 页。

种婚姻家庭制度的依次更替，都是经济基础发生变革的结果，婚姻家庭制度随着经济基础的变化而变化。因而，推动婚姻家庭制度由低级向高级发展变化的根本动因就是社会的生产关系。

3. 婚姻家庭制度通过自身的途径能动地反作用于经济基础，并通过经济基础影响生产力的发展

经济基础决定婚姻家庭制度，但婚姻家庭制度对经济基础又有反作用力。婚姻家庭制度既然是一定经济基础的上层建筑，那么它也和其他上层建筑一样，能动地反作用于经济基础，并通过经济基础对生产力的发展发挥各种影响作用。历史证明：凡是维护旧的经济基础，阻碍生产力发展的婚姻家庭制度，都是落后、衰败、注定要消亡的；而巩固新的经济基础，促进生产力发展的婚姻家庭制度，则是文明、进步、必定会发展的。这也正是我们实行婚姻家庭制度改革的理论依据。总之，我们在肯定经济基础对婚姻家庭制度的决定作用时，也不可忽视婚姻家庭制度对经济基础的反作用力，并以此作为评价一定社会、一定时期的社会婚姻家庭制度的终极标准。

（三）上层建筑内部诸要素影响和制约婚姻家庭制度

经济基础对婚姻家庭制度的要求，往往不是直接的，而是通过上层建筑各个部门反映出来的。因此，婚姻家庭的发展与演变受到政治、法律、道德、宗教、文化与风俗习惯等上层建筑诸领域的影响与制约。政治、法律、道德、宗教、文化与风俗习惯无不影响和制约着婚姻家庭制度，这也正是经济基础相同的民族与国家在婚姻家庭制度上为何存在着明显差别的原因。上层建筑的政治、法律、道德、宗教观点和风俗习惯等是经济基础作用于婚姻家庭的中间环节，因此，研究它们对婚姻家庭的影响和制约具有重大的意义。

1. 政治、法律制度对婚姻家庭制度的影响

在阶级社会中，政治是经济的集中表现，政治制度最直接地反映经济基础的性质和要求，因而它在上层建筑领域中居于首要的、支配的地位，对婚姻家庭制度的影响最大。可以说，政治制度决定婚姻家庭制度，而婚姻家庭制度又为政治制度服务。恩格斯在谈到封建的婚姻关系时说："对于骑士或男爵，像对于王公一样，结婚是一种政治行为，是一种借新的联姻来扩大自己势力的机会，起决定作用的是家族的利益，而决不是个人的意愿。"① 他还说，资产阶级的婚姻"仍然是阶级的婚姻"②。我国封建社会盛行的良贱不婚、官民不婚等规定，也是由封建主义的政治制度决定的，是为宗法社会的政治制度服务的。

法律是统治阶级意志的体现。它是由国家制定，并由国家强制力保证实施的行为规范。一切统治阶级，都利用法律的形式把有利于本阶级的婚姻家庭关系固定下来，使其

① 中共中央马克思恩格斯列宁斯大林著作编译局：《马克思恩格斯文集》（第 4 卷），人民出版社，2009 年，第 92 页。

② 中共中央马克思恩格斯列宁斯大林著作编译局：《马克思恩格斯文集》（第 4 卷），人民出版社，2009 年，第 95 页。

制度化、规范化，赋予强制力保证实施，借以维护其社会秩序和政治统治。在阶级社会中，婚姻家庭制度的主体是婚姻家庭法律，有关婚姻家庭的立法，在古今各国的法律体系中均有重要的地位。同时，婚姻家庭法律是以国家的强制力作为后盾的，因而，它在婚姻家庭制度的形成及调整婚姻家庭关系领域中具有特别重要的作用。

2. 宗教对婚姻家庭制度的影响

宗教是一种社会意识形态，其宗旨在于对超自然力的信仰，并由此获得精神上的慰藉。宗教包括信仰、教义、抚慰、礼拜、宗教仪式等活动。宗教作为一种行为规范，通过人们的信仰对其行为具有约束力。

宗教对婚姻家庭的影响不可忽视，这不仅表现在宗教的教义中包含着婚姻家庭关系的内容，而且还表现在有些国家在一定的时期内，婚姻家庭的立法权和司法权直接操纵在教会的手中。如《古兰经》中的若干教规历来是伊斯兰教国家婚姻家庭立法的主要根据，至今在一些伊斯兰教国家仍然是调整婚姻家庭关系的准则；再如欧洲中世纪，当基督教成为国教，并形成对国家权力的控制时，在相当长的一个历史时期内，婚姻家庭关系是由基督教的教会法即寺院法来调整的，甚至在宗教改革、教会的政治权利被剥夺后，教会法对于许多国家的婚姻家庭立法仍有着重要的影响。

3. 道德、风俗习惯等对婚姻家庭制度的影响

道德是以善恶、荣辱观念来评价人们的社会行为，调整人们之间相互关系的行为规范，并通过自我评价与社会评价起到约束人们行为的作用。道德与法律不同之处在于：道德调整的范围比法律更为广泛；道德不是依靠国家的强制力，而是依靠人们的内心信念、信仰与社会舆论发挥作用，道德的惩罚方式是通过舆论的力量约束人们的行为，对某些行为给予支持、鼓励、表彰，而对另一些行为给予谴责、批评且摒弃于某一特定社会团体之外。

道德规范包含大量的有关婚姻家庭方面的行为规则。统治阶级通过舆论宣传，把有利于本阶级的婚姻家庭道德作为人们的价值取向，使之成为占统治地位的社会道德，并与婚姻家庭立法互为补充，共同构成婚姻家庭制度的主要内容，调整婚姻家庭关系。而道德对于人们婚姻家庭生活的调整和约束，比法律的作用更具优势，其影响的范围更大，时间更久远。同时，法律一般是对某种行为提出的不损害他人和社会利益的最低要求，而道德的要求高于法律，它能促使人们作出更高境界的有利于社会利益的积极行为，因而，在社会主义初级阶段，弘扬社会主义婚姻家庭道德，对促进社会精神文明的建设有重要意义。

此外，风俗习惯是人们在一定的社会条件下长期生活实践中形成的，对婚姻家庭制度也有不可忽视的影响。文学艺术则是运用形象思维来反映婚姻家庭生活，通过人们的爱情观和婚姻家庭观，潜移默化地影响人们的思想和行动。

总之，婚姻家庭制度由生产关系确定，又受政治、法律、宗教、道德、习惯等上层建筑的影响。

二、婚姻家庭制度的历史类型

在人类社会的历史进程中，婚姻家庭制度大约经历了三种历史类型，即群婚制、对偶婚制和一夫一妻制。

（一）群婚制

群婚又称集团婚，是指一群男子与一群女子互为夫妻的婚姻形式。群婚是人类社会最早的婚姻家庭形态，它相比较杂乱性交关系而言，最主要的进步在于群婚制的两性关系因血缘而受到了初步限制。按照恩格斯的观点，这一阶段为蒙昧时期，即人类的童年，其生产力水平低下，以采集天然产物为主，以石头、弓箭作工具。群婚制又经历了两个发展阶段。

1. 血缘群婚制

血缘群婚也称血缘婚。它是人类婚姻的第一个形式，也是群婚制的低级形态。群婚制婚姻允许同辈分的男女互为夫妻，排除了不同辈分的男女之间的两性关系。例如，在祖父母辈、父母辈、子女辈等各个辈分内的男女之间，可以互为夫妻；而祖父母与孙子女、父母与子女等不同辈分的男女之间，是禁止通婚的。

排除不同辈分的男女之间通婚，这是人类婚姻史上的第一个婚姻禁令。它使人类结束了杂乱的性交时期，开始了婚姻家庭的新时代。但血缘群婚制并不排除旁系血亲间通婚的权利，例如，我国《后汉书·南蛮传》中记载一传说：远古高辛氏的女儿和盘结合，生6男6女，自相婚配。这说明了在同辈分的兄弟姐妹之间可以通婚的事实。恩格斯曾经指出："这种家庭的典型形式，应该是一对配偶的子孙中每一代都互为兄弟姊妹，正因为如此，也互为夫妻。"①

2. 亚血缘群婚制

亚血缘群婚制也称普那路亚婚或半血缘婚，它是群婚制的高级形态。"普那路亚"在夏威夷语中是亲密的同伴的意思。亚血缘婚仍然是同辈分男女之间的集团婚，但它排除了同胞兄弟姐妹之间通婚的权利，即一群女子和一群男子结合，前者中不得有后者的姐妹，后者中不得有前者的兄弟，只允许在血缘较远甚至无血缘关系的男女间通婚。亚血缘群婚的出现，是人类对自然选择规律进一步认识的结果。根据自然选择规律，血亲婚配受到限制的部落，比那些不限制兄弟姐妹间通婚的部落，必然发展得更加迅速。所以，恩格斯指出，排除兄弟姐妹之间的性交关系，是人类婚姻史的第二个进步，"这一进步，由于当事者的年龄比较接近，所以比第一个进步重要得多，但也困难得多"②。

亚血缘婚的一个重要历史作用在于，由于排除了兄弟姐妹间的通婚，从而使人类的

---

① 中共中央马克思恩格斯列宁斯大林著作编译局：《马克思恩格斯文集》（第4卷），人民出版社，2009年，第48页。

② 中共中央马克思恩格斯列宁斯大林著作编译局：《马克思恩格斯文集》（第4卷），人民出版社，2009年，第49页。

婚姻由族内婚向族外婚发展，直接引起了氏族的产生。由于此种婚姻所生的子女只知其母、不知其父，族外婚的世系就只能从母亲方面来确定，由此引起的继承关系只能按母系计算，因而，人类最早出现的氏族也只能是母系氏族。这种母系氏族就是一个女系血缘家庭，它具有了家庭的一定功能：既是一个血缘团体，又是当时的基本生活、生产单位。

（二）对偶婚制

产生于原始社会晚期的对偶婚制，是人类社会继群婚之后出现的第二个婚姻家庭形态。它是具有从集团婚向个体婚过渡性质的婚姻形态。对偶婚是指成对的男女在或长或短的时期内，保持着较为稳定的两性同居生活的婚姻形式，即一个男子在许多妻子中有一个主妻，一个女子在许多丈夫中有一个主夫，主夫主妻之间一定程度地脱离群体过着相对稳定的同居生活。

1. 对偶婚形成的原因

（1）社会生产力的发展，生产工具的改进，使得单个人的劳动行为成为可能，人们不再过分依赖群体而生存，于是，便提供了由群婚向对偶婚过渡的前提条件。

（2）自然选择规律继续发挥作用的结果。随着社会的发展，人们越来越意识到排除血缘亲属通婚的重要性，没有血缘亲属关系的氏族之间的婚姻创造出在体质上和智力上都更强健的人种。

（3）由于群婚制排斥亲属间通婚，不断缩小了人们通婚的范围，男子可寻的妻子的数量在减少，群婚制形式不能继续发挥作用了，“结果，只剩下一对暂时松散地结合的配偶，即一旦解体整个婚姻就终止的分子”①。这便是对偶婚形式。

2. 对偶婚的特点

（1）与群婚相比，配偶的范围在逐步缩小，最后相对集中为一对配偶。

（2）与一夫一妻制相比，成对配偶的同居仍显得十分脆弱，不够稳定牢固。

（3）对偶婚是具有过渡性质的婚姻形态。它既具有群婚制的某些特征，又是一夫一妻制的雏形。它在不断地减少多偶因素的过程中，为过渡到一夫一妻制创造着条件。

对偶婚基础上的对偶家庭并不是严格意义上的家庭，它不可能脱离氏族而独立。在氏族家庭式的公有经济的基础上，对偶家庭不成其为一个经济单位，不能作为当时社会的一个细胞组织，当时的经济单位仍然是以母权制为中心的氏族。

（三）一夫一妻制

一夫一妻制也叫个体婚，它是从对偶婚演变而来的。所谓一夫一妻制，是指一男一女结为夫妻的婚姻制度。阶级社会中的一夫一妻制，是在原始社会崩溃过程中逐步形成的，是建立在私有制经济基础和阶级剥削制度之上的，是私有制和阶级压迫的产物。它

---

① 中共中央马克思恩格斯列宁斯大林著作编译局：《马克思恩格斯文集》（第4卷），人民出版社，2009年，第59页。

的最终确立，是阶级社会形成、文明时代开始的标志。

一夫一妻制的产生，并不是自然选择规律作用的结果，也不是男女性爱促成的结果，而是社会的经济条件促使了这一婚姻形态的形成。在原始社会母系氏族末期，生产力有了进一步发展，剩余产品开始出现。按照当时的社会分工，男子逐渐成为新财富主要的创造者和掌管者，他们一方面要求废除母权制，实行妇从夫居的父权制，确立子女按父方计算世系和承袭父亲财产的制度；另一方面，要求婚姻形式由对偶婚改为个体婚，以保证妻子生育出血统纯正的后代来继承丈夫的遗产。于是，随着私有经济的发展，便形成了以男子为中心，以一定的私有财产为经济基础的“一夫一妻制”婚姻。它逐步取代了以公有制为其经济基础的氏族组织。

自人类进入阶级社会以来，起源于私有制的个体婚延续至今已有数千年的历史了。它经历了奴隶社会、封建社会、资本主义社会和社会主义社会四个历史时期。不同的社会类型，由于有着不同的经济基础和上层建筑，其一夫一妻制也就有不同的性质和特征。

1. 奴隶社会的一夫一妻制

奴隶社会的一夫一妻制建立在奴隶制生产关系的基础上，奴隶主占有全部生产资料和劳动者——奴隶。男子可以从战争中获取女奴为妻，也可以用购买女奴的方法取得妻子。因此，奴隶制的一夫一妻制带有两个基本特征：一是婚姻稳固，不允许随意离异；二是性别差异，具有男女不平等的片面性，其只是对妇女而言，对男子是名不符实的。正如恩格斯所说：“正是奴隶制与专偶制的并存，正是完全受男子支配的年轻美貌的女奴隶的存在，使专偶制从一开始就具有了它的特殊的性质，使它成了只是对妇女而不是对男子的专偶制。这种性质它到现在还保存着。”①

2. 封建社会的一夫一妻制

封建社会的一夫一妻制，是建立在封建主义生产关系的基础上的。封建主占有生产资料和不完全占有生产者，农民对地主具有程度不同的人身依附关系。封建的小生产经济和封建等级制度，表现在婚姻家庭制度上就是，实行家长制、包办强迫婚姻、男尊女卑、漠视子女利益、一夫一妻多妾制和男性专权离婚制度。

3. 资本主义社会的一夫一妻制

资本主义社会的一夫一妻制，是建立在资本主义生产关系的基础上的。资本主义的生产关系是资本家占有生产资料，商品经济是支配一切社会关系的基础。虽然资产阶级的自由、平等原则在婚姻家庭中也有所体现，但资产阶级的婚姻家庭关系在本质上是以金钱、财产关系为重心的。

4. 社会主义的一夫一妻制

社会主义的一夫一妻制，是建立在生产资料公有制和男女法律地位平等的基础上的。社会主义一夫一妻制具有婚姻自由、男女平等及保护妇女、未成年人、老年人、残

---

① 中共中央马克思恩格斯列宁斯大林著作编译局：《马克思恩格斯文集》（第4卷），人民出版社，2009年，第75页。

疾人合法权益等基本特征，法律不允许任何形式的重婚、纳妾现象存在。但不可否认的是，在社会主义的发展阶段，婚姻家庭领域里还不可避免地存在着旧制度、旧思想的残余，还存在着一些不符合一夫一妻制的现象。这说明社会主义婚姻家庭制度建立后仍然需要经历一个逐步完善的过程。人类的婚姻家庭制度正是不断地从低级向高级形式发展，这是不以人们的意志为转移的客观规律。

第三节　我国的婚姻家庭法

一、婚姻家庭法的概念、渊源及特征

（一）婚姻家庭法的概念

婚姻家庭法是指调整婚姻家庭关系的发生和终止，以及婚姻家庭主体之间、其他近亲属之间的人身关系和财产关系的法律规范的总和。这一概念是对我国婚姻家庭法律全部内容的集中概括，它不是仅就形式意义上的婚姻、家庭法律所言，而是就实质意义上的婚姻、家庭法律所言的。

为了把握上述概念，还应当注意以下几个问题：

（1）婚姻关系和家庭关系是密切联系在一起的。我国的婚姻家庭法既包括婚姻法律规范，又包括家庭法律规范，通过这两方面的规范构成了婚姻家庭领域的各种具体的法律制度。但是，婚姻法律规范和家庭法律规范又有交叉和重叠之处，如，夫妻关系既是婚姻关系，又是家庭关系的重要组成部分。法律中有关夫妻人身关系和财产关系的各种规定，可被称为婚姻法律规范，也可被称为家庭法律规范。

（2）我国婚姻家庭法也有一些规范是从亲属的角度加以规定的，而不是仅从婚姻家庭主体的角度加以规定的。如，收养制度中有关收养对养子女与养父母方的近亲属间的拟制效力，对养子女与生父母方的近亲属间的解销效力的规定等，在适用时均不以同居一家者为限。

（3）应当将婚姻家庭法理解为由各种婚姻、家庭法律规范构成的法律体系，即调整婚姻、家庭关系的法律规范的总和，而不是仅指某一特定的法律。正因为如此，了解我国婚姻家庭法的渊源，有助于从总体上理解婚姻家庭法。

（二）婚姻家庭法的渊源

法律渊源是指法律规范借以表现的形式，它主要来自各种具有法律效力的规范性文件。我国的婚姻家庭法渊源主要包括以下内容。

1. 宪法

宪法是国家的根本大法，在我国法律体系中居于统治地位。它是各种法律的立法依

据，其效力高于其他任何法律。有关婚姻家庭制度的宪法条款虽然为数不多，但却有着极为重要的意义。

《宪法》第48条和49条规定：中华人民共和国妇女在政治的、经济的、文化的、社会的和家庭的生活等各方面享有同男子平等的权利。国家保护妇女的权利和利益……婚姻、家庭、母亲和儿童受国家的保护。父母有抚养教育未成年子女的义务，成年子女有赡养扶助父母的义务。禁止破坏婚姻自由，禁止虐待老人、妇女和儿童。这些条款是我国婚姻家庭法的立法基础和立法原则。

2. 法律

法律是指由全国人民代表大会及其常务委员会制定的规范性文件，包括基本法和基本法以外的法律。2020年5月28日，第十三届全国人民代表大会第三次会议通过的《中华人民共和国民法典》(以下简称《民法典》)“婚姻家庭编”“继承编”等，成为调整婚姻家庭关系的主要法律制度，是我国婚姻家庭制度在法律上的集中表现。此外，《妇女权益保障法》《未成年人保护法》《老年人权益保障法》《残疾人保障法》《反家庭暴力法》《人口与计划生育法》等也有若干涉及婚姻家庭的规定，这些规定也是我国婚姻家庭法的渊源。

3. 行政法规和行政规章

行政法规是国家最高行政机关的国务院依据法律制定的规范性文件，行政规章是国务院所属部门可在各自的权限范围内依法制定的规范性文件。行政法规和行政规章中的有关规定，对贯彻执行调整婚姻家庭关系的法律起着十分重要的作用，它们的内容较法律更为具体，具有更大的可操作性，例如民政部经国务院批准颁行的《婚姻登记条例》《婚姻登记办法》《华侨同国内公民、港澳同胞同内地公民办理婚姻登记的几项规定》《中国公民同外国人办理婚姻登记的几项规定》《中国公民收养子女登记办法》《外国人在中华人民共和国收养子女登记办法》等。

4. 地方性法规和民族自治地区的变通规定

由各个省、自治区、直辖市制定的保护妇女、未成年人和老年人合法权益的决定、办法，关于婚姻登记的规定等有关婚姻家庭方面的地方性法规，也是我国的婚姻家庭法渊源。这些地方性法规，以法律为依据，并且结合本地实际情况而制定，具有补充的、实施细则的性质，是保证全国性的婚姻家庭立法贯彻执行的重要措施。

另外，按照“一国两制”的原则，香港和澳门特别行政区各有其独立的婚姻家庭法律制度，由它们制定的有关婚姻家庭的法律、条例等，也是我国婚姻家庭法律规范体系的组成部分。

5. 最高人民法院的司法解释

最高人民法院所作的有关司法解释，是人民法院审理婚姻家庭案件的经验总结。这些司法解释既具有一般规范性，又具有很强的可操作性，是我国婚姻家庭法的重要渊源之一，比如历次全国民事审判工作会议文件中有关适用婚姻家庭法的解释、最高人民法院关于适用婚姻法的司法解释及《关于人民法院审理未办结婚登记而以夫妻名义同居生活案件的若干意见》《关于人民法院审理离婚案件如何认定夫妻感情确已破裂的若干具体意见》《关于人民法院审理离婚案件处理子女抚养问题的若干具体意见》《关于人民法院审理离婚案件处理财产分割问题的若干具体意见》《关于人民法院审理涉及夫妻债务纠纷案件适用法律有关问题的解释》等。

我国婚姻家庭法的法律渊源不是单一的，而是复合的，各种渊源在法律体系中处于不同的地位，具有不同的法律效力，有的适用于全国，有的适用于地方。我国的婚姻家庭法是一个以《宪法》为依据，以《民法典婚姻家庭编》为核心，由各种法律、法规、规章等组成的规范体系。

（三）婚姻家庭法的特征

婚姻家庭法与其他民事法律相比较，既有共性的东西，又具有它自身的特征。

1. 婚姻家庭法在适用范围上具有极大的广泛性

婚姻家庭关系是人类社会中最广泛、最普遍的社会关系。以婚姻为基础的家庭是社会的细胞，作为社会成员的个人，既是婚姻家庭关系的产物，又是现实的或未来的婚姻家庭关系的主体，不可能不受婚姻家庭法的调整和约束。婚姻家庭法是适用于全体公民的普通法，而不是仅适用于部分公民的特别法。当然，这并不排除婚姻家庭法中也有某些仅适用于部分公民的特别规定，如我国法律中有关现役军人婚姻的规定等，这些规定出于实际需要，同婚姻家庭法在适用上的广泛性并不矛盾。

2. 婚姻家庭法在调整对象上具有特定身份性

婚姻家庭法律关系的主体具有身份性，即主体是由基于婚姻、血缘或收养而产生的、具有一定身份关系的人所组成。主体之间具有特定的身份关系，如具有配偶身份的夫妻和具有父母子女身份的父母子女；主体所享有的权利以具有身份性、体现人身利益的人身权为主，婚姻家庭关系中的财产权是依附于人身权的存在而存在的。

3. 婚姻家庭法在内容上具有鲜明的伦理性

婚姻家庭关系既是重要的法律关系，又是重要的伦理关系。伦理道德与法律的一致性在婚姻家庭法上表现得尤为突出，许多调整婚姻家庭关系的原则和规范，既是伦理道德的要求，也是法律的规定。因此，从一定意义上来说，婚姻家庭法也可以称为道德化的法律或法律化的道德。在我国现阶段，反映工人阶级和广大人民意志的法律，是同社会主义道德完全一致的，这在婚姻家庭领域表现得最为明显。法律为婚姻家庭主体规定的权利义务，都是社会主义婚姻家庭道德的必然要求，或者说是这种道德的最低要求。具有鲜明伦理性的婚姻家庭法，是社会主义婚姻家庭道德的强大后盾。当然，社会主义的婚姻家庭道德，也能促进社会主义的婚姻家庭立法，能够促进人们自觉地遵守婚姻家庭法律规范。对于婚姻家庭关系来说，法律调整和道德调整是缺一不可的。

4. 婚姻家庭法中的规定多为强制性规范

强制性是所有法律的共同特点，为了有效地保护公民的婚姻家庭权益和社会公共利益，婚姻家庭法中的规定多为强制性规范。在婚姻家庭领域里，婚姻、家庭和亲属关系的发生和终止，相互之间的权利义务内容，一般都是法定的而不是约定的，一定的法律事实如结婚、离婚、出生、死亡、收养的成立和解除等出现后，必然引起相应的法律后果，这些后果是法律预先指明、严格规定的，当事人对此不得自行改变或通过约定加以改变。正如，结婚与否虽属当事人的自由，可一旦结婚后，夫妻之间的权利义务便基于婚姻的法律效力而发生，在婚姻关系没有消灭之前，这些权利义务不能消灭，当事人必须履行法定义务，否则，将会给自己带来不利的法律后果。当然，婚姻家庭法中也有一部分任意性规范，但为数不多。例如，法律允许夫妻就财产问题进行约定，允许以协议的方式处理离婚后子女的抚养教育和财产分割问题等。但是，处理这些问题时也要符合婚姻家庭法的有关原则，当事人选择的余地并不是无任何限制的。

二、婚姻家庭法律关系

（一）婚姻家庭法律关系的概念

婚姻家庭法律关系，是指婚姻家庭法律所调整的特定社会关系。在我国，婚姻家庭法律所调整的对象是以特定社会成员，即彼此具有婚姻、血缘和共同生活关系的婚姻家庭成员之间的人身关系为核心和基础的。因此，婚姻家庭法律关系究其本质而言仍属于身份法。

此处需要注意，婚姻家庭法律关系与婚姻家庭关系属于不同的概念，其区别在于：婚姻家庭关系没有经过法律调整，只是一种事实社会关系；而婚姻家庭法律关系则是依据法律发生的，或虽非依据法律发生，但法律已对双方当事人的权利义务作出了明确规定，双方的关系由法律调整，即当事人依法享有的权利受法律保护，对法律所赋予的义务也必须履行，否则要承担相应的法律责任。

在实践中，婚姻家庭法律关系与婚姻家庭关系往往是一体的。作为一种社会关系，婚姻家庭关系会受到法律、道德、风俗习惯等多种因素的调整和影响。它如果一经法律调整，就会上升为婚姻家庭法律关系。

（二）婚姻家庭法律关系的主体

婚姻家庭法律关系的主体，是指依法享有婚姻家庭法律规定的权利和承担其规定的义务的人，其中享有权利的一方为权利主体，承担义务的一方为义务主体。婚姻家庭法律关系的主体范围是具有婚姻、血缘或法律拟制血亲关系的自然人。如，基于出生事实产生父母子女法律关系，主体为父母子女；因结婚行为而产生夫妻法律关系，主体为夫妻。

婚姻家庭法律关系主体的权利能力，是指作为主体享有婚姻家庭权利和承担婚姻家庭义务的法律资格，主体的权利能力是平等的。婚姻家庭法律关系主体的行为能力，是指主体能够以自己的行为享有权利和承担义务的资格，主体之间的行为能力不是完全相同的，取决于主体的智力、年龄、身心健康情况和经济能力等。如在扶养法律关系中，扶养义务人必须成年，具有一定的经济条件，才具有赡养父母或抚养子女的行为能力。

婚姻家庭法律关系的主体具有平等的法律地位。虽然主体的身份和称谓不同，但其法律地位相同，这是由我国的家庭成员之间相互平等决定的。所以，我国的婚姻家庭法律关系的主体之间具有平等的法律地位。

（三）婚姻家庭法律关系的内容

婚姻家庭法律关系的内容，是指主体依法享有的婚姻、家庭权利和承担的婚姻、家庭义务。

1. 婚姻家庭权利

婚姻家庭权利是由婚姻家庭法赋予主体享有的权利的总称。根据婚姻家庭权利的性质，可将其权利分为人身权和财产权两大类。

（1）婚姻家庭人身权是指与权利主体的人格和身份有关的权利，体现为与主体人身不可分离的利益。与人格有关的主要有婚姻自主权；与身份有关的身份权主要有配偶权、亲权、监护权、亲属权等，这些身份权是婚姻家庭领域存在的重要的人身权。

（2）婚姻家庭中的财产权是指基于家庭成员的身份关系和共同生活而发生的与财产相关的权利，如家庭成员之间的扶养权、家庭成员共同财产所有权、夫妻共同财产所有权及其相应的财产管理权、家庭成员个人财产权、夫妻个人财产权等。

2. 婚姻家庭义务

婚姻家庭义务是指由婚姻家庭法规定的主体依法必须为一定的行为或不为一定的行为，以实现主体的权利。义务可以分为作为和不作为两种。

（1）作为是指义务人必须积极为一定行为以实现权利人的利益，如扶养义务是一种作为，义务人须积极实施扶养行为，才能满足权利人生存的需要，对此义务，义务人不得抛弃。

（2）不作为是指权利人权利的实现不需要义务人为积极行为，如对婚姻家庭中的某些人身权如婚姻自由权的实现，义务人就有不作为的义务，即不得实施干涉他人婚姻自由的行为。

（四）婚姻家庭法律关系的客体

婚姻家庭法律关系的客体，是指婚姻、家庭权利与义务所指向的对象。由于婚姻、家庭权利既有身份权又有财产权，并且以身份权为主，所以，婚姻、家庭权利的客体表现为利益、行为和物。

（1）婚姻、家庭人身权的客体体现为与主体人格和身份有密切联系的利益，如婚姻自主权、配偶权和亲权中的人格利益和身份利益。

（2）婚姻、家庭人身权的客体也体现为实现主体利益、满足权利人需要的行为，如扶养权、监护权。

（3）婚姻、家庭财产权的客体还表现为物，由家庭成员的共同生活和财产的共同共有关系性质决定。婚姻、家庭财产权的客体通常体现为夫妻共同财产和家庭共同财产，以及家庭成员个人财产等。

三、婚姻家庭法的调整对象

根据《民法典婚姻家庭编》第1040条规定，婚姻家庭法调整的对象是因婚姻家庭产生的民事关系。

（一）婚姻家庭法调整对象的范围

我国婚姻家庭法的调整对象，从范围上来看，既包括因婚姻产生的民事关系，还包括因家庭产生的民事关系，以及其他近亲属关系。这些社会关系一经婚姻家庭法律调整，便在有关主体之间发生了法定的权利和义务。

1. 因婚姻产生的民事关系

因结婚而发生婚姻关系，基于婚姻的效力而确定的配偶身份；又因配偶死亡和离婚而终止婚姻关系。具体来说，关于结婚的条件和程序、夫妻之间的权利和义务、配偶死亡的法律后果、离婚的程序和处理原则，以及离婚后的子女和财产问题等，都属于婚姻家庭法调整的范围。

2. 因家庭产生的民事关系和其他近亲属关系

因结婚、出生、法律拟制等而发生的家庭关系和其他近亲属关系，因离婚、死亡、拟制关系的解除等而终止。具体来说，家庭成员和其他近亲属关系的发生和终止、这些主体之间的权利和义务也都属于婚姻家庭法调整的范围。

按照我国婚姻家庭法和其他法律中的规定，作为法律调整对象的婚姻家庭关系和一定的亲属关系具体包括夫妻、父母子女、兄弟姐妹、祖父母外祖父母和孙子女外孙子女、女婿和岳父母、儿媳和公婆。由婚姻家庭法调整的事项主要包括婚姻的成立和解除，夫妻的权利和义务，亲子关系和其他近亲属关系，收养、监护、扶养等。

从调整手段来看，婚姻家庭法主要是通过民事法律手段，通过规定婚姻家庭关系和其他近亲属关系借以发生和终止的法律事实，以及婚姻家庭主体间、其他近亲属间的权利和义务，而发挥其调整作用的。在其他法律领域，如行政法和刑法等，也有一些涉及婚姻家庭、亲属事项的规定。

（二）婚姻家庭法调整对象的性质

我国婚姻家庭法的调整对象，从性质上看，既有婚姻、家庭主体之间的人身关系，又有他们之间的财产关系。但在这种关系中，婚姻家庭成员之间的特定人身关系起着主导性、决定性作用，而其财产关系是基于人身关系而产生的，服务于婚姻家庭成员间人身关系的存续和维系，处于从属性、保障性地位。

1. 婚姻、家庭之间的人身关系

婚姻、家庭方面的人身关系存在于具有特定亲属身份的自然人之间，这种关系本身并不具有任何经济内容。婚姻家庭关系在本质上是一种身份关系，按照法律的规定，它只能因出现一定的法律事实而发生（如结婚、出生等），因出现一定的法律事实而终止

（如离婚、死亡等）。

2. 婚姻、家庭之间的财产关系

婚姻、家庭方面的财产关系具有一定的经济内容，涉及有关主体的物质利益。但是，这种财产关系不能脱离婚姻家庭人身关系而独立存在，它是依附、从属于婚姻家庭方面的人身关系的。这种从属性，具体表现为发生、终止以及内容上的从属性。婚姻家庭财产关系只能随着相应的人身关系的发生而发生，随着相应的人身关系的终止而终止。财产关系的内容反映了相应的人身关系的要求，例如：抚养、扶养、赡养、法定继承等均以权利人和义务人之间的特定人身关系为依据；夫妻在财产关系方面的权利义务，基于当事人因结婚具有配偶身份而产生，因死亡或离婚消灭配偶身份而终止；等等。因此，在婚姻家庭法领域里，财产关系是人身关系所引起的相应后果。

四、新中国的婚姻家庭立法

（一）1950 年《婚姻法》

1. 1950 年《婚姻法》的内容

新中国成立后的第一部《婚姻法》于 1950 年 4 月 13 日经中央人民政府第七次会议通过，自同年 5 月 1 日起公布施行。该《婚姻法》共计 8 章 27 条。其中，第一章，原则；第二章，结婚；第三章，夫妻间的权利和义务；第四章，父母子女关系；第五章，离婚；第六章，离婚后子女的抚养和教育；第七章，婚后的财产和生活；第八章，附则。

第一章，规定婚姻法的基本原则。在本法的第 1 条和第 2 条，一方面确定“废除包办强迫、男尊女卑、漠视子女利益的封建婚姻制度”。“禁止重婚，纳妾，禁止童养媳，禁止干涉寡妇婚姻自由，禁止任何人借婚姻关系问题索取财物。”另一方面确定要实行新型的婚姻制度，即“实行男女婚姻自由、一夫一妻、男女权利平等，保护妇女和子女合法利益的新民主主义婚姻制度”。

第二章，关于结婚条件和结婚登记的规定。结婚必须具备两个条件：①男女双方本人完全自愿；②达到最低法定婚龄，即男 20 周岁、女 18 周岁。这是从当时全国的实际情况出发作出的灵活规定。同时还规定了三项禁止结婚的条件，即具有一定的血亲关系、有一定的生理缺陷、患有一定疾病的人禁止结婚。对“中表婚”，采取“从习惯”的办法，既不禁止，也不提倡。结婚程序上，男女双方到区乡政府进行登记。

第三章，规定夫妻间的权利和义务。规定“夫妻为共同生活的伴侣，在家庭中地位平等”。这是建立新型夫妻关系和新式家庭生活的最基本的规定。规定“夫妻双方均有选择职业、参加工作和参加社会活动的自由”，“夫妻对于家庭财产有平等的所有权与处理权”，“夫妻有各用自己姓名的权利”，“夫妻有互相继承遗产的权利”。同时还规定夫妻应“互爱互敬、互相帮助、互相扶养、和睦团结、劳动生产、抚育子女”，其目的是“为家庭幸福和新社会建设而共同奋斗”。

第四章，规定父母子女之间的关系。主要规定："父母对于子女有抚养教育的义务；子女对于父母有赡养扶助的义务。""父母子女有互相继承遗产的权利。"养父母与养子女适用前项规定。双方不得虐待或遗弃，严禁溺婴等。还对非婚生子女、夫妻对前夫（妻）所生子女的抚养问题做了原则规定。

第五章，关于离婚。规定男女双方自愿离婚的，应向区政府登记，领取离婚证。男女一方坚决要求离婚的，经区人民政府和司法机关调解无效时，也准予离婚。此外还吸取了革命根据地的两项特别规定：女方怀孕期间男方不得提出离婚，或于女方分娩 1 年后始得提出；现役革命军人的配偶提出离婚，须得革命军人的同意。如革命军人与家庭两年无通信关系，其配偶要求离婚，得准予离婚。还规定离婚后如双方自愿恢复夫妻关系，应向区人民政府进行恢复结婚的登记。

第六章，规定离婚后子女的抚养和教育。规定父母与子女间的血亲关系，不因父母离婚而消灭。离婚后，哺乳期内的子女，以随哺乳的母亲为原则。哺乳期后的子女抚养发生争执不能达成协议时，由人民法院根据子女的利益判决。离婚后由女方抚养的子女，男方应负担必需生活费和教育费的全部或一部。

第七章，规定离婚后的财产和生活。规定离婚时，除女方婚前财产归女方所有外，其他家庭财产，由双方协议解决；协议不成时，由人民法院根据家庭具体情况、照顾女方及子女利益和有利于发展生产的原则判决。离婚时，共同生活所负债务，以共同生活所得财产偿还；如无共同财产或其财产不足清偿时，由男方清偿。男女一方单独所负的债务，由本人偿还。离婚后，一方未再行结婚而生活困难，他方应帮助维持其生活。

第八章，附则。主要规定：本法自公布之日起施行。违反本法者，依法制裁。法律还特别强调："凡因干涉婚姻自由而引起被干涉者的死亡或伤害者，干涉者一律应并负刑事的责任。"这条规定，在当时的历史条件下是十分必要的，在实践中发挥了应有的威力。最后还规定在少数民族聚居地区，由大行政区或省人民政府制定某些变通或补充规定，提请政务院批准实施。

1950 年《婚姻法》是中央人民政府成立后公布的国家大法之一。该法既是中国人民在婚姻家庭领域里所进行的反封建斗争经验的总结，又是为适应新中国成立后改革婚姻家庭制度的实际需要而制定的。该法的基本精神明确规定在第 1 条："废除包办强迫、男尊女卑、漠视子女利益的封建主义婚姻制度。实行男女婚姻自由、一夫一妻、男女权利平等、保护妇女和子女合法权益的新民主主义婚姻制度。"

2. 1950 年《婚姻法》的作用

1950 年《婚姻法》的贯彻实施，开始把旧中国所遗留的封建主义的婚姻家庭制度逐步废除，使新民主主义婚姻家庭制度在全国范围内得以普遍实施。这一新的婚姻家庭制度，给每个家庭及其成员，给整个社会和国家都带来了极大的好处。

（1）1950 年《婚姻法》打破了几千年强加在妇女身上的封建束缚，提倡和追求男女平等，使广大妇女得以解放。

（2）1950 年《婚姻法》也有利于广大男性，因为封建包办婚姻制度不但束缚妇女，同时也束缚了男子，尤其是青年男子。实行婚姻法后，男子可以选择自己合意的配偶，只要对方同意，就可以自由结婚。

（3）1950 年《婚姻法》有利于保障老年人的权益。《婚姻法》规定："子女对于父母有赡养扶助的义务；双方均不得虐待或遗弃。"使老年人的利益受到切实保障。而且实行婚姻由子女自主以后，父母可以不用为子女的婚姻而操心，并可使家庭和睦团结。

（4）1950 年《婚姻法》对于整个社会和国家有极大好处。因为实行婚姻法可以解放占人口一半的妇女，使他们参加工农业生产，推进大规模的社会主义建设事业。同时，实行婚姻法可以使人民内部更加团结，同心协力建设新中国。

（二）1980 年《婚姻法》

随着 1979 年的改革开放，中国进入发展经济、健全法制的新的历史时期。1980 年 9 月 10 日，1980 年《婚姻法》经第五届全国人民代表大会第三次会议通过，自 1981 年 1 月 1 日起施行。该法共分 5 章 37 条：第一章，总则；第二章，结婚；第三章，家庭关系；第四章，离婚；第五章，附则。这部法律是在 1950 年《婚姻法》的基础上，根据我国婚姻家庭领域中的实践经验和新的情况制定的。它重申了原婚姻法中的基本原则，保留了许多行之有效的规定，同时又在内容上作了必要的修改和补充。其主要修改和补充的内容如下：

（1）对体系结构的修改。1950 年《婚姻法》共 8 章 27 条，1980 年《婚姻法》改为 5 章 37 条。条文增加 10 条，使各种规定更加具体明确。

（2）对基本原则的补充。除保留原婚姻法中的婚姻自由、一夫一妻、男女平等原则以外，将保护妇女和儿童的合法利益的原则扩大为保护妇女、儿童和老人合法权益的原则，增加了计划生育原则。在保障原则实施的禁止性条款中，增加了禁止买卖婚姻、禁止家庭成员间的虐待和遗弃的规定。

（3）对结婚条件的修改。在法定婚龄方面，将原来的男 20 周岁、女 18 周岁改为男 22 周岁、女 20 周岁。在禁止结婚方面，将原"兄弟姐妹之外的其他五代内旁系血亲间禁婚问题，从习惯"，改为"三代以内的旁系血亲间禁止结婚"。关于禁止结婚的疾病，删除了"有生理缺陷不能发生性行为者禁止结婚"的条款，增加"患麻风病未经治愈者禁止结婚或患其他在医学上认为不应当结婚疾病者，禁止结婚"。

（4）增加了"登记结婚后，根据男女双方约定，可互为对方的家庭成员"。

（5）扩大了家庭关系的法律调整。在保留原法规定的夫妻之间、父母子女之间的权利和义务的同时，将祖孙和兄弟姐妹也列入了调整范围。在夫妻人身关系方面，增加了"夫妻双方都有实行计划生育的义务"，删除了原规定的"夫妻为共同生活的伴侣"和"夫妻有互敬互爱、互相帮助……"等规定。在亲子关系上，增加了"父母不履行抚养义务时，未成年的或不能独立生活的子女，有要求父母付给抚养费的权利"，"子女不履行赡养义务时，无劳动能力的或生活困难的父母，有要求子女付给赡养费的权利"。同时明确规定"父母有管教和保护未成年子女的权利和义务。在未成年子女对国家、集体或他人造成损害时，父母有赔偿损失的义务"。还增加规定"子女可以随父姓，也可以随母姓"。并对家庭成员的扶养以及继父母子女关系等方面做了更为具体的规定。

（6）改进了离婚制度。在离婚程序上，区分为双方自愿离婚和一方要求离婚两种程序。在人民法院审理离婚案件时，强调注意了解感情是否破裂，"如感情确已破裂，调解无效，应准予离婚”。然后，又就离婚纠纷的处理原则、现役军人配偶的离婚、女方怀孕期间的离婚、离婚后的复婚、离婚父母与子女的关系、离婚后子女抚养归属及生活费和教育费的问题、离婚时夫妻共同财产和共同债务的处理、离婚时对生活困难一方的经济帮助等方面，都做了具体的规定。

(7) 该法还在附则中增加了行政制裁和强制执行的条款，维护了法律的严肃性和权威性。

总之，1980 年《婚姻法》继承了我国婚姻家庭立法的优良传统和基本原则，保留了 1950 年《婚姻法》中许多行之有效的规定，同时又根据新时期调整婚姻家庭关系的实际需要，在许多重要问题上做了修改和补充，进一步丰富了我国婚姻家庭立法的内容，使我国的婚姻家庭立法史进入了一个新的发展阶段。

（三）2001 年《婚姻法》修正案

2001 年 4 月 28 日，第九届全国人大常委会第二十一次会议通过关于修改《婚姻法》的决定，自通过之日起施行。修正后的《婚姻法》共分 6 章 51 条：第一章，总则；第二章，结婚；第三章，家庭关系；第四章，离婚；第五章，救助措施与法律责任；第六章，附则。该法对 1980 年《婚姻法》进行了补充和修改，主要有以下几个方面。

1. 关于总则

(1) 在第 3 条的禁止性条款中增设了“禁止有配偶者与他人同居”“禁止家庭暴力”的规定。

增加禁止有配偶者与他人同居，并规定了相应的法律责任；有配偶者与他人同居导致离婚的，应当承担民事赔偿责任。

增加禁止家庭暴力，具体规定了家庭暴力中受害人的权利、救助途径以及家庭暴力加害人的法律责任。

(2) 在第 4 条中增加了“夫妻应当互相忠实，互相尊重；家庭成员应当敬老爱幼，互相帮助，维护家庭和睦、文明”的倡导性规定，从而集中体现了《婚姻法》修正案的立法宗旨。

2. 关于结婚制度

(1) 修改了结婚条件。删除了“患麻风病未经治愈的，禁止结婚”的内容，改为“患有医学上认为不应当结婚疾病的，禁止结婚”。

(2) 增设了有关无效婚姻和可撤销婚姻的规定。其内容包括婚姻无效的原因，婚姻撤销的原因、程序、请求权人和请求权行使的时间，婚姻无效和被撤销的法律后果等。这些规定，使我国的结婚制度更加完善。

3. 关于家庭关系

(1) 在夫妻财产制上，一是改进了原有的法定夫妻财产制，分别列举了法定夫妻财产制中双方共有财产和一方个人特有财产的种类和范围。二是规范了夫妻财产约定，包括夫妻财产约定的对象、内容、形式和效力等。

(2) 在父母子女关系中，补充了“禁止弃婴”的规定；将父母在未成年子女对国家、集体或他人造成损害时，有“赔偿经济损失”的义务，修改为“父母有承担民事责任的义务”；强调了非婚生子女的父母双方对该子女的抚育责任；增设了子女应当尊重父母的婚姻权利，不得干涉父母的再婚自由以及婚后的生活等规定。同时，扩大了祖孙之间附条件抚养、赡养的范围；明确了在特定条件下，弟、妹对兄、姐的法律责任。

4. 关于离婚制度

(1) 对离婚的法定理由，在重申如夫妻感情确已破裂、调解无效、应准予离婚的同时，增设了若干列举性、例示性的规定，如：实施家庭暴力或虐待、遗弃家庭成员的，重婚或有配偶者与他人同居的，有赌博、吸毒等恶习屡教不改的，因感情不和分居满2年的。符合上述情形之一，调解无效的，应准予离婚。补充了“一方被宣告失踪，另一方提出离婚诉讼的，应准予离婚”的规定。

(2) 修改了对军婚保护的规定；扩大了“在一定期限内限制男方离婚请求权”的内容，增补了“女方终止妊娠手术后六个月内，男方不得提出离婚”的规定。

(3) 在离婚后子女的抚养教育问题上，增设了不直接抚养子女的父或母对子女有探望权的规定。

(4) 在离婚时的财产处理等问题上，补充了“夫妻在家庭土地承包经营中享有权益等，应当依法予以保护”；增设了在一定条件下一方对另一方有权请求补偿的规定等。

5. 关于救助措施和法律责任

修正后的《婚姻法》增设了救助措施和法律责任一章。对违反婚姻家庭法行为的受害人，规定了各种必要的救助措施；对各种违反婚姻家庭法的行为，规定了相应的法律责任。具体而言，增设了对家庭暴力受害者和被虐待者的救助措施；增强了对被遗弃者的法律保护措施；补充了离婚无过错方有权请求损害赔偿的规定；加大了离婚时对夫妻共同财产数量弄虚作假者的法律惩治力度；重申了民事诉讼法关于“强制执行”的内容。

总之，2001年《婚姻法》修正案填补了1980年《婚姻法》中的某些空白，加强了婚姻家庭关系的法律调整。但从全面完善婚姻家庭法制的视角对其作理性的审视，这次修法只是一种阶段性或过渡性的立法措施，许多规定是不到位的，需要做进一步的完善。

（四）2020年《民法典婚姻家庭编》

2020年5月28日，《民法典》经第十三届全国人民代表大会第三次会议审议通过，于2021年1月1日起正式实施。《民法典》是一部具有划时代意义、体现我国社会主义性质、符合人民共同利益和愿望、适应时代发展的民法典。这部法典具有鲜明的中国特色、实践特色和时代特色，体现了对民事主体在生命健康、财产安全、交易便利、生活幸福、人格尊严等方面民事权利的平等保护。作为《民法典》重要组成部分的“婚姻家庭编”，它以1980年第五届全国人民代表大会第三次会议通过并于2001年进行了修改的《婚姻法》，以及1991年第七届全国人民代表大会常务委员会第二十三次会议通过并于1998年作了修改的《收养法》为基础，在坚持婚姻自由、一夫一妻、男女平等等基本原则的前提下，结合我国社会发展需要，修改废止了部分规定，同时增加制定了新的法律规定。

《民法典婚姻家庭编》共计 5 章 79 条。第一章，一般规定；第二章，结婚；第三章，家庭关系；第四章，离婚；第五章，收养。《民法典婚姻家庭编》确立了我们国家全面、系统的婚姻家庭法律规范体系，增设了规范婚姻家庭的具体制度，使得我国的婚姻家庭法既有科学性、系统性，又有一定的前瞻性。

《民法典婚姻家庭编》的内容主要有以下变化。

1. 一般规定

本编第一章在原有婚姻家庭法律规定的基础上，增设了“婚姻家庭受国家保护”原则，重申了“实行婚姻自由、一夫一妻、男女平等的婚姻制度”，完善了“保护妇女、未成年人、老年人、残疾人的合法权益”的原则。

本章新增加的具体规定如下：

（1）为贯彻落实习近平总书记关于加强家庭文明建设的重要讲话精神，更好地弘扬家庭美德，规定了“家庭应当树立优良家风，弘扬家庭美德，重视家庭文明建设”。

（2）为了更好地维护被收养的未成年人的合法权益，将联合国《儿童权利公约》关于“儿童利益最大化”的原则落实到收养工作中，增加规定了“最有利于被收养人的原则”。

（3）界定了亲属、近亲属、家庭成员的范围。

2. 结婚制度

本编第二章规定了结婚制度，在原有婚姻家庭法的基础上，对有关规定作了相应的完善：

（1）将受胁迫一方请求撤销婚姻的期间起算点，由“自结婚登记之日起”修改为“自胁迫行为终止之日起”。

（2）不再将“患有医学上认为不应当结婚的疾病”作为禁止结婚的情形，并相应增加规定“一方隐瞒重大疾病的，另一方可以向人民法院请求撤销婚姻”。

（3）增加规定婚姻无效或者被撤销的，无过错方有权请求损害赔偿。

3. 家庭关系

本编第三章规定了夫妻关系、父母子女关系和其他近亲属关系，并根据社会发展需要，在原有婚姻家庭法的基础上，完善了有关内容：

（1）明确了夫妻共同债务的范围。《民法典婚姻家庭编》吸收了 2018 年最高人民法院司法解释的内容，明确规定了夫妻共同债务的范围。

（2）规范亲子关系确认和否认之诉。亲子关系问题涉及家庭稳定和未成年人的保护，作为民事基本法律，《民法典婚姻家庭编》对此类诉讼进行了规范。

4. 离婚制度

本编第四章对离婚制度作出了规定，在 2001 年《婚姻法》的基础上，作了进一步完善：

（1）增加了协议离婚冷静期制度。针对实践中轻率离婚的现象增多，不利于婚姻家庭的稳定，《民法典婚姻家庭编》规定了提交离婚登记申请后三十日的离婚冷静期，在此期间，任何一方可以向登记机关撤回离婚申请。

（2）针对离婚诉讼中出现的“久调不判”问题，增加规定“经人民法院判决不准离婚后，双方又分居满一年，一方再次提起离婚诉讼的，应当准予离婚”。

（3）关于离婚后子女的抚养，将原有法律规定的“哺乳期内的子女，以随哺乳的母亲抚养为原则”修改为“不满两周岁的子女，以由母亲直接抚养为原则”，新增设了“已满两周岁的子女，父母双方对抚养问题协议不成的，由人民法院根据双方的具体情况，按照最有利于未成年子女的原则判决。子女已满八周岁的，应当尊重其真实意愿”，以增强可操作性。

5. 增设了收养制度

本编第五章增设了收养制度，并在我国 1998 年《收养法》的基础上，对有关规定作了完善：

（1）放宽了收养条件，有一个子女的家庭也可收养一个不满 18 周岁的未成年人。

（2）增设了配偶单方收养的规定，“配偶一方为无民事行为能力人或者被宣告失踪的，可以单方收养”。

（3）无配偶者收养异性子女的，收养人与被收养人的年龄须相差 40 周岁以上。

（4）收养 8 周岁以上未成年人的，须征得被收养人的同意。

学习与思考：

1. 婚姻、家庭、婚姻家庭法的概念。
2. 婚姻家庭的自然属性和社会属性及其关系。
3. 当今中国，同性婚姻能否合法化，为什么？
4. 我国婚姻家庭法的调整对象。
5. 与 2001 年《婚姻法》修正案相比较，《民法典婚姻家庭编》主要有哪些变化？

第二章　婚姻家庭法的基本原则

婚姻家庭法的基本原则是指婚姻、家庭立法的根本指导思想。它集中反映了一定社会的婚姻、家庭本质和统治阶级的婚姻家庭观。一个国家的婚姻家庭法的基本原则主要是由该国的政治、经济制度和法律观决定的，不同性质的国家具有不同的立法原则。在一国范围内，婚姻家庭方面的任何法律规定都不得与其基本原则相抵触，本国公民在日常的婚姻家庭生活中也必须遵守这一基本原则。

我国《民法典》第 1041 条规定："婚姻家庭受国家保护。实行婚姻自由、一夫一妻、男女平等的婚姻制度。保护妇女、未成年人、老年人、残疾人的合法权益。"第 1042 条规定："禁止包办、买卖婚姻和其他干涉婚姻自由的行为。禁止借婚姻索取财物。禁止重婚。禁止有配偶者与他人同居。禁止家庭暴力。禁止家庭成员间的虐待和遗弃。"第 1043 条规定了调整婚姻家庭关系的倡导性规则："家庭应当树立优良家风，弘扬家庭美德，重视家庭文明建设。夫妻应当互相忠实，互相尊重，互相关爱；家庭成员应当敬老爱幼，互相帮助，维护平等、和睦、文明的婚姻家庭关系。"这些规定概括了我国婚姻家庭法的基本原则的内容，既是我国婚姻家庭立法的基本出发点和指导思想，决定我国婚姻家庭立法的性质和内容，也是解释和执行婚姻家庭法的重要依据，可以起到弥补法律不足、解释具体规定等作用。它贯穿在《民法典婚姻家庭编》的各章各条之中，是我国婚姻家庭制度社会主义性质的具体体现。

第一节　婚姻家庭受国家保护原则

我国《宪法》第 49 条规定："婚姻、家庭、母亲和儿童受国家的保护。"

《民法典总则编》第 112 条规定："自然人因婚姻家庭关系等产生的人身权利受法律保护。"《民法典婚姻家庭编》第 1041 条也明确规定"婚姻家庭受国家保护"，将"婚姻家庭受国家保护"作为"婚姻家庭编"的首要基本原则，宣示了国家在保护婚姻家庭方面的神圣义务。

"婚姻家庭受国家保护"，明示了婚姻家庭成员的法律地位平等，权利法定，婚姻自由、一夫一妻、男女平等，妇女、未成年人、老年人、残疾人的合法权益受法律保护。具体体现为：

第一，权利法定。依照我国婚姻家庭法的规定，婚姻家庭成员享有一定的权利，承担相应的法律义务；国家保护婚姻家庭当事人法定权利的实现；任何侵犯婚姻家庭当事人权利的行为，都将承担一定的法律责任，受到相应的法律制裁。

第二，契约维护。婚姻家庭成员在婚姻家庭范围内意思自治，任何人不得强制或干涉。例如，收养成立的自愿，约定财产制的设立等。

第三，行为公示。强调对婚姻家庭行为的社会认同，例如结婚和离婚的登记，收养关系成立、解除的登记等。

第四，效力公信。规定婚姻家庭行为的对外效力，例如规定夫妻之间的家事代理权等。

第五，人身利益优先。婚姻家庭成员之间人权平等，其人身自由权和人格尊严权优先受法律保护。

第六，财产权利公平。婚姻家庭成员享有平等的财产权利，以保障婚姻家庭各项功能的实现。

第七，禁止权利滥用。婚姻家庭成员在行使婚姻家庭权利时，应当自觉维护公序良俗，防止因滥用权利而损害他人权益和社会公共利益。

第二节　婚姻自由原则

一、婚姻自由的概念和特征

婚姻自由，是指婚姻当事人在法律规定的范围内，依照自己的意志决定其婚姻问题所享有的权利，对此，任何人不得强制或干涉。

婚姻自由有两个特征：

(1) 婚姻自由是法律赋予公民的一种权利。

我国《宪法》第 49 条规定“禁止破坏婚姻自由”。《民法典婚姻家庭编》第 1041 条规定“实行婚姻自由”，第 1042 条规定“禁止包办、买卖婚姻和其他干涉婚姻自由的行为”，第 1046 条规定“结婚应当男女双方完全自愿”。可见，婚姻自由是由法律规定并受法律保护的一种权利。任何人，包括当事人的父母在内，都不得侵犯这种权利；否则就是违法行为。如果使用暴力干涉他人婚姻自由，构成犯罪的，要依照刑法追究其刑事责任。

(2) 婚姻自由的行使必须符合法律的规定。

婚姻自由和公民的其他任何权利一样，不是绝对自由，而是相对自由。行使婚姻自由权，必须在法律规定的范围内进行。《民法典婚姻家庭编》明确规定了结婚的条件与程序、离婚的条件与程序，这些规定划清了婚姻问题上合法与违法的界限。凡符合法律规定的，即为合法行为，受法律保护；凡不符合法律规定的，即为违法行为，不受法律保护。

可见，婚姻自由的权利，既不允许任何人侵犯，也不允许当事人滥用。

二、婚姻自由的内容

婚姻自由包括结婚自由和离婚自由两个方面的内容，二者具有同等重要的地位，不可偏废任何一个方面。

（一）结婚自由

结婚自由，是指婚姻当事人有依法缔结婚姻关系的自由。当事人是否结婚，与谁结婚，是其本人的权利，任何人无权干涉。自愿是实现婚姻自由的前提，双方意思表示一致是婚姻以互爱为基础的必要条件。

但双方自愿必须不违背法律规定的条件和程序，因为结婚自由绝不意味着当事人可以在婚姻问题上为所欲为。在结婚自由的问题上，我们既要反对包办强迫或干涉他人婚姻的行为，也要反对当事人的各种轻率行为。每一位婚姻当事人都应该本着对自己、对子女后代以及对社会高度负责任的态度，认真对待结婚自由的问题，以利于建立幸福和谐的婚姻家庭。

（二）离婚自由

离婚自由，是指夫妻有依法解除婚姻关系的自由。婚姻自由包括结婚自由和离婚自由。既然婚姻的成立和维系都应以爱情为基础，那么当双方感情确已破裂，夫妻关系无法继续维持时，解除这种痛苦的婚姻关系，无论对双方或对社会都是好事。把离婚一律看成悲剧是不适当的。离婚制度为那些无法共同生活的夫妻，那些因为无法解除名存实亡的婚姻而遭受痛苦的人们，提供了救济办法。

但离婚是一项重要的法律行为，它关系到家庭的稳定、子女的幸福，当事人必须慎重待之。正如一些有识之士所言：结婚、离婚、再结婚、再离婚，作为一种个人自由必须与社会利益一起来权衡利弊得失，因为这种自由是建立在他人利益之上的，这些人通常包括了女、配偶乃至整个社会。

（三）结婚自由和离婚自由的关系

结婚自由与离婚自由共同构成婚姻自由的完整内涵，二者的关系是相辅相成，互为补充的。没有结婚自由，就没有离婚自由；而没有离婚自由，也不会有真正的结婚自由。保障结婚自由，是为了使当事人能够完全按照自己的意愿结成共同生活的伴侣；保障离婚自由，则是为了使感情确已破裂，无法共同生活的夫妻能够通过法定途径解除婚姻关系。

在实践中，结婚是普遍行为，是婚姻自由的主要方面；离婚是非普遍行为，处于对婚姻自由的补充地位。但没有离婚自由就没有真正的婚姻自由，无论数量多少，二者在婚姻自由制度中均处于同等重要的地位。婚姻家庭法有关结婚法定条件和离婚法定条件的规定，体现了婚姻问题上的自由和纪律的统一，指明了婚姻自由的范围。这些必要的约束，并不意味着对婚姻自由的限制，恰恰相反，它是对当事人行使婚姻自由权的切实保证。

三、正确把握和适用婚姻自由原则

婚姻自由的最初提出，是针对封建社会的包办婚姻而言的，提倡婚姻自由，是为了让当事人自己决定自己的婚姻，而不再由家长等他人包办。最初的婚姻自由强调的是当事人对自己婚姻的自主、自愿的权利。然而，在社会主义社会的今天，包办婚姻已基本消灭，对婚姻自由就应进行新的思考，应该建立在理性基础之上来理解。此处的“自由”不仅包含着对婚姻的自主、自愿权利，更包含着对婚姻和家庭的义务和责任；自由都是相对的，不存在绝对的自由，社会主义的婚姻自由必须受到法律和道德的制约。因此，婚姻自由绝不意味着人们可以在婚姻问题上为所欲为；在婚姻自由中，除了强调权利之外，也要强调义务和责任，可谓有权利就有义务，有自由就有约束。

然而在现实生活中，除了那些干涉婚姻自由的违法行为外，还存在不少滥用婚姻自由原则的行为。如有些人借恋爱之名，大肆玩弄女性，当满足了他的欲望和好奇心之后，则一走了之，全然不顾对方的感情和遭受的痛苦；有些人以敛财为目的，借婚姻之名来攫取财物；有的“第三者”将自己的“婚姻自由”和“婚姻幸福”建立在别人的痛苦之上，对插足他人家庭、破坏他人婚姻的行为不以为耻，反以为荣，还冠以“婚姻自由”之美名；同样是为了婚姻自由，有些人宣扬“性自由、性解放”，将婚姻自由与性自由相混同；更有甚者，以“时代先驱者”自居，扬言“性自由”将来在中国必然出现，公然发出“喜新厌旧，何罪之有”的质问，向社会挑战；也有些人借婚姻自由之名，逃脱家庭责任或者潇洒地“告别”弱势一方，使弱者屈辱地离婚；等等。这些行为大都严重违背社会主义的婚姻道德，甚至是违法，应当受到道德舆论的谴责和相应的法律制裁。

我国社会主义制度为实现婚姻自由提供了各种保障。在社会主义条件下，坚持男女平等原则，男女都是国家的主人，平等地参与政治生活，为婚姻自由提供了可靠的政治保障；在以社会主义公有制为主体的经济制度下，男女平等地参加社会生产劳动，实行男女同工同酬，为妇女行使婚姻自由权提供了经济保障。社会主义法律也为实现婚姻自由提供了法律保障。我国《宪法》第 49 条规定：“禁止破坏婚姻自由。”《民法典婚姻家庭编》根据宪法的精神将婚姻自由作为一项重要的基本原则，为了保障这一基本原则的贯彻实施，特别规定了禁止包办、买卖婚姻和其他干涉婚姻自由的行为，禁止借婚姻索取财物。我国《刑法》也规定，以暴力干涉他人婚姻自由为犯罪行为。由此可见，我国公民的婚姻自由得到各部门法的全面保护。

四、贯彻社会主义婚姻自由原则，禁止包办、买卖婚姻和其他干涉婚姻自由的行为，禁止借婚姻索取财物

（一）禁止包办婚姻、买卖婚姻和其他干涉婚姻自由的行为

我国现阶段仍处于社会主义初级阶段，婚姻自由的实现程度是同目前的社会条件相联系的。一方面社会主义建设的不断发展为婚姻自由奠定了基础；另一方面，作为一个从半殖民地半封建社会中脱胎出来的文明古国，婚姻家庭领域还不可避免地存在着封建主义伦理道德观念的残余，阻碍着婚姻自由的实现。为了贯彻婚姻自由的原则，《民法典婚姻家庭编》第 1042 条规定："禁止包办、买卖婚姻和其他干涉婚姻自由的行为。"

1. 包办婚姻

包办婚姻是指第三者（包括父母）违背婚姻自由的原则，无视婚姻当事人的意志，强迫他人的婚姻。在旧中国，婚姻须从父母之命，父母之命、媒妁之言是婚姻成立的必备要件。至今这一观念仍在一部分地区有一定的影响。

2. 买卖婚姻

买卖婚姻是指第三者（包括父母）以索取大量财物为目的，包办强迫他人的婚姻。在旧中国实行的聘娶婚，就是买卖婚姻，属于公开合法的婚姻成立形式。现实生活中，把妇女当作商品买卖的婚姻在一些落后地区仍然存在。

3. 包办婚姻与买卖婚姻的关系

二者既有联系，又有区别。共同之处在于两者都违背当事人的意愿，对婚姻包办强迫。不同之处在于是否以索取大量财物为目的，买卖婚姻以索取大量财物为目的，而包办婚姻无此特征。由此可见，包办婚姻不一定是买卖婚姻，而买卖婚姻必定是包办婚姻。

4. 其他干涉婚姻自由的行为

其他干涉婚姻自由的行为，是指包办、买卖婚姻以外的违反婚姻自由原则的行为。其表现形式很多，例如，子女干涉丧偶或离异的父母再婚，干涉离婚自由，干涉复婚自由，干涉男到女家落户，等等。在实践中，子女干涉丧偶、离婚的老人再婚的情况增加，为保障老人的婚姻自由，《民法典婚姻家庭编》第 1069 条规定："子女应当尊重父母的婚姻权利，不得干涉父母离婚、再婚以及婚后的生活。子女对父母的赡养义务，不因父母的婚姻关系变化而终止。"

包办、买卖婚姻和其他干涉婚姻自由的行为都侵害了公民婚姻自由的权利，尤其是危害了广大妇女的切身利益，造成各种纠纷，不利于社会的安定与和谐。在处理时，不但要保护受害人的合法权益，而且要对违法者给予严肃的批评教育，责令其改正错误，并可视情节和后果予以相应的法律制裁。对于以暴力干涉婚姻自由构成犯罪的，依照《刑法》第 257 条的规定，追究其刑事责任。

（二）禁止借婚姻索取财物

借婚姻索取财物，是指当事人自愿结婚但以索取一定财物作为结婚必要条件的行为。这种婚姻基本上是自主自愿的，但一方通常是女方家庭以索取财物为结婚的先决条件，不满足要求就不结婚。这种行为虽不比买卖婚姻严重，但比买卖婚姻普遍，涉及面广，而且相当多的人不以为索取财物有何不妥，认为这是天经地义的。

借婚姻索取财物的行为，严重腐蚀了人们的思想，败坏了社会风气，甚至给当事人的家庭和婚后生活带来许多困难，其危害性不容忽视。大量事实说明，某些家庭纠纷的发生及一些违法犯罪行为，都与借婚姻索取财物有关。因此，《民法典婚姻家庭编》第1042条规定“禁止借婚姻索取财物”，明确予以禁止。

（三）实践中需要注意的几个问题

实践中，要注意划清以下几对概念的界限：

（1）划清包办婚姻与父母主持，经人介绍，本人同意的界限。前者当事人结婚是被迫的，违反了婚姻自由原则，是违法行为；后者虽由父母主持，但当事人双方经过了解自愿结婚，符合婚姻自由原则，是合法行为。

（2）划清买卖婚姻与借婚姻索取财物的界限。两者的共同点都以索取财物为结婚的条件；不同点在于前者是包办强迫的婚姻，后者基本是自主婚。二者均是违法行为，但违法的性质、程度、危害后果各不相同，处理也不一样。

最高人民法院《关于贯彻执行民事政策法律的意见》中对买卖婚姻、借婚姻索取财物曾作过规定：人民法院审理这种案件，必须指出买卖婚姻是我国法律所禁止的违法行为，对违法的有关当事人，应进行严肃的批评教育，情节恶劣，后果严重的，要依法惩处。以买卖婚姻骗取财物，情节严重的，应依法予以没收。借婚姻索取财物属于剥削阶级的旧习俗，主要是进行批评教育……不要以买卖婚姻对待。如因财物发生纠纷，可根据实际情况，酌情处理。

（3）划清借婚姻索取财物与男女婚前自愿馈赠的界限。前者是一方主动向他方索取，以索取财物为结婚的先决条件，给予方是违心和被迫的，因而是违反婚姻自由的违法行为；后者是一方或双方主动自愿赠与，不附条件，与结婚不发生直接的联系，是合法行为。

（4）划清说媒骗财与正当介绍的界限。前者是以说媒为手段，骗取财物的违法行为；后者是人们的善意帮助，甚至是一种社会事业，如婚姻介绍所等，是合法行为。对以骗财为职业的媒婆、媒棍和贩卖妇女的人贩子，最高人民法院在《关于贯彻执行民事政策法律的意见》中指出：必须按照刑法的规定坚决打击，所得的财物，一律没收（包括女方父母）。

（5）划清一般干涉婚姻自由与以暴力干涉婚姻自由的界限。两者都是干涉他人的婚姻自由，前者是违法行为，后者是犯罪行为。按照《刑法》第257条的规定：“以暴力干涉他人婚姻自由的，处二年以下有期徒刑或者拘役。犯前款罪，致使被害人死亡的，处二年以上七年以下有期徒刑。”

划清以上界限的目的，实际上是为了划清合法与违法、罪与非罪的界限，是要根据不同的情节，运用法律加以不同的处理。因此，青年大学生要加强学习和理解，树立正确的法治观念，划清合法与违法的界限；明白合法行为受国家法律的保护，违法行为要受到批评教育和处理，情节恶劣，触犯刑律的，还要追究刑事责任。

第三节　一夫一妻原则

一、一夫一妻的含义

一夫一妻，是指一男一女结为夫妻的婚姻制度，也称为个体婚制。它包括以下几层含义：

（1）任何人，无论其地位高低，财产多少，都不得同时有两个以上的配偶。

（2）已婚者在配偶死亡或双方离婚之前，不得再行结婚。

（3）一切公开的、隐蔽的一夫多妻或一妻多夫的两性关系都是非法的，受法律的禁止和取缔。

实行一夫一妻制，是社会主义婚姻关系的必然要求。社会主义经济的发展，为实现一夫一妻制提供了物质保障；社会主义国家男女两性的平等地位，也为实现一夫一妻制奠定了可靠基础。

一夫一妻制的实现，有它自身的必然性：

（1）一夫一妻符合婚姻的本质：性爱本身是排他的，要求性行为要专一。

（2）一夫一妻制反映了男女性别比例平衡的自然要求。

（3）一夫一妻制既是男女平等的要求，又是实现男女平等的保障，对提高妇女的社会地位、家庭地位，保护妇女的合法权益具有重要的现实意义。

（4）一夫一妻制有利于婚姻的稳定和婚姻质量的提高，有利于家庭的和睦、团结、稳固和家庭职能的实现，有利于子女的健康成长。

总之，一夫一妻制是以爱情为基础的婚姻的必然要求，是人类物质文明和精神文明发展在男女性爱方面的必然结果。随着社会文明程度的提高，一夫一妻制只会越来越巩固，越来越真实，即使是到了共产主义的大同社会，高度文明的人类的婚姻生活也将越来越趋于纯粹的一夫一妻。西方的性自由、性解放所带来的严重后果，已证明了性自由、性解放不是人类婚姻的进步，更不是社会发展的必然。一夫一妻制从私有制社会中片面的一夫一妻制，发展到社会主义社会中真正的一夫一妻制，体现了人类两性关系的巨大变革。

二、贯彻一夫一妻，禁止重婚，禁止有配偶者与他人同居

（一）禁止重婚

1. 重婚的概念

重婚，是指有配偶者又与他人结婚的行为，即已有了一个合法的婚姻关系，后又与他人缔结第二个婚姻关系。前者叫前婚，后者叫后婚，也叫重婚。重婚是对一夫一妻制的严重破坏，应受到法律制裁。《民法典婚姻家庭编》第 1042 条明确规定：“禁止重婚。”

2. 重婚的形式

重婚在理论上分为两种形式：事实上的重婚与法律上的重婚。事实上的重婚是指前婚未解除，又与他人以夫妻名义共同生活，但未办理结婚登记手续。法律上的重婚是指前婚未解除，又与他人办理结婚登记。作为实行登记婚制的国家，只要双方办理了结婚登记，不论是否同居，重婚即已构成。

在现实生活中，法律上的重婚为数较少，因为结婚要办理登记，要接受婚姻登记机关的审查，容易被查处。相反，事实上的重婚在现实中较为常见，即不办理结婚登记手续，以夫妻名义共同生活。

近些年以来，重婚现象在一些地区又开始出现，且呈上升的态势。一些人利用手中的金钱权势，无视法律，追求腐化的生活方式，公开重婚。这种行为严重违背了社会主义婚姻道德，违反了一夫一妻制原则，败坏了社会风气，影响家庭稳定，甚至引发大量刑事案件。因此，对于重婚行为应当予以坚决取缔。

3. 重婚的法律后果

根据我国相关法律的规定，重婚将产生下列法律后果：

（1）重婚的民事后果。重婚将会产生以下民事后果：第一，重婚不具有婚姻的法律效力，在婚姻家庭法规定的婚姻无效制度中，重婚是婚姻无效的原因之一；第二，重婚是认定夫妻感情确已破裂，法院准予离婚的情形之一；第三，在离婚时，重婚是无过错方要求损害赔偿的理由之一。

（2）重婚的刑事责任。重婚者应承担刑事责任，依照我国刑法的有关规定予以制裁。《刑法》第 258 条规定：“有配偶而重婚的，或者明知他人有配偶而与之结婚的，处二年以下有期徒刑或者拘役。”可见，有配偶者或明知对方有配偶但故意与之结婚者，应承担重婚罪的刑事责任。不知对方已有配偶而与之结婚的，不构成重婚罪，仅承担重婚的民事责任。《刑法》第 259 条规定：“明知是现役军人的配偶而与之同居或者结婚的，处三年以下有期徒刑或者拘役。”这一规定是为了保护军人婚姻，对破坏军婚者的一种处罚。这种处罚比对一般性的重婚罪的处罚力度要大，表现在：一是刑期长，二是同居即构成破坏军婚罪。

4. 处理重婚应注意的问题

在司法实践中，对重婚的认定和处理，要注意：

(1) 无论是法律上的重婚还是事实上的重婚，均应承担重婚的法律后果，在法律责任上无轻重之别。

(2) 区分重婚与有配偶者与他人同居的界限，前者构成重婚罪，后者是违反一夫一妻制的违法行为。

(3) 对于不同年代形成的重婚问题，要从实际出发，考虑重婚形成的原因、情节和后果，分别情况，区别对待：

①1950 年以前的重婚。按照 1952 年中央人民政府、司法部《关于婚姻法施行前重婚处理原则的规定》：在婚姻法实施前的重婚现象，是由于旧社会不合理的婚姻制度所造成的，因此，我们一般是不加干涉的。如果当事人相安无事，法律不予追究；如果当事人特别是女方提出离婚要求，应准予离婚。妻、妾均有继承其遗产的权利。

②1981 年以前西藏地区的重婚。按照 1981 年西藏自治区施行的《中华人民共和国婚姻法的变通条例》第 2 条的规定，对执行该条例之前形成的一夫多妻，或一妻多夫关系，凡不主动提出解除婚姻关系者，准予维持。

③涉台婚姻中的重婚。1949 年以后直到 1981 年前，海峡两岸长期隔绝。有夫妻关系的台胞和大陆的配偶无法通信，婚姻关系发生了变化。在对待和处理这种因历史情况造成的“重婚”时，一是要在坚持大陆婚姻法基本原则的基础上，求大同存小异，掌握政策精神，灵活运用法律；二是要考虑到婚姻关系的现状，从维护两岸同胞的利益出发，不论在台一方或大陆一方再婚，均不以重婚论处。当事人不告诉的，人民法院不主动干预；如果其中一方当事人提出与其配偶离婚的，人民法院应依照婚姻法的有关规定处理。

④基于喜新厌旧，好逸恶劳，或传宗接代等剥削阶级思想而重婚的；由于反抗包办强迫婚姻，或者一贯受虐待，夫妻未建立感情，坚持要求离婚，得不到有关方面的支持，反遭到迫害，而外出与人重婚的；因严重自然灾害等原因，外出与人重婚的；在离婚上诉期内一方与第三者结婚的。对上述情况，根据最高人民法院有关规定，一般不一律按重婚处理，而是根据个案的情况具体问题具体处理。

（二）禁止有配偶者与他人同居

1. 有配偶者与他人同居的概念

2001 年《婚姻法》修正案的第 3 条，首次设立了“禁止有配偶者与他人同居”的条款，《民法典婚姻家庭编》第 1042 条继续保留该条款。“有配偶者与他人同居”是指男女一方或双方有配偶，而又与婚外异性不以夫妻名义，持续、稳定地共同居住。又称作婚外同居。这一禁止性的规定，是针对我国现实中存在的违反一夫一妻制行为有上升的态势，为保障一夫一妻制原则的有效实施而制定的。

2. 婚外同居与事实重婚、通奸的关系

（1）婚外同居与事实重婚的关系。

二者的相同点：两者的主体都是一方或双方有配偶者，两者的当事人之间通常都有共同的住所，有相对稳定的、持续的同居生活。

二者的不同点：婚外同居不以夫妻名义同居，周围的人也不认为他们是夫妻关系；事实重婚则公开以夫妻名义同居，周围的人也认为他们是夫妻关系。

婚外同居行为和重婚行为都是违法行为，是对我国一夫一妻制的侵害，但由于违法情节与后果不同，两者在性质上是罪与非罪的区别。婚外同居不构成犯罪，但属于违法行为，须承担民事责任，其民事责任包括：一是法院认定夫妻感情确已破裂，准予离婚的情形之一；二是在离婚时，无过错方可以请求损害赔偿。而重婚除了要承担民事责任外，构成犯罪的，还要承担刑事责任。

（2）婚外同居与通奸的关系。

通奸，是指男女一方或双方有配偶，而又与他人秘密地、自愿地发生两性关系的行为。通奸的双方，对外不以夫妻名义，对内不共同生活，但它也是破坏一夫一妻制的行为。两者的相同点为：两者的两性关系都不以夫妻名义。不同点为：通奸的双方无共同的同居生活，婚外同居的双方则有共同的同居生活。

（3）通奸、婚外同居与事实重婚三者既有区别又有联系。

如果长期通奸，形成公开同居，则构成婚外同居；如果婚外同居时以夫妻名义同居，则构成事实上的重婚，三者之间可能发生转化。另外，通奸、婚外同居为违法行为，一般不构成犯罪，但他们严重违反一夫一妻制，违反社会公德，破坏夫妻和睦，极易引起家庭纠纷，影响安定团结。事实上的重婚有可能构成犯罪，会造成更为严重的社会危害性。因此，要注意划清三者的界限，尤其是对婚外同居与事实重婚的区分，它往往关系到罪与非罪的界限。对于构成违法犯罪的，要追究相应的法律责任；对于通奸行为应当采取批评教育、道德谴责、行政处分，情节严重、屡教不改者，应视情况给予党纪处分、行政制裁。

第四节　男女平等原则

一、男女平等的含义

我国宪法从经济的、政治的、文化的、社会的和婚姻家庭生活的各个方面规定了男女平等的原则。所以，婚姻家庭法中的男女平等原则是宪法中男女平等原则的具体体现。

婚姻家庭法中男女平等原则的含义是：男女两性在婚姻家庭生活中处于平等地位，即享有平等的权利，承担平等的义务。

男女平等原则，深刻地体现了我国婚姻家庭法的社会主义本质。它是破除男尊女卑的旧传统、促进妇女的彻底解放、巩固和发展我国社会主义婚姻家庭关系的根本保证。男女两性在婚姻家庭中的地位，是与他们的社会地位相一致的，并且取决于一定的社会制度。在原始社会中，男女两性是朴素的平等关系，虽然母权处于主导地位，但男子并不受歧视。随着私有制的出现，男子掌握了权力，母权制被父权制所取代，男尊女卑的时代便开始了。在奴隶社会和封建社会，虽然具体制度不同，但都是以私有制为核心的社会。在这种社会里，男尊女卑、男主女从的情况一直没有改变。新中国成立后，男女平等首先成为宪法原则，同时，在婚姻家庭法、刑法、劳动法中，也都体现了男女平等的原则。但是，由于封建传统观念的影响，男女之间还存在一定的实际差距，还存在着事实上的不平等。所以，进一步贯彻男女平等原则，对于肃清封建残余，建设社会主义精神文明，都有着重要的意义。

二、男女平等原则的主要内容

男女平等的原则，贯穿在《民法典婚姻家庭编》的各章各条之中，其内容可概括为以下两方面。

（一）男女双方在婚姻方面权利平等

按照《民法典婚姻家庭编》的规定，男女在结婚、离婚问题上权利是完全平等的。例如，男女享有同等的结婚自由和离婚自由；登记结婚后，根据双方的约定，女方可以成为男方的家庭成员，男方可以成为女方的家庭成员；离婚时，男女双方都有分割共同财产的权利等。

（二）男女双方在家庭关系上地位平等

在夫妻关系方面，男女结婚后，人格独立，地位平等，享有同等的权利，承担同等的义务，例如有相同的姓名权、人身自由权、共同财产所有权、遗产继承权，互相扶养的义务等。

在父母子女关系方面，父母和子女之间的权利义务都是相互的，地位是平等的。父母有抚养教育子女的义务，同时又有受子女赡养扶助的权利；子女有赡养父母的义务，同时又有受父母抚养的权利；父母可以继承子女的遗产，子女也可以继承父母的遗产。

在其他家庭成员关系方面，祖父母和孙子女、外祖父母和外孙子女之间、兄弟姐妹之间，法律地位也都是平等的。

总之，家庭成员依法享有的权利和依法承担的义务，不因性别、父系和母系亲属、男系和女系亲属的不同而不同。但在同时，我们也必须认识到，男女平等的真正实现并不是一蹴而就的。新中国成立以来，随着我国社会经济、政治、文化和婚姻家庭等领域的深刻变革，妇女解放运动取得了巨大成就，妇女的地位有了全面的提高。但是，要彻底消除男女两性在社会生活和婚姻家庭生活中的实际差别，还需要经历一个相当长的过程。在社会主义初级阶段中，经济和文化还不够发达，男尊女卑的旧思想还未彻底消灭，重男轻女、歧视妇女的传统习惯势力还有一定的影响，因此，男女两性在法律上的平等还不等于是现实中的平等。只有我们从根本上使得社会主义物质文明和精神文明高度发展，使妇女得到彻底解放，才有可能真正实现男女平等。目前，我们要从我国现阶段的实际情况出发，正确贯彻执行婚姻家庭法有关男女平等的各项规定，保障妇女在婚姻家庭方面的合法权益，以利于妇女的彻底解放和社会主义婚姻家庭制度的巩固和发展。

三、男女平等原则的贯彻实施

新中国成立以来，随着社会主义建设的发展、经济基础和上层建筑的变革，以及婚姻家庭法的贯彻施行，男女两性在社会和家庭中的地位发生了深刻的变化，妇女的地位有了明显的提高。但是男女平等的彻底实现仍然需要时间和努力。

《妇女权益保障法》为保障妇女权益，实现男女平等提供了更为具体的法律保障。同时，社会还要为妇女提供更多的参与社会活动的机会。正如列宁所指出的："只要妇女忙于家务，她们的地位就不免要受到限制。要彻底解放妇女，要使她们同男子真正平等，就必须有公共经济，必须让妇女参加共同的生产劳动。这样，妇女才会和男子处于同等地位。"① 所以，只有使广大妇女从家务中摆脱出来，参加社会生产，并经过根本改变社会风气，才能完全实现男女平等。

第五节　保护妇女、未成年人、老年人、残疾人的合法权益原则

一、保护妇女的合法权益

（一）保护妇女合法权益的立法理由

在现阶段，保护妇女的合法权益有着重要的意义。

（1）保护妇女合法权益是对男女平等原则的必要补充。中国经历了几千年的奴隶社会、封建社会，广大妇女处于社会的最底层，深受政权、族权、神权和夫权的压迫，社会地位和家庭地位十分低下。新中国成立后，党和国家采取了一系列社会改革措施，提高了妇女的地位。但是，旧社会遗留下来的男尊女卑、夫权统治等封建思想残余并未完全清除，歧视妇女、侵犯妇女合法权益的现象依然不同程度地存在。在婚姻家庭中，父母包办女儿的婚姻，阻碍妇女参加工作学习，剥夺妇女的财产继承权或妻子享有的夫妻

---

① 中共中央马克思恩格斯列宁斯大林著作编译局：《列宁选集》（第4卷），人民出版社，2012年，第47～48页。

共同财产份额，虐待妇女、拐卖妇女、遗弃女婴等违法犯罪行为仍时有发生。因此，法律必须对妇女给予特殊保护，才能真正实现男女平等。

（2）保护妇女合法权益是女性生理因素的要求。男女两性的生理差异，决定了妇女在体力上普遍低于同龄男子。同时，妇女还担负着怀孕、生育和哺育子女的任务，身体负担和精神负担较男子为重。因此，应从法律层面对妇女的权益加以保护。

（3）是否保护妇女，还是衡量一个国家是否文明的天然尺度。因此，法律应对妇女权益给予一定的特殊保护，以照顾妇女的特殊要求，反映我国的文明程度。

（二）保护妇女合法权益的内容

《民法典婚姻家庭编》和《妇女权益保障法》对妇女在婚姻家庭方面合法权益的规定的主要内容：

（1）国家保障妇女享有与男子平等的婚姻家庭权利，国家保护妇女的婚姻自由权；

（2）妇女有不生育的自由；

（3）女方在怀孕、分娩后一年内或终止妊娠后六个月内，男方不得提出离婚；

（4）妇女对夫妻共同财产享有与其配偶平等的占有、使用、收益和处分的权利；

（5）父母双方对未成年子女享有平等的监护权；

（6）国家保护离婚妇女的房屋所有权；

（7）妇女结婚、离婚后其责任田、口粮田和宅基地等，应当受到保障；

（8）妇女享有与男子平等的财产继承权等。

二、保护未成年人的合法权益

（一）保护未成年人合法权益的立法理由

法律之所以要特别保护未成年人的合法权益，是因为：

（1）未成年人往往不具有劳动能力和独立生活的能力。作为未成年人，由于他们的身体和智力都没有发育成熟，不具备正常的独立生活能力，需要父母的监护，需要国家法律的特殊保护。

（2）未成年人是我们国家和民族的未来，是社会主义、共产主义事业的接班人。法律对未成年人的合法权益进行特别保护，使他们在德、智、体、美、劳各方面得到全面健康成长。在社会主义国家，保护未成年人合法权益不仅是国家的责任，也是父母及其他家庭成员应尽的法律义务。在旧中国，礼和法律极力维护“父为子纲”，子女附属于父母、家长，没有独立的意志和人格，其权益得不到法律的保护。非婚生子女、继子女的命运就更为悲惨，不仅受到社会的歧视，而且更受到父母及其他家庭成员的虐待和遗弃。新中国成立后，未成年人的合法权益受到了宪法、婚姻家庭法、未成年人保护法等多方面法律的全面保护，使未成年人在家庭中的权利有了可靠的法律保障。

（二）保护未成年人合法权益的内容

《民法典婚姻家庭编》和《未成年人保护法》规定了对未成年人的家庭保护，主要内容：

（1）父母或者其他监护人应当依法履行对未成年人的监护职责和抚养义务，不得虐待、遗弃未成年人；

（2）不得歧视女性未成年人或者有残疾的未成年人；

（3）禁止溺婴、弃婴；

（4）必须使适龄未成年人按照规定接受义务教育；

（5）应当以健康的思想、品行和适当的方法教育未成年人；

（6）不得允许或者迫使未成年人结婚，不得为未成年人订立婚约；

（7）父母或者其他监护人不履行监护职责或者侵害未成年人的合法权益的，应当撤销监护权，依法承担责任等。

三、保护老年人的合法权益

（一）保护老年人合法权益的立法理由

尊敬老人是中华民族的传统美德，保护老年人合法权益也是我国的法律要求。这是因为：

（1）老年人为我国社会主义革命和建设事业付出了辛勤劳动，贡献了毕生精力，为社会创造了财富；在家庭中他们也为培养后代和建设家庭操劳一生，履行了应尽的义务。

（2）老年人丧失了劳动和生活的能力，需要家人和社会的关怀。随着年龄的增长，老年人的身体和智力会逐渐衰弱，从而失去了劳动和生活的能力。

正是由于老年人为国家、民族和家庭贡献了毕生的精力，创造出巨大财富，所以，当他们年老体衰、丧失劳动能力的时候，有权获得来自社会和家庭的尊敬和照顾，以使他们幸福、愉快地安度晚年。

（二）保护老年人合法权益的内容

《民法典婚姻家庭编》和《老年人权益保障法》对老年人在家庭中合法权益的规定主要包括：

（1）老年人养老主要依靠家庭，家庭成员应当关心和照料老年人；

（2）父母或者祖父母、外祖父母在年老、丧失劳动能力、生活困难时，子女或者孙子女、外孙子女有赡养扶助的义务；

（3）赡养人应当履行对老年人经济上供养、生活上照料和精神上慰藉的义务，照顾老年人的特殊需要；

（4）赡养人不履行赡养义务，老年人有要求给付赡养费的权利，并可以向人民法院提起诉讼；

(5) 人民法院对老年人追索赡养费或者扶养费的申请，可以依法裁定先予执行；

(6) 禁止歧视、侮辱、虐待或者遗弃老年人；

(7) 老年人的婚姻自由受法律保护；

(8) 老年人有权依法处分个人的财产；

(9) 老年人有依法继承父母、配偶、子女或者其他亲属遗产的权利，有接受赠与的权利；

(10) 暴力干涉老年人婚姻自由或者对老年人负有赡养义务、扶养义务而拒绝赡养、扶养，情节严重构成犯罪的，依法追究刑事责任等。

四、保护残疾人合法权益

(一) 保护残疾人合法权益的立法理由

《民法典婚姻家庭编》第 1041 条增设了保护残疾人合法权益的原则。法律之所以要特殊保护残疾人合法权益，是因为：残疾人在心理、生理、人体结构上，某种组织、功能丧失或者不正常，因而全部或者部分丧失以正常方式从事某种活动能力。通常情况下，残疾人不能正常的工作、学习和生活。

(二) 保护残疾人合法权益的内容

《民法典婚姻家庭编》和《残疾人保障法》对残疾人在家庭中合法权益的规定主要包括：

(1) 残疾人在家庭生活中享有同其他公民平等的权利；

(2) 残疾人的公民权利和人格尊严受法律保护；

(3) 保障残疾人康复服务，平等接受教育的权利、劳动的权利。

(4) 禁止歧视残疾人，侮辱、侵害残疾人，禁止贬低损害残疾人人格等。

五、贯彻保护妇女、未成年人、老年人、残疾人合法权益原则，禁止家庭暴力和家庭成员之间的虐待、遗弃

(一) 禁止家庭暴力

1. 家庭暴力的概念

家庭暴力的概念为全世界所广泛使用，并作为一种违法、犯罪行为规定在法律法规中。

在国外，与家庭暴力有关的法律法规大多对家庭暴力采取广义的概念。家庭暴力是指发生在家庭成员之间的暴力行为，造成其中一方生理或心理上的伤害。家庭暴力的形式可分为身体暴力、语言暴力、性暴力。身体暴力包括所有对身体的攻击及限制行为，

如殴打、推搡、禁闭、使用工具攻击等。语言暴力是以语言威胁恐吓、恶意诽谤、辱骂、使用伤害自尊的言语，造成心理伤害的行为。性暴力是故意攻击性器官，强迫发生性行为、性接触等。家庭暴力的受害者包括配偶、前配偶、子女、父母、兄弟姐妹甚至同居伴侣及前同居伴侣。家庭暴力的程度可分为轻度、中度、重度，任何对家庭成员造成损害和伤害的行为都可列入家庭暴力的范畴。

在我国，2001 年《婚姻法》修正案首次从法律层面提出了家庭暴力的概念。最高人民法院的司法解释将家庭暴力概念首次在司法层面上界定为：行为人以殴打、捆绑、残害、强行限制人身自由或者其他手段，给其家庭成员的身体、精神等方面造成一定伤害后果的行为。2016 年 3 月 1 日正式实施的《反家庭暴力法》第 2 条进一步完善了这一概念：家庭暴力，是指家庭成员之间以殴打、捆绑、残害、限制人身自由以及经常性谩骂、恐吓等方式实施的身体、精神等侵害行为。这里的概念采取的是狭义概念，主要是指对家庭成员身体上的暴力及因此而引起的精神伤害，如殴打、捆绑、伤害身体、限制人身自由及性虐待等，受害者为配偶、子女与父母，其中以妇女、未成年人、老年人、残疾人居多。

2. 家庭暴力的现状

家庭是社会的细胞，和睦、安宁的家庭，不仅是每个家庭成员人生幸福的重要内容，也是社会稳定的基础。但在现实生活中，家庭暴力的存在却严重地侵扰着家庭的安宁，并且使妇女、未成年人、老年人、残疾人成为主要的受害者，因此，制止家庭暴力是维护和保障人权，特别是保护弱势群体利益的重要内容。

家庭暴力是一个全球性的问题，几乎在所有国家，不分种族、民族、阶级、宗教信仰、文化传统、文化水平都程度不同地存在着家庭暴力。世界上多个国家的调查显示，妇女是家庭暴力的主要受害者。世界银行曾作过一个调查统计：在 20 世纪，全世界有 25％至 50％的妇女都曾受到过与其关系密切者的身体虐待。

在中国，家庭暴力现象也相当严重。相关的调查资料显示，我国每年因离婚而解体的家庭中，1/4 源于家庭暴力；据 2018 年全国妇联统计数据，中国有 30％的已婚妇女曾遭受家庭暴力，平均每 7.4 秒就有一位女性受到丈夫殴打。

20 世纪 90 年代初家庭暴力的概念才引入中国。由于在家庭中发生的一般打骂构不成治安处罚或虐待罪，因而长期以来法律难以对施暴者予以制裁。而且一些执法者认为，侵犯妇女、未成年人、老年人、残疾人的合法权益甚至于家庭暴力的行为，属于家务纠纷、家庭私事，外人不应当干涉，也难以干涉，所谓“清官难断家务事”。这就使法律规定的妇女、未成年人、老年人和残疾人的合法权利因执法者的不重视而无法实现，不但使有关法律形同虚设，而且也助长了违法行为的发展蔓延。我国 2001 年《婚姻法》修正案与 2016 年的《反家庭暴力法》，都明确禁止家庭暴力，规定了家庭暴力的预防、处置及其法律责任，对于今后预防和制止家庭暴力，保护妇女、未成年人、老年人、残疾人的合法权益有着积极的意义。

3. 有关禁止家庭暴力的法律规定

对家庭暴力的实施者予以制裁，是国际社会对各国政府提出的要求。1995 年在北京召开的第四次世界妇女大会通过的行动纲领要求各国政府：颁布/或加强国内立法中的刑事、民事、劳工行政等方面的处罚，使不论在家中、工作场所、社区或社会上对妇女及女孩施加任何形式的暴力行为的人都受到惩处。2001 年《婚姻法》修正案增加“禁止家庭暴力”的规定，《民法典婚姻家庭编》继续保留该条文，正是对我国所承担的国际义务的回应。

为了贯彻实施这一原则，我国婚姻家庭法与《反家庭暴力法》作出了相应的具体规定。

（1）投诉求助。对实施家庭暴力的，受害人及其法定代理人、近亲属可以向加害人或者所在单位、居民委员会、村民委员会、妇女联合会等单位投诉、反映或者求助。有关单位接到家庭暴力投诉、反映或者求助后，应当给予帮助、处理。单位、个人发现正在发生的家庭暴力行为，有权及时劝阻。

（2）报警求助。对正在实施家庭暴力的，受害人可以报警，公安机关接到家庭暴力报案后应当及时出警，制止家庭暴力，按照有关规定调查取证，协助受害人就医、鉴定伤情。施暴者违反治安管理处罚法规定的，依法予以行政处罚。家庭暴力情节较轻，依法不给予治安管理处罚的，由公安机关对加害人给予批评教育或者出具告诫书。

（3）报案起诉。对实施家庭暴力构成犯罪的，应当依照《刑法》的有关规定给予刑事制裁，即因家庭暴力构成杀人罪、伤害罪、侮辱罪、诽谤罪及虐待罪等刑事犯罪的，施暴者应承担相应的刑事责任。对于家庭暴力行为，受害人及其法定代理人、近亲属可以依照刑事诉讼法的规定，向人民法院自诉；同时也可向公安机关报案，对于受害人的报案，公安机关应当依法侦查，人民检察院应当依法提起公诉。

（4）强制报告义务。学校、幼儿园、居委会、村委会等机构及其工作人员在工作中发现被害人遭受或者疑似遭受家庭暴力的，有向公安机关报案的义务。

（5）申请庇护。被害人因家庭暴力身体受到严重伤害、面临人身安全威胁或者处于无人照料等危险状态的，可以向公安机关报案申请庇护，公安机关应当通知并协助民政部门将其安置到临时庇护场所、救助管理机构或者福利机构。

（6）人身安全保护令。当事人因遭受家庭暴力或者面临家庭暴力的现实危险，可以向法院申请人身安全保护令。

当事人因受到强制、威吓等原因无法申请人身安全保护令的，其近亲属、公安机关、妇女联合会、居民委员会、村民委员会、救助管理机构可以代为申请。

如果受害人不想离婚，也不要抚养费、赡养费，就是不想再挨打了，可以单独申请人身安全保护令。申请人的相关近亲属，也被纳入人身安全保护令的保护范围。

对于受害人的申请，法院“应当”受理，这就为受害者提供了一个硬性的保护方法。

根据《反家庭暴力法》的规定，人身安全保护令的内容包括：禁止被申请人实施家庭暴力，禁止被申请人骚扰、跟踪、接触，责令被申请人迁出申请人住所等措施。

被申请人违反人身安全保护令的，处以 1000 元以下罚款、15 日以下拘留；如果构成犯罪的，依法追究刑事责任。

（7）民事救济。《民法典婚姻家庭编》延续了 2001 年《婚姻法》修正案将实施家庭暴力作为认定夫妻感情确已破裂，准予离婚的法定情形之一，受害方可因他方实施家庭暴力要求离婚；对因实施家庭暴力而导致离婚的，受害人有权要求施暴者给予损害赔偿，其损害赔偿应包括物质损害与精神损害两个方面。

（二）禁止家庭成员间的虐待和遗弃

1. 禁止家庭成员间的虐待和遗弃的意义

《民法典婚姻家庭编》第 1042 条重申了“禁止家庭成员间的虐待和遗弃”的规定，这是保护妇女、未成年人、老年人、残疾人合法权益的必然要求，对满足家庭中没有独立生活能力的成员的生活需要，保障家庭职能的顺利实现，以及发扬我国尊老爱幼的优良传统道德都具有很重要的意义。

2. 虐待、遗弃的概念

虐待行为在现实生活中时有发生，如言词侮辱、不给予适当的衣食、患病不予治疗，以及居住上的歧视性待遇等。虐待可能表现为作为的形式，也可能表现为不作为的形式。虐待行为包括生活上的虐待、精神上的虐待等，其情节和后果不尽相同。

家庭成员之间的遗弃行为，是法律严格禁止的。“遗弃”是一个多义词，婚姻家庭法中所说的遗弃，是指家庭成员中负有赡养、抚养和扶养义务的一方，对需要赡养、抚养和扶养的另一方，不履行其法定义务的行为。遗弃行为可能发生在不同亲属身份的家庭成员之间，如子女不赡养父母，父母不抚养子女；夫或妻不扶养对方；有负担能力的祖父母、外祖父母不抚养父母已经死亡或父母无力抚养的未成年的孙子女、外孙子女，有负担能力的孙子女、外孙子女不赡养子女已经死亡或子女无力赡养的祖父母、外祖父母；有负担能力的兄、姐不扶养父母已经死亡或父母无力抚养的未成年的弟、妹，由兄、姐扶养长大的有负担能力的弟、妹，不扶养缺乏劳动能力又缺乏生活来源的兄、姐等。

3. 对虐待、遗弃行为的处理

根据我国婚姻家庭法及其相关法律，对家庭成员间虐待、遗弃行为的救济方式主要包括：

（1）社会救助。对于一般的虐待、遗弃行为，可以采取社会救助的方法，虐待、遗弃行为的受害人有要求居民委员会、村民委员会及所在单位对虐待、遗弃行为予以劝阻、调解的权利，居民委员会、村民委员会及所在单位有帮助受害人，及时地予以劝阻、调解的责任。

（2）行政处罚。虐待、遗弃行为的受害人有权要求公安机关对正在实施的虐待、遗弃行为予以制止并对加害人予以行政处罚，公安机关在接到报案后，应当及时赶到现场，予以制止，并根据受害人的请求及具体情况，依照治安管理处罚法的规定予以行政处罚。按照《治安管理处罚法》第 45 条的规定，虐待家庭成员，被虐待人要求处理的，遗弃没有独立生活能力的被扶养人的，处 5 日以下拘留或者警告。

（3）民事救济。《民法典婚姻家庭编》将虐待、遗弃作为认定夫妻感情确已破裂，准予离婚的法定情形之一，受害方可因他方实施虐待、遗弃行为要求离婚；对因实施虐待、遗弃行为而导致离婚的，受害人有权要求加害人给予损害赔偿，其损害赔偿应包括物质损害与精神损害两个方面。

（4）刑事处罚。对遗弃、虐待家庭成员情节严重构成犯罪的，应按刑法的有关规定追究其刑事责任。《刑法》第 260 条规定："虐待家庭成员，情节恶劣的，处二年以下有期徒刑、拘役或者管制。犯前款罪，致使被害人重伤、死亡的，处二年以上七年以下有期徒刑。"第 260 条之一规定："对未成年人、老年人、患病的人、残疾人等负有监护、看护职责的人虐待被监护、看护的人，情节恶劣的，处三年以下有期徒刑或者拘役。"第 261 条规定："对于年老、年幼、患病或者其他没有独立生活能力的人，负有扶养义务而拒绝扶养，情节恶劣的，处五年以下有期徒刑、拘役或者管制。"

近些年来，保护妇女、未成年人、老年人、残疾人的合法权益受到全社会重视。除了全国性的有关法律法规相继出台外，为解决出现的新情况和新问题，加强法制建设，完善和细化婚姻家庭的法律规范，许多地方纷纷制定了本地区的保护妇女、未成年人、老年人、残疾人合法权益的决议、规定、条例。这对于我们进一步贯彻执行这一基本原则提供了相应的法律保障。

第六节　重视家庭文明建设原则

一、树立优良家风，弘扬家庭美德，重视家庭文明建设

家庭是社会的基本细胞，是人生的第一所学校。不论时代发生多大变化，不论生活格局发生多大变化，我们都要重视家庭文明建设，注重家庭、注重家教、注重家风。

2016 年 12 月 12 日，习近平总书记在会见第一届全国文明家庭代表时说："无论时代如何变化，无论经济社会如何发展，对一个社会来说，家庭的生活依托都不可替代，家庭的社会功能都不可替代，家庭的文明作用都不可替代。无论过去、现在还是将来，绝大多数人都生活在家庭之中。我们要重视家庭文明建设，努力使千千万万个家庭成为国家发展、民族进步、社会和谐的重要基点，成为人们梦想启航的地方。"[①]

优良家风，能够促进家庭幸福和睦，带动社会良好风气，能够助推国家的繁荣发展。正基于此，《民法典婚姻家庭编》第 1043 条创新性地增设了"家庭应当树立优良家风，弘扬家庭美德，重视家庭文明建设"的规定，作为新时代调整婚姻家庭关系的倡导性规则，婚姻家庭遵循的伦理道德要求。

---

① 习近平：《习近平谈治国理政》（第 2 卷），外文出版社，2017 年，第 353 页。

二、夫妻关系文明建设

《民法典婚姻家庭编》第 1043 条规定："夫妻应当互相忠实，互相尊重，互相关爱。"

共同生活是夫妻关系的基本内容，双方在共同生活中互相忠实、互相尊重、互相关爱是夫妻关系的基本准则。我国法律一贯反对和禁止破坏一夫一妻制的行为，早在 1950 年《婚姻法》的"夫妻间的权利和义务"一章中就明确规定："夫妻有互爱互敬、互相帮助、互相扶养、和睦团结、劳动生产、抚育子女，为家庭幸福和新社会建设而共同奋斗的义务。"2001 年《婚姻法》修正案将其提升到总则的地位，更显示了我国实行严格的一夫一妻制，提倡"夫妻互相忠实、互相尊重"的立法理念，对夫妻关系具有指导作用。《民法典婚姻家庭编》又增设了夫妻"互相关爱"的规定，使得这一基本准则的内容更加具体和完善。

（1）夫妻互相忠实。夫妻互相忠实是指夫妻之间应当忠于感情，应该诚实、坦诚相待，尤其是指夫妻任何一方都不得为婚外性行为，必须保持性的专一性。一夫一妻制的本质就是将人类的性行为规范在一对配偶之间，夫妻之外的性行为都是违法的或是不道德的，都是对他方的严重伤害。在许多国家，夫妻一方的婚外性行为即可构成离婚的必要条件，导致婚姻的破裂与家庭的解体。

《民法典婚姻家庭编》将"夫妻互相忠实"的规定置于第一章"一般规定"之中，其规范属性是倡导性、宣示性规范，实践中不能将夫妻间的互相忠实解释为夫妻间的法定义务，而只是作为倡导性的法律规则。夫妻之间如果因为一方违反该规范，另一方不能单独以违反"夫妻忠实义务"为由提起民事诉讼。

（2）夫妻互相尊重。夫妻互相尊重是指夫妻应当互相以礼相待，尊重对方的独立人格和尊严，尊重对方的独立权利，不得侮辱对方。夫妻互相尊重是男女平等原则在夫妻关系中的具体体现，只有互相尊重，才能谈到平等，尊重是平等的前提，是实现夫妻各项权利的基本保证。

（3）夫妻互相关爱。夫妻互相关爱是指夫妻应当在感情上互相慰藉、体贴、关怀，在生活上互相关心、照顾、扶助。夫妻关爱建立在爱情的基础上，爱一个人就应该给予对方应有的关爱，这种关爱是出自内心对于爱情最原始的付出冲动，是因为爱而从心底里去关爱对方。

三、家庭关系文明建设

《民法典婚姻家庭编》第 1043 条规定："家庭成员应当敬老爱幼，互相帮助，维护平等、和睦、文明的婚姻家庭关系。"

家庭成员间应当敬老爱幼，互相帮助，维护平等、和睦、文明的婚姻家庭关系，是家庭成员之间相互关系的基本准则。根据我国婚姻家庭法规定，具有法律意义的家庭成员包括夫妻、父母、子女、祖父母、外祖父母、孙子女、外孙子女、兄弟姐妹。其中，夫妻之间、父母与子女之间有法定的相互扶养义务，祖父母、外祖父母与孙子女、外孙子女之间，兄弟姐妹之间在一定条件下也有相互扶养的义务。

《民法典婚姻家庭编》第1043条所提倡的家庭成员有敬老爱幼、互相帮助的责任，是指法律上的扶养义务、日常生活的照顾帮助，以及相互间的关爱、慰藉、体贴、关怀等精神上的帮助。作为倡导性规则，实践中一般不能作为案由提起诉讼。但在家事纠纷中，如果家庭成员有违背赡养义务或抚养义务的情形，权利人向人民法院起诉要求义务人支付赡养费、抚养费的，应当以赡养纠纷、抚养纠纷作为案由起诉。

我国是一个具有良好的道德传统的文明古国，尊老爱幼、赡老育幼一直为人们所传承。受之影响，我国的家庭成员之间的关系表现为和谐稳定，这成为我国家庭发展的主流和大趋势。但由于中国有几千年的封建家长制传统，受之影响，一些家长将自己的意志强加给子女，甚至对不服从其意志的子女实施暴力，虐待、残害子女的现象仍然时有发生。同时，当前的社会变革使我国传统的尊老、敬老优良传统道德受到了前所未有的冲击，出现了少数子女为了自己的利益干涉父母婚姻、财产的现象，赡养纠纷在家庭纠纷中占有一定的比重。随着中国老龄化程度的提高，如不及时解决养老、敬老的问题，将直接影响新型家庭关系的发展，甚至影响社会的安定团结。由于中国目前经济仍不发达，社会保障体系不够完善，养老育幼、互助救济仍然是家庭的主要功能，子女的早期教育、老人的赡养扶助都仍主要由家庭来进行。

因此，2001年《婚姻法》修正案、《民法典婚姻家庭编》都对此作出导向性的规定，确认家庭成员有敬老爱幼、互相帮助的责任。这一规定进一步表明我国婚姻家庭立法的理念与追求，即提倡新型的婚姻家庭关系，突出建立平等、和睦、文明的现代家庭。

第七节　收养应当遵循的原则

收养是一种将他人子女收为自己子女的民事法律行为，使得本无血缘关系的人们之间拟制具有了亲子关系，形成拟制血亲。收养制度是婚姻家庭制度的重要组成部分。正基于此，我国《民法典》的编纂，将1998年《收养法》纳入“婚姻家庭编”中，成为《民法典婚姻家庭编》其中一章，使得婚姻家庭编的内容更加系统完整。

《民法典婚姻家庭编》第一章“一般规定”第1044条增设规定：“收养应当遵循最有利于被收养人的原则，保障被收养人和收养人的合法权益。禁止借收养名义买卖未成年人。”明示了收养制度的基本原则。

一、收养应当遵循最有利于被收养人原则

“收养应当遵循最有利于被收养人的原则”，这是我国实行收养制度的首要目的，也是我国收养立法的重要目的。

根据收养法律规定，收养行为是一种设定和变更民事权利、义务的重要法律行为，它

涉及对未成年人的抚养教育、对老年人的赡养扶助以及财产继承等一系列民事法律关系。收养法律行为的目的在于使没有父母子女关系的人们之间产生拟制的法律上的父母子女关系。一般说来，送养人为生父母或者其他监护人，收养人为养父、养母，被收养人为未成年的养子或养女。收养行为一旦发生法律效力，便在收养人和被收养人之间产生法定的父母子女关系，被收养人及其生父母之间的父母子女关系以及基于此的其他亲属关系同时消灭。由于收养法律行为可以导致当事人人身关系和民事权利义务的变化，所以法律对于收养行为一般均规定了比较严格的条件，其中包括对收养人条件的规定，对被收养人条件的规定以及对被收养人的送养人条件的规定等。只有符合条件的当事人达成收养协议，按照法律规定的程序报主管机关进行收养登记后，收养关系才产生法律效力。

二、收养应当保障被收养人和收养人的合法权益

收养关系涉及收养人和被收养人双方的利益，除了必须遵循“最有利于被收养人原则”，还必须保障收养人的合法权益。

收养是变更亲属身份和权利义务关系的行为，收养行为成立后，收养人与被收养人之间产生父母子女间的身份关系和权利义务关系，被收养人与其生父母之间的身份关系和权利义务随之消灭。但被收养人与生父母及其亲属间的血缘关系依然存在，关于禁止近亲结婚的法规对他们仍有约束力。收养关系是一种拟制血亲关系，通过收养使养父母与养子女之间产生相同于亲生父母子女之间的权利义务关系，养父母依法享有法定的权利。

三、禁止借收养名义买卖未成年人

实践中，有些送养人和收养人的动机不纯，借收养名义买卖未成年人。例如，送养人将子女交给他人收养的同时，以“营养费”等名义索取高额费用，后又将收取的营养费出借给他人收取利息，并非用于生活消费开支。该送养行为即存在买卖未成年人、非法获利之嫌，实际上已经构成买卖儿童罪，严重损害未成年被收养人的身心利益，因此必须严格禁止。

学习与思考：

1. 正确理解婚姻自由原则及新时代“自由”的含义。
2. 正确理解男女平等原则。
3. 在我国，为什么要特殊保护妇女、未成年人、老年人、残疾人的合法权益？
4. 家庭暴力有何危害？如何预防和制止家庭暴力？
5. 《民法典婚姻家庭编》增设“树立优良家风，弘扬家庭美德，重视家庭文明建设”的意义。
6. 如何理解收养制度的基本原则？

第三章　亲属制度

亲属是人类社会一种重要的社会关系，其存在久远。亲属关系一经法律调整，便在具有亲属身份的主体之间产生法定的权利与义务。亲属制度是由有关亲属关系或婚姻家庭关系的规范组成的，其内容包括亲属的种类、范围、亲系、亲属关系的发生和消灭等。亲属制度是社会制度的组成部分。

第一节　亲属制度概述

一、亲属的概念

（一）生物遗传学和社会学意义上的亲属

它泛指由婚姻、血缘所连接的一切具有血缘同源性、姻缘相关性的人与人之间的关系。这是一种网络化的生物遗传结构和婚姻社会结构，在横向上无边无际，在纵向上无始无终，难于穷尽。在当代世界，此意义上的亲属已无多大社会实效。

从生物遗传学和社会学角度来考察，亲属作为由两性关系和血缘关系联系起来的一定范围的人相互之间的特定社会关系的外在表现和身份称谓，可溯源于群居的原始人类。当时的原始群体基于对自然选择规律的一定认识和生产、生育领域禁忌的需要，在有两性、血缘关系的人之间创设一些不同的名词来互相称呼和分辨，久而久之形成一套约定俗成的称谓，并通过一定的禁忌、习惯等社会规范赋予这种称谓形式以相应实体性内容。所以，恩格斯指出："父亲、子女、兄弟、姊妹等称呼，并不是单纯的荣誉称号，而是代表着完全确定的、异常郑重的相互义务，这些义务的总和构成这些民族的社会制度的实质部分。"①

① 中共中央马克思恩格斯列宁斯大林著作编译局：《马克思恩格斯文集》（第4卷），人民出版社，2009年，第40页。

（二）法律意义上的亲属

其指得到法律确认、受到法律调整、具有一定法律效力的亲属，这是亲属关系的主体在现代亲属法上的具体指向。

从法律的角度来考察，亲属首先是指因婚姻、血缘和法律拟制而产生的一种人与人之间的社会关系；其次是指这种社会关系经过法律的确认和调整，则在特定的主体之间形成具有法律约束力的权利义务。概言之，法律意义上的亲属是由婚姻、血缘和法律拟制而形成的、具有权利义务内容的特定主体之间的社会关系。

亲属有广义和狭义之分。广义的亲属是指一切具有婚姻、血缘或法律拟制血亲关系的人，包括受法律调整或不受法律调整的所有的具有婚姻、血缘或法律拟制关系的成员。狭义的亲属是指具有婚姻、血缘或拟制血亲关系的，同时彼此具有法律上的权利义务关系的成员。我国婚姻家庭法中的亲属是指狭义的亲属。

亲属和婚姻家庭之间有着密切的关系。婚姻是一切亲属关系的源泉，家庭是由一定范围的亲属组成的。在不同的社会制度下，亲属关系所起的作用是有区别的。越是在距今较远的古代，亲属关系的作用越大。在当今社会，亲属关系在婚姻家庭中也起着相当重要的作用。

二、亲属的特征

（一）亲属是以婚姻和血缘为纽带的社会关系

一定社会成员之间产生亲属关系，必然基于一定的法律事实，包括一定的法律事件或人的行为。

从产生原因来看，要发生亲属关系，必须具有婚姻关系、血缘关系或法律拟制三个原因之一。首先，因婚姻而产生的亲属，包括配偶和姻亲；其次，因血缘联系而产生的亲属，限于自然血亲，如父母、子女、兄弟姐妹，伯、叔、姑与侄子女等；最后，因法律拟制而产生的亲属，指基于某种法律行为或法律事实，法律即认为主体之间互为亲属，如因收养成立而发生的养子女与养父母，因抚养关系而发生的继父母与继子女。

（二）亲属是具有固定身份和称谓的社会关系

亲属之间通常都有着固定的身份和称谓。

基于婚姻、血缘或法律拟制而产生的亲属间的身份和称谓，随这类关系的永久存在或长期存在而具有永久性或长期性，相对固定。身份是指人在社会关系中的地位；称谓是基于身份关系而产生的名称即身份的标志。例如，生育自己的称父母，自己所生育的称子女；男之配偶称妻，女之配偶称夫。由于亲属关系多为自然血亲形成，而血亲关系一般不得变更，其存在具有永久性；婚姻关系和拟制血亲关系，与其他社会关系相比，具有稳定性，其变更相对较少。

（三）一定范围内的亲属具有法律上的权利义务关系

亲属之间不仅具有固定的身份和称谓，而且这种关系一旦形成就具有了广泛的社会和法律意义。正如恩格斯所指出的：“父亲、子女、兄弟、姊妹等称呼，并不是单纯的荣誉称号，而是代表着完全确定的、异常郑重的相互义务，这些义务的总和构成这些民族的社会制度的实质部分。”① 这种关系经法律介入调整，必然会在一定范围内的亲属之间产生法律上的权利与义务关系。根据法律规定，夫妻、父母子女以及兄弟姐妹等亲属之间具有权利义务关系。如父母子女之间、夫妻之间具有相互扶养的权利和义务；祖孙之间以及兄弟姐妹之间，在一定的条件下也有扶养的权利和义务等。

三、亲属与家庭成员的区别

亲属和家庭成员的区别主要在于，亲属的概念比家庭成员要广，家庭成员一般都具有亲属关系，而有亲属关系的不一定是家庭成员。

家庭成员是指同居一家共同生活、相互具有权利义务关系的近亲属。家庭成员一般都是亲属，如夫妻、父母子女、祖孙、兄弟姐妹等；而并非所有的亲属都是家庭成员，如叔、姑、舅、姨与侄、甥是亲属，但他们不是家庭成员。

我国2020年《民法典婚姻家庭编》第1045条新增设规定：“配偶、父母、子女和其他共同生活的近亲属为家庭成员。”

四、亲属的法定分类

通过给亲属分类，将有助于我们更好地理解亲属的内涵和特点。《民法典婚姻家庭编》第1045条新增规定——“亲属包括配偶、血亲和姻亲”，以亲属产生的原因为标准，把亲属划分为三种。

（一）配偶

配偶，即夫妻，是男女双方因结婚而产生的亲属关系。在婚姻关系存续期间，夫妻互为配偶。配偶是血亲的源泉，姻亲的基础。

（二）血亲

血亲是指有血缘关系的亲属。血亲又有以下分类：

（1）根据血缘的来源不同，分为自然血亲和法律拟制血亲。

自然血亲，指因出生而形成的、源于同一祖先的有血缘联系的亲属，如父母子女、兄弟姐妹等。自然血亲又可分为全血缘的自然血亲和半血缘的自然血亲。全血缘的自然

① 中共中央马克思恩格斯列宁斯大林著作编译局：《马克思恩格斯文集》（第4卷），人民出版社，2009年，第40页。

血亲是指同父同母的兄弟姐妹，即同胞兄弟姐妹；半血缘的自然血亲是指同父异母或同母异父的兄弟姐妹。我国婚姻家庭法有关兄弟姐妹的权利义务方面的规定，既适用全血缘的兄弟姐妹，也适用半血缘的兄弟姐妹。

法律拟制血亲，指本来没有血缘关系，但由法律确认其具有与自然血亲同等的权利义务的亲属。我国婚姻家庭法确认的拟制血亲包括两类：养父母与养子女，继父母和受其抚养教育的继子女。

（2）根据血缘的联系不同，分为直系血亲与旁系血亲。

直系血亲，指有直接血缘联系的亲属，包括生育自己和自己所生育的上下各代的亲属，如父母与子女，祖父母、外祖父母与孙子女、外孙子女等。

旁系血亲，指有间接血缘联系的亲属，即除直系血亲以外的，与自己同出一源的亲属，如与自己同源于父母的兄弟姐妹，与自己同源于祖父母的伯、叔、姑及堂兄妹和姑表兄妹，与自己同源于外祖父母的舅、姨及表兄妹等。

（三）姻亲

姻亲是指以婚姻关系为中介而产生的亲属。男女结婚以后，配偶一方与另一方的亲属之间产生姻亲关系，如儿媳与公婆、女婿与岳父母。姻亲分为三种：

（1）血亲的配偶，指自己直系、旁系血亲的配偶。如儿子的妻子、女儿的丈夫是自己直系血亲的配偶，兄弟的妻子、姐妹的丈夫是自己旁系血亲的配偶。

（2）配偶的血亲，指自己配偶的血亲。既包括配偶的直系血亲，如丈夫的父母即公婆、妻子的父母即岳父母；还包括配偶的旁系血亲，如妻子和丈夫的兄弟姐妹。

（3）配偶的血亲的配偶，指自己配偶的血亲的丈夫或妻子，如丈夫的兄弟的妻子（妯娌）、妻子的姐妹的丈夫（连襟）等。

五、亲属的法定范围

亲属作为基于婚姻、血缘和法律拟制而产生的社会关系，可上下左右延续无穷，亲属关系的内容也多种多样。法律所调整的，只是一定范围内的亲属关系；法律所规定的，只是必须依法处理的具体事项。在不同历史时期，不同的国家的法律调整的亲属关系范围有所不同。

我国 2001 年《婚姻法》修正案对亲属范围未作总体性概括规定，只是采用分别限定的方法，即立法不从总体上概括限定亲属的范围，而是在具体的亲属关系上分别规定亲属的法律效力。《民法典婚姻家庭编》第 1045 条新增规定——“配偶、父母、子女、兄弟姐妹、祖父母、外祖父母、孙子女、外孙子女为近亲属”，对亲属的范围作出了明确规定，规定了婚姻家庭法调整的亲属范围。

第二节　亲系和亲等

一、亲系

亲系，也可称为亲属的系统，是指亲属间的血缘联系和联络系统。亲属以婚姻、血缘为基础，构成纵横交错、互相交织的亲属网络。除配偶外，一切亲属都有一定的亲系可循。按不同的联系标准，亲属可以分为不同系列。

在我国，具有法律意义的划分是直系亲与旁系亲。

（一）直系亲

直系亲又分为直系血亲和直系姻亲。

1. 直系血亲

直系血亲是指彼此之间有直接血缘联系的亲属，包括己身所从出和己身所出的两部分血亲。己身所从出的血亲，即是生育己身的各代血亲，如父母、祖父母、外祖父母、曾祖父母、外曾祖父母、高祖父母和外高祖父母等；己身所出的血亲，即是己身生育的后代，如子女、孙子女、外孙子女、曾孙子女、外曾孙子子、玄孙子女和外玄孙子女等。这些亲属与己身有纵向血缘关系，因此，都是直系血亲。

需要注意的是，直系血亲除自然直系血亲外，还包括法律拟制的直系血亲，如养父母与养子女、有扶养关系的继父母与继子女都是直系血亲。

2. 直系姻亲

直系姻亲包括己身直系血亲的配偶（长辈直系血亲除外）和配偶的直系血亲。前者如儿媳、女婿、孙媳、孙女婿、养儿媳、养女婿以及无扶养关系的继父母等，后者如公婆、岳父母，以及无扶养关系的继子女等。

（二）旁系亲

旁系亲又分为旁系血亲和旁系姻亲。

1. 旁系血亲

旁系血亲是指彼此之间具有间接血缘联系的亲属，即除直系血亲外，与己身同出一源的血亲，如兄弟姐妹、侄子女、伯、叔、姑、舅、姨、表兄弟姐妹等。

2. 旁系姻亲

旁系姻亲包括旁系血亲的配偶、配偶的旁系血亲和配偶的旁系血亲的配偶三类。

（1）旁系血亲的配偶，如嫂子、弟媳、侄媳、侄女婿、伯母、姑父母、姨父、舅母、婶母等。

（2）配偶的旁系血亲，如妻的兄弟姐妹和伯叔、夫的兄弟姐妹和伯叔等。

（3）配偶的旁系血亲的配偶，如妯娌、连襟、丈夫的伯母和婶母、妻子的伯母和婶母等。

二、亲等

亲属关系之间有亲疏远近之分别。

衡量亲属关系远近的方法，在国际上主要采用亲等计算法。

亲等是计算亲属关系亲疏远近的单位，即每经一代为一亲等，亲等数越少，亲属关系越近。亲等的计算是以血亲为基础，准用于姻亲，具体应用时可以配偶为中介换算。配偶本人则不计亲等。

世界上主要有两种亲等计算法：一是为世界多数国家所采用的罗马法亲等计算法，二是为部分国家所采用的寺院法的亲等计算法。

我国婚姻家庭法关于亲属关系的计算方法，采用世代计算法，即以“代”来表明亲属关系的亲疏远近。代数小的比代数大的亲属关系亲近。

1. 代的概念及计算

代即指世辈，以一辈为一代。计算亲属的代数分为直系血亲和旁系血亲两个方面的计算。

直系血亲的计算。从己身开始，己身为一代，往上或往下数。如从己身往上数父母为二代，祖父母、外祖父母为三代，曾祖父母、外曾祖父母为四代，高祖父母、外高祖父母为五代；往下数，子女为二代，孙子女、外孙子女为三代，曾孙子女、外曾孙子女为四代，玄孙子女、外玄孙子女为五代。

旁系血亲的计算。首先找出同源直系血亲，按直系血亲的计算法，从己身往上数至同源直系血亲，记下世代数；再从同源直系血亲往下数至要计算的旁系血亲，记下世代数。如果两边的世代数相同，则用一边的世代数定代数。如果两边的世代数不同，则取世代数大的一边定代数。例如，要计算兄弟姐妹的代数，首先找出同源直系血亲父母，己身为一世代，往上数至父母为二世代；再从父母为一世代，往下数至兄弟姐妹是二世代。因此，兄弟姐妹之间是二代的旁系血亲。

2. 三代以内的旁系血亲

三代以内的旁系血亲，是指与己身同源于祖父母、外祖父母的旁系血亲。其范围包括伯、叔、姑、舅、姨、兄弟姐妹、堂兄弟姐妹、表兄弟姐妹、侄子女、外甥子女。超过这一范围的亲属，就不属三代以内的旁系血亲。

第三节　亲属关系的发生和终止

亲属关系因一定原因而产生，也因一定的原因而终止。由于亲属的种类不同，发生和终止原因也不同。

一、亲属关系发生和终止的原因

社会中存在着各种各样的关系，任何社会关系都处于不断的产生、发展和变化之中，而每一种社会关系的产生、变更和消灭都必须有一定的根据，我们称之为法律事实。

法律事实是指能依法导致法律关系产生、变更和消灭的事实。法律事实包括法律事件和法律行为。法律事件是指不以当事人意志为转移，能引起法律关系产生、变更和消灭的客观事实。法律事件又可分为绝对事件和相对事件。而法律行为是指当事人有意识、有目的进行的，能够引起法律关系产生、变更和消灭的行为。

亲属关系作为一种民事法律关系，其产生、变更或消灭也是由一定的法律事实引发的。凡是依照亲属法规范能够引起亲属关系发生、变更和消灭的根据，就是亲属关系的法律事实，通常简称为身份法律事实。身份法律事实的具体表现分为两类：一是自然事件，即与主体意志无关的客观现象，常见的有出生、死亡、成年、时间经过等；二是主体的特定身份行为，即人的有意识的活动，常见的包括结婚、离婚、收养、解除收养等。

二、三种亲属关系的发生和终止

（一）配偶关系的发生和终止

按照我国婚姻家庭法的规定，配偶关系因男女结婚而发生，完成结婚登记的时间即为配偶关系发生的时间。

配偶关系的终止可能源于一定的行为，也可能是由于特定的法律事件的发生。按照我国婚姻家庭法的规定，配偶关系的终止有两种情况：一是因配偶一方死亡终止，其中包括自然死亡和宣告死亡，配偶一方自然死亡的时间以及人民法院宣告死亡的判决书生效的时间即为配偶关系终止的时间；二是因夫妻离婚而终止，完成离婚登记的时间以及离婚调解书或判决书生效的时间即为配偶关系终止的时间。

（二）血亲关系的发生和终止

1. 自然血亲关系的发生和终止

自然血亲关系的存在基于一种天然的血缘联系，因此其发生和终止都源于一定的法律事件。

出生是发生自然血亲的唯一原因。只要出生事实一经发生，出生者无论是婚生的，还是非婚生的，出生者就与其父母、兄弟姐妹等亲属存在着自然的血缘关系，发生自然血亲关系。自然血亲关系的发生和存在无须当事人双方或对方认可，也不需要履行任何法律手续。因此，自然血亲是由于出生而产生的亲属关系。

自然血亲只能因一方死亡而终止，除一方死亡外，不因任何人为条件而终止。例如，父母子女关系，既不因父母离婚而终止，也不因双方协议、一方声明而解除。即使子女被他人收养，仅终止双方的父母子女权利义务，因出生而形成的父母子女身份和称谓、法律上的禁婚效力和对收养人的干预权利均仍然存在。

2. 拟制血亲关系的发生和终止

拟制血亲是基于法律规定而产生的亲属关系，是法律设定的血亲，其产生和存在都要求源于特定的法律行为。目前我国的拟制血亲主要有两种，一种是养父母子女关系，一种是继父母子女关系。根据拟制血亲的种类不同，其发生和终止原因也不同。

(1) 养父母与养子女关系的发生和终止。

养父母与养子女这种拟制血亲，产生于一种特定的法律行为，即收养。合法的收养关系一经成立，收养人与被收养人之间即发生父母子女关系，这种父母子女关系在法律内容和效果上完全等同于自然血亲的父母子女关系；收养关系还同时产生旁系的拟制血亲关系，被收养人与收养人的其他近亲属，也发生拟制血亲关系。如收养人的父母、收养人的亲生子女与被收养人之间发生养祖父母、养外祖父母与养孙子女、养外孙子女和养兄弟姐妹关系。

养父母与养子女的拟制血亲关系的终止有两种原因：一是死亡，作为一种人身关系，任何一方的死亡都会导致拟制的血亲关系在法律上终止；二是收养关系的解除，通过一定的行为，收养人与被收养人之间的收养关系可依法解除，在收养关系解除后，不但收养人与被收养人之间的父母子女关系不复存在，而且收养人的近亲属与被收养人的拟制血亲关系也随之终止。

(2) 有扶养关系的继父母子女关系的发生和终止。

继父母子女关系是另一种拟制血亲关系。这种拟制血亲关系的发生须同时具备两个条件，一是继子女的生母或生父与继父或继母结婚，二是继子女与继父母之间形成事实上的抚养关系。当这两个条件同时具备时，依法发生拟制血亲关系。

有扶养关系的继父母与继子女间的拟制血亲关系的终止，同样可归结为两个原因：一是继父母子女当事人一方死亡；二是基于双方当事人自愿而协议解除，或由一方当事人诉请法院依法调解或判决解除。如果生父（母）与继母（父）离婚，继子女未成年由生父母带走而继父母终止扶养的，则该子女与继父母间的拟制血亲关系终止；但如继子女已被继父母抚养成年，则其与继父母间的拟制血亲关系仍然存在，不因生父（母）与继母（父）离婚而终止。

（三）姻亲关系的发生和终止

姻亲关系来源于婚姻，离不开婚姻，但又不同于因婚姻而产生的配偶关系。婚姻像是一座桥梁，在原本不相干的人之间设立了亲属关系，并产生了一定的法律权利义务关系。姻亲因婚姻成立而发生，婚姻成立是姻亲关系产生的基础，以婚姻为中介，配偶一方才与配偶另一方的亲属及双方的亲属之间发生姻亲关系。因此，婚姻成立的时间，即为姻亲关系发生的时间。

对于姻亲关系的终止，各国法律规定不尽一致，基本上都承认因主体一方死亡，对另一方主体而言相互间的姻亲关系终止。我国婚姻家庭法对姻亲关系的终止没有作出直接的规定。根据一般法理，法律既然没有禁止，就由当事人自行决定。配偶一方死亡后，姻亲当事人双方是否仍保持姻亲关系，听其自便。但根据我国《民法典继承编》第1129条规定，丧偶儿媳对公婆，丧偶的女婿对岳父母，尽了主要赡养义务的，不论再婚与否，均可作为公婆、岳父母的第一顺序继承人，且不影响其子女的代位继承。所以，我国的姻亲关系不因配偶一方死亡而终止，也不因生存配偶一方再婚而终止。

第四节　亲属关系的效力

亲属关系一经法律调整，便会在具有亲属身份的主体之间产生法定权利义务的法律后果，这种法律后果即为亲属的效力或称法律效力。在不同的法律部门中，对此都有具体规定。

一、亲属在婚姻家庭法上的效力

（1）扶养效力。我国《民法典婚姻家庭编》规定，夫妻之间、父母子女间互负扶养义务；在一定条件下，祖孙之间、兄弟姐妹间也互负扶养义务。如果负有扶养义务的一方不履行扶养义务时，享有扶养权利的一方有权要求负有义务一方给付扶养费，并可向人民法院起诉。

（2）继承效力。根据《民法典婚姻家庭编》《民法典继承编》的规定，配偶、父母子女、兄弟姐妹、祖父母、外祖父母、孙子女、外孙子女等为法定继承人，当这些亲属一方死亡后，对无遗嘱或遗嘱未处分的遗产，除依法被剥夺继承权者外，享有法定继承权。

（3）共同财产效力。《民法典婚姻家庭编》规定，夫妻在婚姻关系存续期间，双方所得或一方所得的财产，除法律另有规定或当事人另有约定外，归夫妻双方共同所有。夫妻双方有平等的处理权。

（4）禁婚效力。基于遗传学、优生学原理和伦理道德要求，禁止一定范围的近亲属结婚。我国《民法典婚姻家庭编》规定，禁止直系血亲和三代以内的旁系血亲结婚。法律拟制的直系血亲，如养父母与养子女，有扶养关系的继父母与继子女间，虽无自然血亲关系，但基于伦理道德，也禁止结婚。

二、亲属在其他部门法上的效力

（一）亲属在实体法上的效力

1. 亲属在民事法律上的效力

《民法典》规定的亲属效力主要有以下方面：

（1）法定代理效力。《民法典总则编》规定，无民事行为能力人、限制民事行为能力人由其法定代理人代理实施民事法律行为。近亲属是无民事行为能力人或限制民事行为能力人的法定代理人，依法行使代理权，进行民事活动。

（2）监护效力。《民法典总则编》规定，未成年人的监护人是其父母、祖父母、外祖父母、兄、姐等，无民事行为能力或者限制民事行为能力的成年人的监护人是配偶、父母、子女、其他近亲属等。近亲属是未成年人和无民事行为能力或者限制民事行为能力的成年人的法定监护人。监护人的职责是代理被监护人实施民事法律行为，保护被监护人的人身权利、财产权利以及其他合法权益等。监护人不履行监护职责或者侵害被监护人合法权益的，应当承担法律责任。

（3）对失踪人的申请宣告效力。近亲属对下落不明人，达到法律规定失踪期限的，可以向人民法院申请宣告失踪、宣告死亡。当失踪人生还或有生存的信息时，本人或近亲属可以向人民法院申请撤销失踪宣告或死亡宣告判决。

2. 亲属在刑事法律上的效力

我国刑法涉及亲属效力的规定主要有以下方面：

（1）犯罪构成效力。我国刑法规定的虐待罪、遗弃罪、暴力干涉婚姻自由罪，加害人与被害人之间必须具有亲属关系才能成立。如果没有亲属关系，则构成其他罪。

（2）告诉、和解效力。我国刑法规定，近亲属之间的虐待、遗弃或暴力干涉婚姻自由行为，虽情节严重已构成犯罪的（被害人重伤或死亡除外），只有被害人或其近亲属告诉的，人民法院才予受理，即“不告不理”。而且即使告诉，在人民法院判决前，如被害人与加害人自行和解或原告人撤诉的，人民法院不予追究被告人的刑事责任。

3. 亲属在劳动法上的效力

根据我国劳动法有关规定，亲属的效力主要如下：

（1）劳动者死亡后，其遗属依法享受遗属津贴。死者生前供养的直系血亲可享受一次性抚恤费或定期、不定期的生活困难补助费。

（2）与配偶分居两地在国家机关、人民团体和全民所有制企事业单位工作满 1 年的固定职工，与父母分居两地的职工，享有探亲权，探亲期间享有一系列的福利待遇。

（二）亲属在诉讼法上的效力

亲属在我国诉讼法中的效力，包括在刑事诉讼、民事诉讼、行政诉讼中所规定的亲属的效力。三种诉讼制度在亲属的规定上基本相同，概括起来主要有以下方面：

（1）回避效力。在刑事诉讼、民事诉讼、行政诉讼中，审判人员、检察人员、侦查人员、书记员、鉴定人和勘验人员如果是本案的当事人或是当事人的近亲属，或者与本案有直接利害关系，则应自行回避。如不回避，诉讼当事人可以申请他们回避。如申请回避有异议，应由审判委员会、检察委员会、法院院长以裁定形式决定是否回避。

（2）上诉、申诉效力。对第一审人民法院作出的判决、裁定，当事人的近亲属经当事人同意可以提出上诉；对已经发生法律效力的判决、裁定不服的，可以提出申诉。

（3）申请执行效力。民事案件、刑事附带民事案件、行政案件的判决或裁定及调解协议中涉及财产内容的，义务人到期不履行义务，近亲属为法定监护人的，可以被监护人的名义申请强制执行。但在强制执行时，应当保留被执行人及其供养亲属的生活费用及必要的财产。

学习与思考：

1. 亲属的概念、特征、种类。
2. 我国法律规定的近亲属的范围有哪些？
3. 在我国，姻亲之间有无权利义务，为什么？
4. 《民法典婚姻家庭编》增设亲属、近亲属、家庭成员的范围，有何意义？

第四章　结婚制度

第一节　结婚制度概述

一、婚姻成立的概念

婚姻成立也称结婚，是男女双方以永久共同生活为目的，依法结合为夫妻的行为。它包含三层含义：

（1）结婚的主体是男女两性。

（2）结婚行为是一种法律行为，必须遵守法律的规定，包括法律规定的条件、程序两个方面。

（3）结婚的后果是产生夫妻关系。结婚是使婚姻关系产生的法律事实，婚姻的全部法律效力都是以此为必要前提的。

综观古今中外各国的婚姻立法，婚姻成立的概念有广义和狭义之别。从广义上来说，婚姻的成立包括订婚和结婚，订婚是结婚的先行阶段和必经程序，婚姻行为是集订婚和结婚为一体的。从狭义上来说，婚姻的成立专指结婚，不包括订婚。古代的法律和礼制对婚姻成立多采广义说，十分重视婚约的效力。近现代的法律则多采狭义说，订婚并非婚姻成立不可缺少的组成部分，事先未成立婚约的亦可径行结婚。我国现行婚姻家庭法中并无结婚前必须订立婚约的规定，对婚姻的成立是持狭义说的。

婚姻的成立并非仅为双方当事人的私事，而且会产生一系列重要的社会后果。马克思曾说："如果婚姻不是家庭的基础，那末它就会像友谊一样，也不是立法的对象了。"[①] 我们将婚姻成立的诸多法律后果称为婚姻的法律效力。这些法律效力可以分为对当事人的直接效力和对第三人的间接效力。夫妻的权利和义务因婚姻的成立而发生，在相关领域中，许多法律关系都是以婚姻的成立为基础或中介的。关于婚姻成立的效力，在我国的婚姻家庭法中有大量的、集中的规定，其他法律领域也有不少同婚姻效力

① 中共中央马克思恩格斯列宁斯大林著作编译局：《马克思恩格斯全集》（第 1 卷），人民出版社，1956 年，第 183 页。

有关的规定。

二、婚姻成立的要件

婚姻的成立是确立夫妻关系的法律行为，合法性是婚姻的本质属性。因而，各国法律均为婚姻的成立规定了各项法定的要件。符合法定要件的结合才是合法婚姻，才具有婚姻的法律效力；相反，欠缺法定要件的结合是违法婚姻，不具有婚姻的法律效力。

依据法理和有关的立法例，婚姻成立的要件可作以下分类。

（一）实质要件和形式要件

婚姻成立的实质要件，是指结婚当事人双方的自身条件，以及一方与另一方的关系均须符合法律的要求，也称为结婚的法定条件。如，结婚当事人须达法定婚龄，双方须有结婚的合意，以及须无结婚的法定障碍等。

婚姻成立的形式要件，是指婚姻成立的程序、方式必须符合法律的要求，也称为结婚的法定程序。当代各国的结婚立法多采取要式婚制，有的规定当事人必须办理结婚登记或者户籍申报；有的规定当事人必须举行一定的仪式并有证人在场证明；有的则规定当事人必须先向主管部门申请，取得结婚许可证，然后再举行仪式或办理登记，等等。

结婚当事人符合婚姻成立的实质要件，仅仅意味着具备了结婚的前提条件，具有了结婚的可能性。当事人只有按照形式要件的要求履行结婚程序后，才使这种可能性变成现实性，所成立的婚姻才为法律承认并保护。因此，婚姻的成立既要具备实质要件，还要具备形式要件。

（二）必备条件和禁止条件

必备条件也称积极要件，是婚姻成立必须具备的条件。如结婚须出于双方合意，当事人须到达法定婚龄，结婚须符合法定的方式等。

禁止条件又称消极要件，是婚姻成立的法定障碍。如当事人有禁止结婚的亲属关系，当事人一方已经结婚的等。

对于必备条件和禁止条件的区分不是绝对的，而是相对的。例如，我们可以将必须符合一夫一妻制列为必备条件，也可以将禁止重婚列为禁止条件。两种表达虽然角度不同，但在内容上并无区别。

三、我国的法定结婚条件

根据我国《民法典婚姻家庭编》的规定，结婚条件概括起来主要有：结婚必须男女双方完全自愿，结婚双方必须达到法定婚龄，必须符合一夫一妻制；禁止一定范围内的血亲结婚；结婚必须办理结婚登记。结婚条件分为结婚实质要件和结婚程序要件。结婚实质要件又分为结婚必备条件和结婚禁止性条件。

第二节　结婚的实质要件

一、结婚的必备条件

结婚的必备条件，是婚姻成立必须具备的条件。

（一）男女双方完全自愿

《民法典婚姻家庭编》第 1046 条规定："结婚应当男女双方完全自愿，禁止任何一方对另一方加以强迫，禁止任何组织或者个人加以干涉。"

男女双方完全自愿是结婚的首要条件，是婚姻自由原则在结婚制度中的具体体现，其核心是国家将结婚的决定权赋予了婚姻当事人。所谓完全自愿即当事人双方自由地对结婚作出意思表示，且双方的意思表示达成一致。换言之，就是在法定条件下，是否结婚，与谁结婚，均由当事人自行决定。

男女双方完全自愿包含以下几层含义：

(1) 结婚是当事人本人自主的意思表示，且完全出于自愿，即当事人一方在作出结婚的意思表示时，是完全自愿的、真实的，不是勉强作出的，不存在对方的强迫威逼，也没有任何组织或者个人的干涉和包办，而且还不存在认识上的重大错误。如果是因受胁迫、欺诈所作出的虚假意思表示，因重大误解所作的错误意思表示，均不产生婚姻的法律效力。

(2) 结婚当事人双方意思表示一致。结婚是两个人的事，因此结婚必须双方合意，不是一方的一厢情愿，也不是第三人的意愿。婚姻应是男女双方你情我愿的一种结合，是双方的感情发展到一定阶段的结合。那种只看重对方钱财、颜值、地位，并无真正爱情的勉强婚姻，以及把结婚作为达到某种目的的手段的婚姻，表面上是自愿的，实质上并非真正的自由婚。真正的自由婚应不附加任何条件，只以爱情为基础。

(3) 结婚当事人必须具有结婚的行为能力。结婚是一种特殊的民事法律行为，对行为人法定资格的要求要严于一般的民事法律行为。凡是未达法定婚龄和丧失行为能力的人，都不能为结婚行为，所作出的同意结婚的意思表示均属无效。这是因为，法定婚龄是实施婚姻行为的最低年龄要求；丧失行为能力者无权亲自从事民事法律行为，一般的民事行为可通过代理来实现，而婚姻行为则不能代理。

（二）结婚必须达到法定婚龄

法定婚龄，也叫适婚年龄，是指法律规定的男女可以结婚的最低年龄，在此年龄之上才能结婚，在此年龄之下不得结婚。

结婚是个特殊的法律行为，要求结婚者除具备一般的民事行为能力外，还必须有婚姻行为能力，除了因精神病等智力因素外，在年龄上各国法律都规定了一个可以结婚的最低年龄即结婚年龄，达到这一婚龄就具有了行使结婚行为的能力。对于结婚年龄，现代各国法律只规定了可以结婚的最低年龄限制，基本上都没有规定结婚的最高年龄限制。

通常情况下，法定婚龄的确定须考虑两个方面的因素：

一是自然因素，即人的生理、心理发育情况和智力成熟情况，同时，还包括该地区的气候、地理等自然条件的影响。一般来说，女子从 12 岁到 14 岁，男子从 14 岁到 16 岁，开始进入青春发育期，女子在 19 岁左右，男子在 21 岁左右，身体发育基本成熟。处于地球的寒带地区的人类，女子在 18 岁左右男子在 20 岁左右，发育基本成熟；在温带地区，女子同男子都是在 18 岁左右发育基本成熟；在热带地区，女子在 14 岁左右，男子在 16 岁左右就基本发育成熟。因此，在确定法定婚龄时，应考虑男女这种心理、生理特点，考虑气候等自然条件，尊重自然规律。

二是社会因素，即一个国家的政治、经济、文化以及人口发展等方面的要求。正是基于对我国的自然因素与社会因素的考虑，2001 年《婚姻法》修正案第 6 条规定：结婚年龄，男不得早于二十二周岁，女不得早于二十周岁。晚婚晚育应予鼓励。2020 年的《民法典婚姻家庭编》结合我国现阶段的人口发展状况，在第 1047 条规定“结婚年龄，男不得早于二十二周岁，女不得早于二十周岁”，废止了“晚婚晚育应予鼓励”的条文。

应当注意的是，法定婚龄不是必须结婚的年龄，也不是结婚的最佳年龄，只是法律允许结婚的最低年龄，是可以结婚的年龄。达到了这一年龄，并不表明当事人就一定具备了结婚的心理条件，具备了结婚组建家庭的物质条件。结婚除了要具备相应的生理条件外，心理承受能力以及必要的物质基础更为重要。只有在各方面都准备充分以后，再踏入婚姻的殿堂，婚姻才可能幸福、美满。

此外，还需注意高校在校学生结婚的问题。在校大学生年龄一般都在 18 至 22 岁左右，随着我国对高考报名年龄和婚姻限制的取消，高校大学生的年龄会进一步增长，在校学生已不再是清一色的未婚男女，很多已婚者也加入在校大学生的行列。同时，随着思想的解放，在校大学生谈恋爱十分普遍，有的甚至达到了同居的程度，也有不少学生向校方提出结婚要求。在此背景下，2005 年 3 月 29 日国家教育部颁布了《普通高等学校学生管理规定》，取消了原规定中的“在校学习期间擅自结婚而未办退学手续的学生，作退学处理”条文，对在校大学生能否结婚没有作出禁止性的规定。但教育部有关负责人解释，这主要是基于现行法律对于公民结婚已经作出了完整的规定；同时，不对大学生结婚作出禁止性规定，并不意味着提倡大学生结婚。

从法律角度来分析，教育部的规定更具人性化，尊重了高等学校在校生作为公民的婚姻自由权。婚姻家庭法规定婚姻自由，法定婚龄为男 22 周岁，女 20 周岁，这就意味着只要男女双方达到法定婚龄而且又符合结婚的其他实质要件并要求结婚的，婚姻登记机关就应给予登记，任何单位和个人不得随意干预。从权利角度来看，婚姻自由是每个公民当然也包括在校大学生的权利，只要符合婚姻家庭法关于结婚要件的规定，在校大学生依法有权提出婚姻要求，任何单位包括学校和个人都不能妨碍其权利的行使。然而从现实角度来看，在校大学生正处在接受高等教育的求学阶段，我国目前的教育管理体制和模式基本上还是由校方统一集中管理在校学生，如果在校大学生结婚成家，一方面因持家过日子会影响学业，加大父母或自己的经济负担，如果有了孩子，肩上的担子则更加沉重，如此很可能会导致学业荒废；另一方面，因为有了夫妻学生，学校在学生宿舍的安排、学生工作管理等方面必然会产生许多新的问题，甚至会使教师教书育人的主要工作，被处理学生夫妻家庭矛盾、家庭纠纷冲击，影响学校的人力、财力、物力的分配，势必会给学校、学生带来尴尬、困惑、混乱，甚至会影响教育质量。

正基于此，虽然我国法律已经不禁止在校大学生结婚，但为了学生能够专心学业，也为减轻学校管理上的压力，学校还应积极教育引导学生正确处理好学习、婚姻、家庭三者的关系，提倡在校学生以学业为重，不急于结婚生子。

（三）符合一夫一妻制

《民法典婚姻家庭编》第1051条规定，“有下列情形之一的，婚姻无效：（一）重婚；……”由此可以看出，结婚的男女须为非重婚，即单身无配偶者。

结婚当事人须为单身无配偶者，这是我国一夫一妻制原则的要求，为结婚的实质要件之一。一夫一妻，要求结婚的当事人只能是未婚者，或者丧偶、离婚者。有配偶者只能在原婚姻关系终止后始得再婚，否则即构成重婚。离婚的双方要求复婚，也必须是双方没有再婚或再婚后配偶死亡，或再婚后又均离婚的，才能复婚。

有配偶者不得再婚，是现代社会各国普遍实行的原则，不论大陆法系还是英美法系国家，均有此规定。只有信仰伊斯兰教的国家例外。在实行一夫一妻制的国家，有配偶而又与他人结婚者构成重婚。对重婚的民事制裁，各国法律规定不一。其中以重婚为无效婚的居多，如法国、德国、瑞士、英国、意大利、美国大部分州等；以重婚为撤销婚的，如日本、韩国、瑞典等国；以重婚为离婚原因的，如美国部分州；既以重婚为无效婚，又为离婚理由的，如我国。

男女双方结婚登记时，上述三个条件必须同时具备，缺一不可。

二、结婚的禁止条件

结婚的禁止条件又称消极条件，或称排除的条件、婚姻的障碍，即法律不允许结婚的情况。

（一）禁婚亲的概念和立法依据

1. 禁婚亲的概念

禁婚亲是指禁止结婚的亲属。从广义上说，他们不仅包括一定范围的血亲，有的国家还包括一定范围的姻亲。

2. 禁婚亲的立法依据

禁止一定范围内的血亲结婚，其立法根据主要有三个方面：

（1）基于优生学原理。血缘关系太近的男女结婚，易将双方生理上和精神上的疾病或缺陷遗传给后代，不利于民族的健康和人类的发展。摩尔根指出，没有血缘关系的氏族之间的婚姻，会创造出在体质上和智力上都更加强健的人种。

（2）基于伦理观念的要求。各国禁止结婚的血亲范围不同，往往与风俗习惯有关。有些国家禁止姻亲结婚，则纯属伦理上和习惯上的考虑，与优生原理无关。

（3）禁止一定范围的亲属结婚，为世界各国立法的通例。直系血亲间禁止结婚，各国规定无一例外。关于禁止旁系血亲间结婚的立法，各国规定宽严不一。

（二）我国法律关于禁婚亲的规定

我国《民法典婚姻家庭编》第 1048 条规定“直系血亲或者三代以内的旁系血亲禁止结婚”，废止了 2001 年《婚姻法》修正案第 7 条“患有医学上认为不应当结婚的疾病，禁止结婚”的规定。

禁止结婚的血亲范围分为两类。

1. 直系血亲

直系血亲即父母和子女之间，祖父母、外祖父母和孙子女、外孙子女之间，曾祖父母、外曾祖父母和曾孙子女、外曾孙子女之间，禁止结婚。

此外，从法理上分析，拟制直系血亲之间也是不得结婚的。我国婚姻家庭法规定，养父母和养子女、继父母与受其抚养教育的继子女之间的权利和义务，适用法律关于父母子女关系的有关规定。从养子女和受抚养教育的继子女的利益来看，禁止拟制血亲之间通婚，也可以防止养父母或继父母利用抚养和被抚养的特殊关系逼婚。所以，无论是从伦理道德要求来看，还是从法律中引申理解，法律拟制的直系血亲之间也不得结婚。

2. 三代以内的旁系血亲

三代以内的旁系血亲范围包括：

（1）兄弟姐妹之间，含同胞兄弟姐妹和同父异母或同母异父的兄弟姐妹。他们是同源于父母的同辈分旁系血亲。

（2）堂兄弟姐妹和表兄弟姐妹之间。他们是同源于祖父母或外祖父母的同辈分旁系血亲。

（3）叔伯与侄女之间，姑妈与侄子之间，舅父与外甥女之间，姨妈与外甥之间。他们是同源于祖父母或外祖父母的不同辈分旁系血亲。

如果当事人之间属于三代以外的旁系血亲，无论是相同辈分或不同辈分的，均不在禁止结婚范围之列。

此外，从法理上分析，拟制旁系血亲之间，只要不存在三代以内的旁系血亲关系的，可以结婚。如养兄弟姐妹之间，继兄弟姐妹之间，有时他们在社会生活中也有通婚的习惯。

关于姻亲之间结婚的问题。虽然岳母与女婿、公公与儿媳等直系姻亲间一般无禁止结婚的血缘关系，但由于伦理观念的影响，我国传统不允许直系姻亲结婚。至于旁系姻亲之间，他们相互没有禁止结婚的血缘关系，可以结婚。如丧偶后，女方与大伯子之间，男方与小姨子之间。

第三节　结婚的程序要件

一、结婚程序的概念及其类型

（一）结婚程序的概念

结婚程序，是指婚姻成立的法定手续，又称婚姻的形式要件。一般情况下，符合结婚实质要件的当事人，只有履行法定的结婚程序，其婚姻关系才被国家和社会承认，也才发生相应的法律效力。

（二）结婚程序的类型

当代各国法律有关结婚程序的规定主要有仪式制、登记制、登记与仪式结合制三种类型。

1. 仪式制

仪式制是指以举行结婚仪式为婚姻成立的形式要件，现为西欧、北美一些国家的法律所采纳。它又包括三种仪式：

（1）宗教仪式，即根据宗教教义的要求，在神职人员的主持下举行的结婚仪式，如西班牙、希腊等国。

（2）世俗仪式，即按照民间习俗，在主婚人和证婚人的主持下举行的结婚仪式，反映着民族和地域的文化传统，如我国台湾地区仍适用世俗仪式作为结婚法定程序。

（3）法律仪式，即仪式须依照法律的规定，在政府官员的主持与参与下举行结婚仪式。这种仪式更能体现国家与政府对婚姻的管理与监督。当今世界，有些国家采宗教仪式与法律仪式双轨制，当事人选择任意一种仪式适用，均有法律效力，如英国、丹麦等国。

2. 登记制

登记制是指依法办理结婚登记是婚姻成立的唯一形式要件，要求结婚的当事人须向婚姻登记机关提出结婚申请，接受婚姻登记机关的审查，履行登记手续，婚姻关系即告成立。至于当事人是否举行结婚仪式，举行何种仪式，法律不作过问。登记制体现了国家与政府对结婚行为的监督与管理，是近代发展起来的结婚程序，现为许多国家所采纳，如日本、墨西哥、中国等国家均属于采单一登记制的国家。

3. 登记与仪式结合制

这种结婚程序结合了上述两种程序的特点，既要求婚姻当事人依照法定条件和程序办理结婚登记，又要求当事人举行法定的结婚仪式，两个程序缺一不可，婚姻始得成立。这种制度使结婚程序既严格又庄重，既能实现国家监督又能满足当事人结婚仪式隆重热烈的愿望，但有过于烦琐之嫌。采用这一制度的国家有法国和美国的一些州等。

二、我国的结婚登记制度

关于结婚采用的程序，我国法律规定为单一登记制。

从婚姻家庭法的规定以及我国几十年一贯实行的婚姻登记的实践可以看出，我国进行结婚登记的意义主要在于：

（1）进行登记是结婚必经的法定程序。只有办理结婚登记，才能成立合法的婚姻关系，双方的婚姻关系才发生法律效力，才会受到国家和法律的承认和保护。不登记的婚姻是违法婚姻，不受法律保护。

（2）进行结婚登记是实现社会主义婚姻制度的保障。国家通过结婚登记可以对婚姻的建立进行监督，保障婚姻自由，防止包办买卖婚姻和其他干涉婚姻自由行为的发生；保障一夫一妻制，防止重婚；保障男女双方和子女后代的身体健康，防止早婚、近血亲结婚，从而维护法律的严肃性，巩固社会主义的婚姻家庭制度。

（3）提高当事人的法制观念，保护当事人的合法权益。实行结婚登记，可给婚姻当事人以法制宣传和道德教育，预防和减少婚姻家庭纠纷，为以后的婚姻家庭生活奠定良好的基础；同时，实行结婚登记，还可以给争取婚姻自由的当事人及时地提供法律援助，保障当事人正当的婚姻要求，及时拯救因无知或受骗或受威胁而陷入不幸婚姻漩涡的婚姻当事人。

（4）防止和惩治违法婚姻行为。通过结婚登记，国家工作人员可以发现违法的婚姻行为，对违法婚姻当事人进行批评教育，及时纠正违法婚姻行为，并对严重违法者施以相应的法律惩治措施。

总之，结婚登记不是一道可有可无的手续，而是一项严肃的法律制度。现实生活中，那种只重视结婚仪式，轻视结婚登记的观念是错误的；只举行结婚仪式，不进行结婚登记的做法更是错误的。

三、我国结婚登记的机关和具体程序

（一）结婚登记的机关

《婚姻登记条例》第 2 条规定：内地居民办理婚姻登记的机关是县级人民政府民政部门或者乡（镇）人民政府，省、自治区、直辖市人民政府可以按照便民原则确定农村居民办理婚姻登记的具体机关。因此，办理结婚登记的机关是县级人民政府民政部门或者乡（镇）人民政府。

婚姻登记机关管辖的范围，原则上与户籍管辖范围相适应。结婚当事人的户口在同一地区的，到共同的户口所在地婚姻登记机关办理结婚登记。结婚当事人的户口不在同一地区的，可以到任何一方户口所在地的婚姻登记机关办理结婚登记。由于结婚登记是建立当事人身份关系的行为，因此要求结婚的男女双方必须亲自到婚姻登记机关办理结婚登记。

（二）结婚登记的具体程序

《民法典婚姻家庭编》第1049条规定："要求结婚的男女双方应当亲自到婚姻登记机关申请结婚登记。符合本法规定的，予以登记，发给结婚证。"

结婚登记的具体程序包括申请、审查、登记。

1. 申请

根据《民法典婚姻家庭编》第1049条的规定，要求结婚的男女双方必须亲自到婚姻登记机关申请结婚登记，同时应当出具下列证件和证明材料：

（1）户口本；

（2）身份证；

（3）本人无配偶以及与对方当事人没有直系血亲关系的声明。

2. 审查

婚姻登记机关依法对当事人的结婚申请进行审核查实。婚姻登记机关一方面审查结婚登记当事人双方是否符合法定的结婚条件，另一方面对结婚登记当事人出具的证件、证明材料进行审查并询问相关情况。

3. 登记

婚姻登记机关对当事人的结婚申请进行审查后，符合本法规定的结婚条件的，予以登记，发给结婚证。

婚姻登记机关在审查中，如果发现申请结婚登记的当事人有下列情形之一的，不予登记：

（1）非双方自愿的；

（2）未达法定结婚年龄的；

（3）一方或者双方已有配偶的；

（4）属于直系血亲或者三代以内旁系血亲的。

婚姻登记机关对当事人不符合结婚条件不予登记的，应当向当事人说明不予登记的理由。

四、婚姻登记的效力

婚姻登记的效力是指确立婚姻所产生的法律后果。

《民法典婚姻家庭编》第1049条规定："要求结婚的男女……完成结婚登记，即确立婚姻关系。"当事人依法履行了结婚登记手续，完成结婚登记，婚姻宣告成立。这样成立的婚姻才是合法有效的婚姻，所缔结的婚姻关系才受法律保护。婚姻宣告成立以后，就会产生相应的法律后果，即婚姻的效力。没有经过结婚登记的婚姻，不产生婚姻效力，其婚姻关系当然得不到国家法律的承认和保护。

婚姻效力在婚姻家庭法上有直接与间接之分。直接效力是指夫妻间的权利义务关系，间接效力是指基于婚姻而产生或引起的其他亲属间的权利义务关系。婚姻的成立除在婚姻家庭法上产生法律效力外，在其他法律部门也有相应的效力产生，如继承法律上的配偶相互继承权，刑法上的有配偶者与他人结婚构成重婚罪，在诉讼法上配偶可作为当事人的民事代理人和犯罪嫌疑人、被告人的刑事辩护人，等等。

实践中，针对已既成事实的未办理结婚登记的婚姻，考虑到未办理结婚登记的情况复杂，立法从保护人民群众的切身利益出发，并未将未登记的婚姻一律认定为无效婚姻。《民法典婚姻家庭编》第 1049 条规定："未办理结婚登记的，应当补办登记。"补办结婚登记的，其结婚行为有条件地具有溯及力，婚姻关系的效力从双方符合婚姻家庭法所规定的结婚的实质要件时起算。对于未办理结婚登记而以夫妻名义共同生活的男女，起诉到人民法院要求离婚的，应当区别对待：1994 年 2 月 1 日民政部《婚姻登记管理条例》公布实施以前，男女双方已经符合结婚实质要件的，按事实婚姻处理，对于他们的离婚诉讼以离婚程序处理；1994 年 2 月 1 日民政部《婚姻登记管理条例》公布实施以后，男女双方符合结婚实质要件的，人民法院应当告知其在案件受理前补办结婚登记，双方补办了结婚登记手续后，以离婚程序处理，且其补办的效力溯及双方均符合结实质要件之时。如果双方坚持不补办结婚登记，则判决解除双方的同居关系。

五、与结婚程序有关的一个问题：婚约

（一）婚约的概念和成立要件

1. 婚约的概念

婚约，是男女双方以将来结婚为目的而作的事先约定。双方当事人成立婚约，称为订婚。

古代社会的早期型婚约具有强大的法律效力，近现代社会中婚约即晚期型婚约的法律效力大为弱化。

2. 婚约成立的要件

（1）实质要件。

在设有婚约制度的当代各国，法律一般要求婚约成立的实质要件为：

①婚约基于男女当事人的合意自愿订立。

②当事人须达到法定的订婚年龄，未成年人订婚须得其法定代理人同意。

③作为婚约标的之婚姻须不违背法律。

（2）形式要件。

至于婚约成立的形式要件，许多国家在法律上一般不作规定。口头共诺、书面协议、交换订婚信物、举行订婚仪式、刊登订婚启事等都可以视为婚约成立的形式。但有的国家则规定了订婚必须要符合一定的形式要件，如墨西哥民法典第 139 条指出：订婚

须以书面形式制作为社会所公认的婚约。

按照当代各国的立法例，婚约成立后，一方不履行时，另一方不得依诉讼程序请求强制履行，法院不受理婚约履行之诉。婚约可依双方的协议或一方的请求而解除。一般说来，一方无故违反婚约的，另一方有权请求赔偿损失；基于法定理由而解除婚约的，无过错方有权向有过错方请求赔偿。

（二）我国对待婚约的态度和处理原则

1. 我国对待婚约的态度

我国现行婚姻家庭法未设立婚约制度，1950年《婚姻法》、1980年《婚姻法》、2001年《婚姻法》修正案以及2020年《民法典婚姻家庭编》均无有关订婚的规定。但是，法律并不禁止订立婚约，是否订立婚约，可由当事人自行决定，即对于订婚法律既不提倡，也不禁止。1950年6月26日，中央人民政府法制委员会在《有关婚姻法施行的若干问题的解答》中指出：订婚不是结婚的必要手续。任何包办强迫的订婚，一律无效。男女自愿订婚者，听其订婚，订婚的最低年龄，男为19岁，女为17岁。一方自愿取消订婚者，得通知对方取消之。1953年3月19日中央人民政府法制委员会发布的《有关婚姻问题的解答》中再次强调：订婚不是结婚的必要手续。男女自愿订婚者，听其订婚，但别人不得强迫包办。在此以后，最高人民法院关于适用法律的解释以及司法实践中都坚持了法律对婚约不予禁止也不加保护的原则。

根据以上精神，可以看出我国对待婚约的态度为：

（1）订婚不是结婚的必要程序和必备要件，法律对婚约既不提倡，也不禁止。

（2）男女自愿订婚者，听其自便，但必须是当事人双方合意，任何人不得强迫干涉，强迫干涉的婚约一律无效。

2. 我国处理婚约的具体原则

（1）婚约不具有法律上的约束力，只有双方完全自愿才能实际履行。法律对婚约不予保护，不强制履行。双方同意解除婚约的，可自行解除。一方要求解除婚约的，无须征得对方的同意，在作出意思表示之后，即可解除婚约。

（2）对现役军人的婚约予以保护。根据1952年7月28日中央人民政府、最高人民法院、司法部、内务部、人民革命军事委员会总政治部联合发布的《关于军人婚约问题座谈纪要》，现役军人的未婚妻提出取消婚约的，须经军人的同意。1979年2月2日的《最高人民法院关于贯彻执行民事政策法律的意见》指出，现役军人的婚约，应予保护。如婚约基础比较好，应对女方说服教育不予解除。如婚约关系不巩固，没有结婚前途的，应通过军人所在组织，对军人进行说服教育工作，予以解除。

（3）对因解除婚约引起的财产纠纷，区别情况，妥善解决。对属于买卖婚姻性质的订婚所收受的财物，应依法没收或酌情返还。对以订婚为名诈骗钱财的，原则上应返还受害人。对以结婚为目的赠送价值较高的财物，例如彩礼，应酌情返还。

最高人民法院司法解释曾经规定，当事人请求返还依照习俗给付的彩礼的，如果查明属于以下情形，人民法院应当予以支持：①双方未办理结婚登记手续的；②双方办理结婚登记手续但确未共同生活的；③婚前给付并导致给付人生活困难的。适用第②③项的规定，应当以双方离婚为条件。这种彩礼的给付一般是基于当地的风俗习惯，很少有心甘情愿主动给付的，与一般意义上的无条件的赠与行为不同。而且，作为给付彩礼的代价中，本身就蕴含着以对方答应结婚为前提。如果双方最终没有结婚或结婚后未同居即离婚且给出资方造成生活困难的，彩礼应当酌情退还。

第四节　无效婚姻与可撤销婚姻

一、无效婚姻与可撤销婚姻的概念及特征

（一）无效婚姻与可撤销婚姻的概念

无效婚姻是指欠缺婚姻成立的法定要件，不发生法律效力的违法婚姻。可撤销婚姻，是指婚姻成立时违背某些婚姻要件，依法应当撤销的婚姻。

通常无效婚姻自婚姻成立时无法律效力，可撤销婚姻自婚姻撤销之时无法律效力。不论是无效婚姻，还是可撤销婚姻，都欠缺了婚姻成立的法定要件，都不具有法律效力。实际上无效婚姻和可撤销婚姻并不是婚姻的一个种类，它只是一种不具有法律效力的民事行为，只是婚姻立法和婚姻法学研究中用来说明婚姻当事人违法结合的一个特定的概念。

（二）无效婚姻与可撤销婚姻的特征

从世界各国关于无效婚姻、可撤销婚姻的立法来看，无效婚姻和可撤销婚姻具有下列特征：

（1）在主观上，男女双方当事人都有永久共同生活的目的，即男女双方的结合，是为了缔结夫妻关系，相互以配偶身份相待，并永久共同生活。

（2）在客观上，男女双方已经以夫妻名义公开同居生活。他们有的履行了结婚程序，有的则没有履行结婚程序。

（3）在性质上，都具有违法性。合法性是婚姻的本质属性，婚姻合法的基本要求就是要符合法律规定的婚姻成立的实质要件和形式要件，而无效婚姻、可撤销婚姻却欠缺了结婚的法定要件，其中有的欠缺的是实质要件，有的欠缺的是形式要件，有的既欠缺实质要件又欠缺形式要件。不具备结婚要件而结婚，婚姻当然不合法，属违法婚姻。

（4）在效力上，都没有法律效力。因无效婚姻、可撤销婚姻不具备婚姻成立的法定要件，因而婚姻得不到法律的承认，没有法律上的效力，当事人之间没有合法夫妻之间具有的法律上的权利和义务关系。

（5）在法律上，都具有法定性。作为欠缺结婚法定要件的无效婚姻、可撤销婚姻，

是一个国家的结婚制度的重要组成部分，是由法律明确规定的，是对欠缺结婚法定要件的两性同居关系的认定和宣布，是立法对借婚姻之名而违法结合的一个定性，并由此产生相应的法律后果。不仅无效婚姻、可撤销婚姻本身是法律的确立，而且无效婚、可撤销婚的具体情形或条件也是法律明文规定的。

二、无效婚姻与可撤销婚姻制度的意义

无效婚姻和依法予以撤销的婚姻都是欠缺婚姻成立要件的违法婚姻，不具有婚姻的法律效力。之所以把二者称作“婚姻”，只是在约定俗成的意义上使用的，并不是在严格意义上使用的。在婚姻家庭法中规定无效婚和撤销婚，是当今世界各国婚姻家庭法立法的普遍做法。

我国1950年《婚姻法》和1980年《婚姻法》中均未设立无效婚姻和可撤销婚姻，这是结婚制度上的立法空白。2001年《婚姻法》修正案增设了无效婚姻和可撤销婚姻，2020年《民法典婚姻家庭编》继续保留这一制度，对于今后完善和健全结婚制度，加强我国婚姻家庭法制建设具有十分重大的意义。

无效婚姻、可撤销婚制度的意义主要表现在以下几个方面：

（1）有利于坚持婚姻成立的法定条件，保障婚姻的合法成立。

对依法成立的婚姻予以承认和保护，对欠缺法定条件的违法结合按无效婚或可撤销婚处理，这是维护结婚法律的严肃性和权威性的必然要求。只有这样，才能在结婚问题上真正做到有法可依，有法必依，执法必严，违法必究。

在2001年《婚姻法》修正案以前，司法实践中对某些本属于无效婚或可撤销的婚姻，发生纠纷时往往是按照离婚程序处理的。离婚是解除合法婚姻的法律手段，以合法婚姻的存在为必要前提，不能同婚姻的无效和撤销混为一谈。有了无效婚、撤销婚制度，便可避免此类现象的发生，从根本上消除违法婚姻的不良影响。

（2）有利于预防和减少婚姻纠纷，保障公民的婚姻权益。

司法实践表明，因违法婚姻而引起的各种纠纷在所有婚姻纠纷中占一定的比重。严格执行法律关于无效婚和撤销婚的规定，可以从总体上保证婚姻的质量，可以防患于未然，预防和减少婚姻纠纷的发生。这同样是对公民婚姻权益的有效保障，只是保障的角度不同而已。

违法婚姻对当事人造成的损害不容低估。在某些违法婚姻中，女方往往是最大的受害者。适用有关婚姻无效和撤销的规定，可以宣布违法婚姻无效，宣布撤销某些违法婚姻，使违法结合得到纠正，这对保护当事人的权益特别是女方的权益是十分必要的。

（3）有利于加强执法力度，制裁结婚问题上的违法行为。

确认婚姻无效或依法予以撤销，只是从法律上否定违法结合具有婚姻的效力。无效和撤销，本身并不是一种制裁手段，但是，这种法律上的判断却为对违法婚姻责任主体适用相应的制裁手段提供了事实上的依据。

我国婚姻家庭法中的婚姻无效和撤销制度，与相应的外国立法例相比较，具有自身的特色。例如，婚姻家庭法中兼采无效婚和撤销婚，但两者均以欠缺婚姻成立的实质要

件为法定原因，欠缺婚姻成立的形式要件，并未列入无效或撤销的原因，而是以补办结婚登记的方式处理的。又如，无效的或者被撤销的婚姻均为自始没有法律约束力，当事人不具有夫妻的权利和义务，等等。这些问题，在有关婚姻效力争议的法律实务中，都是应当予以注意的。

三、确认婚姻无效、可撤销的法律规定

1994 年 2 月 1 日民政部颁布的《婚姻登记管理条例》第 24 条、第 25 条规定：申请婚姻登记的当事人弄虚作假、骗取婚姻登记的，婚姻登记管理机关应当撤销婚姻登记，对结婚、复婚的当事人宣布其婚姻关系无效并收回结婚证，对离婚的当事人宣布其解除婚姻关系无效并收回离婚证，并对当事人处以 200 元以下的罚款。这是我国法律确立婚姻无效制度的雏形。2001 年《婚姻法》修正案建立了较为系统的婚姻无效、可撤销制度，明确规定了婚姻无效或可撤销的事由、请求权人、有权作出宣告的机关、行使请求权的除斥期间和法律后果等。2020 年《民法典婚姻家庭编》在 2001 年《婚姻法》修正案的基础上，对无效婚姻制度进行了修改和完善。

《民法典婚姻家庭编》第 1051 条规定："有下列情形之一的，婚姻无效：（一）重婚；（二）有禁止结婚的亲属关系；（三）未到法定婚龄。"废止了 2001 年《婚姻法》修正案第 10 条"婚前患有医学上认为不应当结婚的疾病，婚后尚未治愈的，婚姻无效"的规定。

第 1052 条规定："因胁迫结婚的，受胁迫的一方可以向人民法院请求撤销婚姻。请求撤销婚姻的，应当自胁迫行为终止之日起一年内提出。被非法限制人身自由的当事人请求撤销婚姻的，应当自恢复人身自由之日起一年内提出。"将 2001 年《婚姻法》修正案第 11 条的撤销权的除斥期间"自结婚登记之日起一年内"，修改为"自胁迫行为终止之日起一年内提出"。

第 1053 条新增规定："一方患有重大疾病的，应当在结婚登记前如实告知另一方；不如实告知的，另一方可以向人民法院请求撤销婚姻。请求撤销婚姻的，应当自知道或者应当知道撤销事由之日起一年内提出。"

（一）宣告婚姻无效、可撤销的事由

1. 宣告婚姻无效的事由

依据《民法典婚姻家庭编》第 1051 条的规定，宣告婚姻无效的事由包括：

（1）重婚的。重婚是指有配偶者又与他人登记结婚或以夫妻名义同居生活的违法行为。无论构成法律上的重婚，还是事实上的重婚，后一个婚姻关系均属无效。

（2）有禁止结婚的亲属关系的。禁止结婚的亲属关系，是指直系血亲或者三代以内的旁系血亲。

（3）未达法定婚龄的。法定婚龄，是指法律规定的男女结婚时必须达到的最低年龄界限。根据我国婚姻家庭法规定，男 22 周岁、女 20 周岁为我国的法定婚龄。

2. 宣告婚姻撤销的事由

（1）依据《民法典婚姻家庭编》第 1052 条的规定，因胁迫结婚的，受胁迫的一方可以向人民法院请求撤销该婚姻。所谓“胁迫”，是指以给某公民或其亲属的生命健康、名誉、财产等造成损害相要挟，迫使对方作出违背真实意愿表示的行为。构成“胁迫”必须具有以下要件：

①须有胁迫的故意，包括胁迫行为人故意胁迫对方，使被胁迫人产生恐惧心理，因而被迫作出违背真实意思的表示。

②须有胁迫的行为，即胁迫行为人须有威胁被胁迫人的意思表示，并已达到使被胁迫人产生恐惧的程度。

③胁迫须具有违法性，即非法的目的和非法的手段。

④须被胁迫人“同意”结婚的意思表示与胁迫行为之间具有因果关系。

婚姻自由是我国婚姻家庭法的一项基本原则。如果婚姻一方当事人因受到威胁，而不得不作出同意结婚的意思表示，鉴于其本人不具有结婚的真实意愿，法律赋予其请求撤销该婚姻关系的权利。

（2）依据《民法典婚姻家庭编》第 1053 条的规定，因隐瞒重大疾病结婚的，被隐瞒的一方可以向人民法院请求撤销该婚姻。按照上述要求，结婚登记的一方患有重大疾病的，在结婚登记前应当如实告知另一方，以保障其知情权；如果婚前未告知的，另一方有权请求撤销婚姻。

本条是《民法典婚姻家庭编》一个创新性的规定。一方患有重大疾病，在结婚登记前未如实告知另一方的，其行为性质具有欺诈性，违反了人际诚信的法理思想。如果未被告知的另一方婚后由此受到了一方疾病的侵害，使其人身健康受到危害，法律赋予其请求撤销婚姻的权利，这也体现了我国法律救济的法理思想。

《民法典婚姻家庭编》废止了 2001 年《婚姻法》修正案的“患有医学上认为不应当结婚的疾病禁止结婚”“婚前患有医学上认为不应当结婚的疾病，婚后尚未治愈的，婚姻无效”的规定，增加了“一方患有重大疾病未如实告知的可撤销婚姻”之条款。这种从“疾病婚无效”到“隐瞒疾病婚可撤销”的转变，体现了我国立法的人本理念，是一种立法的进步。

结婚自由是我国公民的宪法权利，2001 年《婚姻法》修正案以患有某种疾病为由宣告婚姻无效，直接侵害了公民的婚姻自由权。虽然患有某种疾病会给当事人的生活带来重大影响，但除非疾病导致当事人丧失行为能力，关于其他疾病是否影响结婚的判断应当属于当事人的自决权，国家没有必要干预。而且，随着现代医学的发展，至今在医学上也没有一个文件明确规定何种疾病属于禁止结婚的疾病，这也导致该无效事由在审判实践中难以把握。从科学的角度上讲，确定影响婚姻的疾病是困难的，医学越发展，发现的病态基因就越多，而治疗疾病的方法也在日新月异地更新和进步，婚姻家庭法的稳定性、滞后性，致使列举医学上认为不应当结婚的疾病成为不可能。因此，禁止患有疾病的人结婚、将一方患有疾病的婚姻作无效宣告，实际上都直接侵害了公民的婚姻自由权。《民法典婚姻家庭编》第 1053 条中，对于经告知严重疾病，当事人仍然选择缔结婚姻的，法律不作干涉，表明立法者对当事人婚姻自主权的充分尊重。医学上认为不应当结婚的疾病将不再是结婚的障碍，当事人可以自主选择是否结婚，这也是保障了当事人的婚姻自主权。

总之，《民法典婚姻家庭编》将“疾病婚”从无效改为可撤销，将是否结婚的最终决定权交给了当事人本人，其前提是患病一方在结婚登记前要履行告知义务，否则另一方可以向人民法院请求撤销该婚姻。

此处需要强调的是当事人婚前健康检查问题。虽然我国法律取消了强制婚检制度，但基于对婚姻当事人双方健康权的维护和婚姻关系的长久维系，建议双方当事人在办理结婚登记前，自行选择通过婚前健康检查方式，排查是否患有不宜结婚的重大疾病。

（二）婚姻无效或撤销的请求权人与宣告机关

1. 婚姻无效或撤销的请求权人

根据我国婚姻家庭法的有关规定：婚姻无效或撤销的请求权人，是指有权向人民法院就已办理结婚登记的婚姻申请宣告婚姻无效的婚姻当事人、近亲属或基层组织。

（1）有权申请宣告婚姻无效的主体，包括婚姻当事人及利害关系人。利害关系人具体包括：

①以重婚为由申请宣告婚姻无效的，为当事人的近亲属及基层组织；

②以未到法定婚龄为由申请宣告婚姻无效的，为未达法定婚龄者的近亲属；

③以有禁止结婚的亲属关系为由申请宣告婚姻无效的，为当事人的近亲属。

（2）因胁迫结婚的，请求撤销婚姻的主体只能是受胁迫一方的婚姻关系当事人本人；因一方隐瞒重大疾病结婚的，请求撤销婚姻的主体，也只能是被隐瞒一方的婚姻关系当事人本人。其他利害关系人不得请求撤销。

2. 婚姻无效或撤销的宣告机关

（1）在我国，宣告婚姻无效的机关是人民法院。人民法院受理申请宣告婚姻无效案件后，经审查确属无效婚姻的，应当依法作出宣告婚姻无效的判决。判决一经做出，即发生法律效力，当事人不得再就婚姻效力问题提出上诉。在此，适用的是特别诉讼程序，实行一审终审，体现了国家对违法婚姻案件的干预和严厉制裁。对于涉及子女抚养和财产分割的，可以调解；应当对婚姻效力的认定和其他纠纷的处理分别制作裁判文书。如以判决形式作出的，对这一部分可以上诉，适用普通诉讼程序，实行二审终审。夫妻一方或者双方死亡后一年内，生存一方或者利害关系人申请宣告婚姻无效的，人民法院应当受理。申请人民法院宣告婚姻无效的，利害关系人为申请人，婚姻关系当事人双方为被申请人。夫妻一方死亡的，生存一方为被申请人。夫妻双方均已死亡的，不列被申请人。

（2）因胁迫和因隐瞒重大疾病请求撤销婚姻的，受胁迫的一方和被隐瞒的一方可以向人民法院请求撤销婚姻，法院审查后宣告婚姻撤销。

（三）婚姻无效与婚姻撤销请求权的行使期限

为了防止违法婚姻，保障婚姻无效、婚姻撤销请求权的正常行使，维护婚姻关系的

相对稳定，保护有关各方的权益和社会利益，法律规定了婚姻无效与婚姻撤销请求权的行使期限，要求请求权人尽快行使，以免使婚姻长期处于不稳定状态。

1. 婚姻无效请求权的行使期限

我国现行婚姻家庭法未明确规定婚姻无效请求权的行使期限，但依据相关规定，法定的无效婚姻情形消灭，则婚姻无效的请求权终止。由于婚姻无效的法定情形不一样，因而婚姻无效的请求权期限也不完全一致。具体的请求期限分别如下：

（1）重婚的，应在重婚的事实消灭以前提出。重婚事实的消灭可有两条途径，一是重婚者的合法配偶死亡，二是重婚者的合法配偶与其离婚。

（2）有禁止结婚的亲属关系的，由于亲属之间的血缘关系不会随着时间的推移而消失，因此禁婚亲的请求权人请求婚姻无效，不受时间限制。

（3）未达法定婚龄的，其婚姻无效的请求权应在法定婚龄达到之前行使。双方已达法定婚龄，则婚姻无效的早婚情由已不复存在，婚姻无效的请求权也就因此而终止。

2. 可撤销婚姻的请求期限

（1）《民法典婚姻家庭编》第 1052 条规定，因受胁迫而请求撤销婚姻的，应当自胁迫行为终止之日起 1 年内提出。被非法限制人身自由的当事人请求撤销婚姻的，应当自恢复人身自由之日起 1 年内提出。也就是说，被胁迫的一方自胁迫行为终止之日起 1 年内，或自恢复自由之日起 1 年内，不行使婚姻撤销请求权的，则 1 年以后不能再提起撤销婚姻之诉，其撤销婚姻的请求权归于消灭。

（2）《民法典婚姻家庭编》第 1053 规定，因隐瞒重大疾病而请求撤销婚姻的，应当自知道或者应当知道撤销事由之日起 1 年内提出。1 年内不行使婚姻撤销请求权的，则 1 年以后不能再提起撤销婚姻之诉，其撤销婚姻的请求权归于消灭。

（四）无效婚姻与可撤销婚姻的法律后果

《民法典婚姻家庭编》第 1054 条规定：“无效的或者被撤销的婚姻自始没有法律约束力，当事人不具有夫妻的权利和义务。同居期间所得的财产，由当事人协议处理；协议不成的，由人民法院根据照顾无过错方的原则判决。对重婚导致的无效婚姻的财产处理，不得侵害合法婚姻当事人的财产权益。当事人所生的子女，适用本法关于父母子女的规定。婚姻无效或者被撤销的，无过错方有权请求损害赔偿。”

上述法律规定表明，婚姻无效或被撤销会导致以下法律后果。

1. 对当事人的法律后果

（1）人身关系方面的后果。

①婚姻被宣布无效或被撤销后，当事人之间不具有配偶身份关系，彼此互不享有夫妻之间的权利，不承担夫妻之间的义务。由于婚姻无效或可撤销的原因存在于双方结婚之时，因此根据我国法律规定，该婚姻自始没有法律约束力，不发生婚姻的法律效力。

②合法夫妻间的姓名权，从事生产、工作、学习和社会活动的人身自由权等法律规定，不适用于无效婚姻、可撤销婚姻的当事人；在生育问题上，无效婚姻和可撤销婚姻当事人所生育的子女，是非婚生子女。

③由于当事人之间无配偶身份，因此一方与另一方的直系血亲、旁系血亲等亲属之间也不发生亲属关系。

（2）财产关系方面的后果。

无效婚姻、可撤销婚姻当事人之间由于没有合法的配偶身份，因此彼此之间也不发生夫妻之间的财产关系。具体而言：

①同居期间双方或一方所得的财产从法理上来说不是夫妻共同财产，双方关于财产有约定的按约定，但这种约定不应是夫妻之间的财产约定。

②由于没有夫妻身份，同居的男女双方当事人之间没有法定的相互扶养义务。一方出于自愿扶养另一方，与夫妻之间履行法定的扶养义务在性质上是有着严格区别的。同居期间一方为另一方支出的扶养费用，在终止同居关系时，要求另一方返还的，一般应不予支持。

③同居的男女双方不能以配偶身份互为第一顺序的法定继承人。在一定的情况下，一方死亡时，另一方可以根据继承法律规定，以继承人以外的依靠被继承人扶养，既缺乏劳动能力又无生活来源的人为由，或者以自己对被继承人扶养较多为由，分得适当的遗产。

④同居期间所得财产的分割。根据《民法典婚姻家庭编》第 1054 条规定，无效婚姻和可撤销婚姻的当事人在同居期间所得的财产，由当事人协议处理。协议不成时，由人民法院根据照顾无过错方的原则判决。根据立法精神，婚姻被宣告无效或被撤销以后，当事人之间的财产可按以下原则和方法处理：

A. 同居期间所得的财产，当事人双方对其有约定的，按约定处理并分割；没有约定的，推定为双方共同共有。但当事人一方有证据证明是一方所有的，则为该方个人所有。

B. 共同共有的财产，由双方协议分割。

C. 当事人对同居期间共同共有的财产没有达成分割协议的，则由人民法院判决。人民法院判决的原则是：照顾无过错方，即对无过错一方多分财产。

D. 对重婚导致的无效婚姻的财产处理，不得侵害合法婚姻当事人的财产权益，合法婚姻当事人有权作为有独立请求权的第三人参加诉讼。如果婚姻一方当事人因与他人重婚，而擅自处分了夫妻共有财产，应当认为该处分行为无效；重婚期间，如果婚姻当事人一方与其重婚的第三人购买了固定资产或其他价值较大的财产，不应属于他们在同居期间所得的财产，而应作为原夫妻共同财产处理。无过错的第三人如有证据证明其中确有自己的个人财产的，可从中分割出自己的财产。

⑤婚姻无效或者被撤销的，无过错方有权请求损害赔偿。《民法典婚姻家庭编》第 1054 条新增规定："婚姻无效或被撤销的，无过错方有权请求损害赔偿。"这是对无效婚姻和可撤销婚姻中无过错方的一种权利救济。

依据《民法典总则编》第 157 条的规定，民事法律行为无效、被撤销后，有过错的一方应当赔偿对方由此所受到的损失。该条文体现了民法中的信赖利益保护原则。在身份行为特别是结婚行为中，婚姻之所以被宣告无效或被撤销，往往是一方的过错所致，而信赖婚姻有效的一方当事人则为无过错的一方，对于该方当事人的利益法律应当保护。

《民法典婚姻家庭编》规定，婚姻无效和被撤销的法定情形即无过错方请求损害赔偿的情形包括：过错方重婚的，有禁止结婚的亲属关系，未达法定婚龄的；胁迫无过错方结婚的，患有重大疾病不如实告知另一方的。

对于“重大疾病”如何界定，我国的婚姻家庭法未作规定，司法实践中可以参考原卫生部颁布的《婚前保健工作规范》，即：严重遗传性疾病；指定传染病：艾滋病、梅毒等影响结婚和生育；有关精神病，如精神分裂症、躁狂抑郁型精神病等；其他与婚育有关的疾病，如重要脏器疾病和生殖系统疾病等。

无过错方请求损害赔偿的范围包括精神损害赔偿和物质损害赔偿。

婚姻生活中，一方重婚的，或者有胁迫和隐瞒欺诈行为的，往往会给另一方造成严重的精神打击和心理伤害，应当给予其精神损害赔偿。

一方重婚、未达法定婚龄，或者胁迫另一方结婚，给对方造成物质损失的，应当给予物质损害赔偿。一方患有重大疾病，在结婚登记前未如实告知另一方，导致另一方在婚后由此受到了一方疾病的侵害，身体健康出现问题，需要就医治疗产生费用等，也要给予对方物质损害赔偿。

无效、可撤销婚姻损害赔偿制度的建立，是一项合理可行的举措，使得无过错方有了可操作的救济途径，即有权请求损害赔偿，有利于保护无过错方的合法权益，弥补其物质和精神上的损失。

需要注意的是，此条的“无过错方”是指本人不具有无效婚姻的情形，且善意相信婚姻登记成立的一方。如果其本身也具有无效婚姻的情形，比如一方系重婚，另一方系未达法定婚龄，双方均不能认定为无过错方。

2. 对子女的法律后果

根据《民法典婚姻家庭编》第1054条的规定，婚姻被宣告无效或被撤销，具有溯及既往的效力，即同居的双方当事人之间自始不具有合法配偶身份。因此，当事人同居期间受胎所生子女为非婚生子女。法律同时又规定，非婚生子女享有同婚生子女同等的权利，任何人不得加以危害或歧视。因此，对无效婚姻和可撤销婚姻中所生的子女，适用法律关于父母子女权利义务的规定，具体而言：父母对该子女负有抚养、教育、保护的权利和义务，该子女成年后对父母负有赡养扶助的义务，父母与子女之间相互享有继承遗产的权利。

此外，无效婚姻、可撤销婚姻由于是违反法律而缔结的违法婚姻，对该违法婚姻中的当事人应视其违法程度的轻重，追究其相应的行政责任、民事责任甚至是刑事责任。

第五节 事实婚姻

一、事实婚姻的概念、特征及其危害

（一）事实婚姻的概念

事实婚姻是相对于法律婚姻而言的。当事人双方的结合履行了法律规定的结婚程序是法律婚姻，没有履行法定结婚程序则为事实婚姻。根据最高人民法院 1979 年 2 月 2 日的《关于贯彻执行民事政策法律的意见》，所谓事实婚姻是指没有配偶的男女，未进行结婚登记，以夫妻关系同居生活，群众也认为是夫妻关系的两性结合。

我国《民法典婚姻家庭编》第 1049 条规定："要求结婚的男女双方应当亲自到婚姻登记机关申请结婚登记。符合本法规定的，予以登记，发给结婚证。完成结婚登记，即确立婚姻关系。"根据该条规定，婚姻的成立是要式法律行为，办理结婚登记是婚姻关系成立的唯一法定方式。也就是说，办理结婚登记是婚姻成立的形式要件，当事人双方如果没有办理结婚登记就以夫妻名义同居生活，则不仅彼此之间不发生婚姻的效力，而且该婚姻还因为违反法定结婚形式要件而成为违法婚姻。

（二）事实婚姻的特征

1. 在主观上，事实婚姻的当事人具有以夫妻名义永久共同生活的目的

构成事实婚姻的男女双方同居的目的十分明确，即建立夫妻关系，以夫妻名义永久共同生活。正是这一特征，将事实婚姻与通奸、婚外同居等区别开来。

通奸是男女双方或一方有配偶，在婚外与他人秘密发生两性关系，双方之间仅有两性行为，且这种两性行为不以夫妻名义，彼此之间也不以永久共同生活为目的。婚外同居是男女双方或一方有配偶，而在婚姻关系外与他人长期、稳定地公开同居生活，但彼此之间不以夫妻名义相称，也不具有永久共同生活的目的，尽管有的同居时间较长。

2. 在客观上，事实婚姻的当事人具有以夫妻名义永久共同生活的事实

当事人没有履行法定结婚程序和手续，但却可能举行了结婚仪式，使双方具有公开的夫妻身份，并公开以夫妻名义同居生活。双方之间具有夫妻生活的事实，有的还生育子女，形成了对后代的抚养、对长辈的赡养等家庭义务，婚姻性质十分明显。双方以夫妻名义永久共同生活的事实，构成了事实婚姻的内在特征。

3. 在社会中，当事人的事实婚姻关系得到了周围群众的认可

当事人双方虽然没有履行结婚程序，但因举行了婚礼，使得两人以夫妻名义的同居生活得到了家人、邻居、亲戚、朋友的认可。在我国，受几千年婚姻传统习惯的影响，

不仅当事人本身，而且双方的家庭及其亲朋、邻里等都十分重视结婚的仪式。在普通百姓的心目中，男女双方只要在特定的场合举行了婚礼就是夫妻，至于是否办理了结婚登记却不太过问。因此，通过结婚仪式使事实婚姻得到周围群众的承认，得到社会的公认，是事实婚姻的外部特征。

4. 在法律上，事实婚姻具有违法性

事实婚姻的当事人以夫妻名义公开同居生活，彼此之间形成了“夫妻”的身份。但是由于当事人双方的“婚姻”没有经过结婚登记，没有履行法定的结婚手续，因此不具有法定的结婚形式要件。婚姻是被当时社会制度承认的男女两性以永久共同生活为目的的结合，婚姻只有符合法定的结婚实质要件和形式要件，才被社会承认，才具有合法性。因此，事实婚姻因欠缺结婚的形式要件不被法律认可，其所形成的事实婚姻关系是违法的。是否具备结婚的形式要件，是事实婚姻与合法婚姻的主要区别所在。

（三）事实婚姻的危害性

实践中，事实婚姻的存在具有一定危害性。

1. 损害了法律的严肃性

众所周知，结婚登记是我国婚姻家庭法规定的结婚的必经程序，是确立婚姻关系的唯一法定手续。结婚登记属于强制性规范，只有办理了结婚登记，领取了结婚证，当事人之间的婚姻关系才合法有效，才受到法律的认可和保障。大量的事实婚姻当事人有意无意地视法律为儿戏，不办理结婚登记就以夫妻名义同居生活，生儿育女，而且还得到了周围群众的认可，这种行为不仅是对法律的公然违反，而且还严重损害了法律的严肃性；同时事实婚姻的蔓延，还进一步削弱了人们的法制观念，认为婚姻登记程序可有可无，从而影响到婚姻登记制度的贯彻执行。如此恶性循环，法律的威严终将受到漠视。

2. 助长了违法婚姻的产生

由于事实婚姻没有经过登记程序，脱离了国家的指导和法律的监督，从而助长并导致了大量违法婚姻的发生。在已有的事实婚姻中，除部分符合法定结婚实质要件之外，大部分均为不合法婚姻：或是违反当事人意愿的包办买卖婚姻，未达法定婚龄的早婚，或是重婚、变相重婚，还有近亲形成的血缘婚等。这些违法婚姻的存在，既妨害了社会主义婚姻家庭制度的巩固和发展，也给当事人及其子女后代造成危害，降低了人口素质；既阻碍了婚姻家庭关系的文明健康发展，又影响了中华民族的整体素质和未来发展。

3. 当事人的合法权益得不到法律保护

由于事实婚姻的当事人往往法制观念不强，又没有受过专门的婚姻指导，其婚姻基础不牢固，在婚后发生纠纷的比例明显高于经过登记的婚姻。频繁发生的事实婚姻纠纷会严重影响当事人的生活、学习和工作。另外，由于事实婚姻缺乏法律保障，使得当事人一方的权益，尤其是妇女的合法权益遭受侵害而得不到法律救助。例如，有的妇女在遭遇不测或患严重疾病时，往往被男方抛弃，得不到夫妻之间应当享有的扶养、经济帮助和医治的权利；有的妇女因长期遭受男方的暴力行为而要求“离婚”时，或者在男方死亡而要求继承遗产时，因婚姻关系缺乏法律效力，造成适用法律的困难，特别是法官因同情女方想对其进行照顾时，却苦于没有法律依据而爱莫能助。总之，事实婚姻不仅容易发生纠纷，而且在已发生纠纷的事实婚姻中，由于没有合法有效的婚姻关系存在，又使善意的一方或弱势一方的合法权益得不到有效保护。

4. 阻碍了社会主义精神文明建设

结婚不进行登记，不仅给当事人造成了不良后果，也给社会带来了极大的危害，造成了社会的不稳定。在已有的事实婚姻中，有的已经构成了事实上的重婚，有的事实婚姻当事人又与他人姘居，不仅使婚姻当事人之间发生矛盾纠纷，而且还殃及子女家庭，侵犯子女权益，产生家庭危机，甚至会引起社会治安问题，产生刑事犯罪。此外，结婚不进行登记，仅举行结婚仪式，一方面不利于破除旧婚俗，不利于提倡文明结婚，使各种形式的迷信活动在婚礼上死灰复燃；另一方面，也为一些不法分子提供了腐败的温床，他们借结婚之名，接受贿赂，大搞权钱交易，使腐败之风吹进了婚姻的圣殿。婚姻是家庭的基础，家庭是社会的细胞。建设社会主义精神文明，其中就包括了家庭精神文明的建设，婚姻幸福美满，家庭和睦稳定，这是婚姻家庭精神文明建设的要求和目标，也是我国社会主义精神文明建设的要求和目标。显然，事实婚姻的产生和存在，不仅与社会主义精神文明的要求相违背，而且也严重阻碍了社会主义精神文明建设。

二、我国对事实婚姻的处理

我国对事实婚姻的处理是根据我们国家的具体情况进行的，经历了从有条件的承认到不承认，再到相对承认的发展过程。

（一）有条件承认阶段

自新中国成立初期至1989年11月21日前，我国司法界原则上承认符合结婚实质要件的事实婚姻的法律效力。特别是1979年最高人民法院的《关于贯彻执行民事政策法律的意见》对事实婚姻明确表示有条件地予以承认和保护，认为如果对事实婚姻一律予以承认，就会助长这些违法婚姻的发展蔓延，不利于婚姻法的贯彻执行，不利于维护法律的严肃性；如果对事实婚姻一律不予承认，则不利于稳定实际上已经形成的家庭关系，不利于保护妇女、未成年人的合法权益。其主要有以下几方面的内容：

（1）凡违反婚姻家庭法规定，未履行结婚登记手续，男女双方自行结合的，不论是否举行结婚仪式，其性质是违法婚姻，这一点必须肯定。对于这种违法行为，必须进行严肃的批评教育或给予必要处理，以制止这种违法婚姻的发生。这是认识和处理事实婚姻的总原则。

（2）对未进行结婚登记但符合婚姻实质要件的事实婚姻，有关部门应主动干预，教育当事人认识其违法行为的错误，令其补办结婚登记手续。

（3）对未达法定婚龄或违反其他婚姻实质要件的事实婚姻，则不应承认，除对其进行批评教育或给予必要的处分之外，由所在单位或婚姻登记机关出面，解除其非法同居关系。

（4）对女方已经怀孕或生育子女的，应根据婚姻家庭法的有关规定保护妇女和未成年人的合法权益。

（5）对事实婚姻引起的离婚纠纷，凡符合婚姻实质要件的，应按一般离婚纠纷处理。如经调解双方和好或撤诉的，应令其补办结婚登记手续。如起诉时双方或一方不符合结婚实质要件的，则不承认其婚姻效力，宣布解除。

（二）逐步不承认阶段

该阶段从1989年11月21日至1994年2月1日。由于事实婚姻大量存在，不利于婚姻家庭法所确定的结婚登记程序的贯彻实施，为了更好地处理事实婚姻，防止事实婚姻的蔓延和发展，1989年11月21日最高人民法院颁发了《关于人民法院审理未办结婚登记而以夫妻名义同居生活案件的若干意见》（以下简称《意见》）。《意见》对认定事实婚姻的时间界限及处理办法做了更明确的规定。

《意见》的序言指出：人民法院审理未办结婚登记而以夫妻名义共同生活案件，应首先向双方当事人严肃指出其行为的违法性和危害性，并视其违法情节给予批评教育或民事制裁。同时又指出：为保护妇女和儿童的合法权益，有利于婚姻关系的稳定，维护安定团结，在一定时期内，有条件的承认其事实婚姻关系，是符合实际的。这一规定明确了对事实婚姻应该逐步加以废止。

《意见》的第1条至第3条对如何逐步废止事实婚姻作了具体的规定，基本上分三个步骤：

（1）1986年3月15日《婚姻登记办法》颁布前，未办结婚登记即以夫妻名义同居生活，一方向法院起诉“离婚”的，如起诉时双方符合结婚条件的，认定为事实婚姻关系，同居期间共同所得的财产为夫妻共同财产；如起诉时双方或一方不符合结婚条件的，认定为非法同居关系。

（2）1986年3月15日《婚姻登记办法》颁布后，未办理结婚登记即以夫妻名义同居，一方向法院起诉“离婚”的，如同居时双方符合结婚条件的，可认定为事实婚姻关系；如同居时双方或一方不符合结婚条件的，则认定为非法同居关系。

（3）自民政部1994年2月1日颁布的《婚姻登记管理条例》施行之日起，没有配偶的男女，未办结婚登记即以夫妻名义同居生活，按非法同居对待。

这三条规定，不仅区分了事实婚姻关系和非法同居的界限，而且规定了最终消灭事实婚姻关系的条件。

（三）完全不承认阶段

民政部的《婚姻登记管理条例》颁布实施，意味着自1994年2月1日以后，所有未办理结婚登记手续即以夫妻名义同居生活者均按非法同居对待。

《婚姻登记管理条例》第24条规定，违反结婚实质要件或形式要件的“婚姻”无效，不受法律保护。第25条又规定，对无效婚姻的当事人应给予一定的处罚。

同时，1994年12月14日最高人民法院法复〔1994〕10号文件规定：新的《婚姻登记管理条例》发布施行后，有配偶的人与他人以夫妻名义同居生活的，或者明知他人有配偶而与之以夫妻名义同居生活的，仍应按重婚罪定罪处罚。

（四）相对承认阶段

自 2001 年 12 月 27 日最高人民法院出台《关于适用〈中华人民共和国婚姻法〉若干问题的解释（一）》起，未办理结婚登记即以夫妻名义同居生活者经补办登记，其同居关系可溯及既往地合法化，得到承认与保护。

《关于适用〈中华人民共和国婚姻法〉若干问题的解释（一）》第 5 条规定：未按《婚姻法》第 8 条规定办理结婚登记而以夫妻名义共同生活的男女，起诉到人民法院要求离婚的，应当区别对待——1994 年 2 月 1 日民政部《婚姻登记管理条例》公布实施以前，男女双方已经符合结婚实质要件的，按事实婚姻处理；1994 年 2 月 1 日《婚姻登记管理条例》公布实施以后，男女双方符合结婚实质要件的，人民法院应当告知其在离婚案件受理前补办结婚登记。补办结婚登记的，婚姻关系的效力从双方均符合结婚的实质要件时起算；未补办结婚登记的，按解除同居关系处理。2003 年最高人民法院《关于适用〈中华人民共和国婚姻法〉若干问题的解释（二）》第 1 条进一步规定：当事人起诉请求解除同居关系的，人民法院不予受理。但当事人请求解除的同居关系，属于“有配偶者与他人同居”的，人民法院应当受理并依法予以解除；当事人因同居期间财产分割或者子女抚养纠纷提起诉讼的，人民法院应当受理。

根据最高法院的司法解释，第一，在 1994 年 2 月 1 日以前，未办理结婚登记即以夫妻名义同居生活者，只要符合结婚实质要件的，即可认定为事实婚姻。这一规定较之上述 1989 年的司法解释中必须是双方同居时即符合结婚实质要件的规定，显然放宽了认定事实婚姻的条件。第二，补办结婚登记，是当事人的结合合法化的必要条件，其效力追溯至双方均符合结婚的实质要件时起。如果双方不补办结婚登记，其关系为同居关系，不视为事实婚姻。

对于被认定为事实婚姻关系的，同居期间的财产适用婚姻家庭法对夫妻财产制的规定，没有约定的，适用法定的夫妻财产制。被认定为同居关系的，同居期间共同劳动所得的收入和购置的财产为一般共同财产，该期间双方各自继承或受赠的财产为双方个人财产，为共同生产、生活形成的债权、债务，按共同债权、债务处理。无论是哪一种关系，在同居生活前，一方自愿赠与对方的财物，按赠与关系处理。一方向另一方索取的财物，应根据双方同居生活时间的长短、对方的过错程度，以及双方经济状况等实际情况酌情返还。

对于被认定为事实婚姻关系的，男女双方在同居生活期间所生子女为婚生子女；被认定为同居关系的，所生子女为非婚生子女。根据《民法典婚姻家庭编》第 1071 条“非婚生子女享有与婚生子女同等的权利，任何组织或个人不得加以危害和歧视”的规定，无论是事实婚姻关系，还是同居关系，双方离异时，其子女抚养问题均依照《民法典婚姻家庭编》的这一规定办理，以保护子女的合法权益。

学习与思考：

1. 结婚的法律概念及其含义。
2. 我国婚姻家庭法规定的结婚条件（实质要件、程序要件）。
3. 无效婚姻、可撤销婚姻的特点及法律后果。
4. 何为事实婚姻？实践中，如何认定事实婚姻？
5. 事实婚姻与同居关系之异同。
6. 《民法典婚姻家庭编》对婚姻无效情形做了哪些修改？
7. 正确理解《民法典婚姻家庭编》增加的“婚姻无效或者被撤销的，无过错方有权请求损害赔偿”。

第五章　夫妻关系

第一节　夫妻关系概述

一、婚姻效力的概念

婚姻效力是指男女因结婚而产生的法律后果，即形成夫妻关系。它随婚姻关系的成立而发生，并随婚姻关系的消灭而终止。

婚姻效力有多种解释。广义的婚姻效力泛指因婚姻而产生的一切法律后果。狭义理解的婚姻效力仅指婚姻在婚姻家庭法上的效力，这种婚姻效力可进一步区分为直接效力和间接效力。直接效力是指因婚姻成立而在当事人之间产生的配偶的权利和义务；间接效力是指因缔结婚姻而与第三人发生法律上的权利义务关系，如父母子女关系等。本章所涉及的婚姻效力，是指狭义的、直接效力。

婚姻的直接效力，根据权利义务内容不同，可分为两方面：一是婚姻在身份上的效力，也可称为夫妻人身关系；二是婚姻在财产上的效力，也可称为夫妻财产关系。夫妻人身关系是指与夫妻身份紧密相连而不具有经济内容的权利义务关系，主要包括姓名权、人身自由权、同居义务、忠实义务等内容。夫妻财产关系是指夫妻之间具有直接经济内容的权利义务关系，主要指夫妻财产制、扶养的权利与义务、配偶继承权等。夫妻人身关系派生出夫妻财产关系，夫妻财产关系从属于夫妻人身关系。

婚姻效力的法律规定，体现了社会对男女两性关系的基本立场和态度，旨在依照社会要求在夫妻之间分配婚姻的利益与负担，形成婚姻的内部秩序；同时，婚姻效力也是保护未成年人和老年人合法权益的需要，是实现国家作为社会管理者职责的重要手段之一。法律加强对夫妻关系的调整，有利于巩固一夫一妻的婚姻制度，更好地实现婚姻家庭在社会生活中的职能。

二、夫妻关系的概念、特征和内容

（一）夫妻关系的概念和特征

夫妻是男女双方以永久共同生活为目的，依法结合的伴侣。

男女因结婚而成为夫妻，形成夫妻关系，双方具有特定的身份，与其他两性关系有着本质的区别。夫妻关系不仅是重要的伦理关系，而且是重要的法律关系。

夫妻关系具有以下特征：

(1) 夫妻是男女两性合法的结合。男女双方符合法律所规定的结婚条件，并履行了法定的结婚手续，才能结为夫妻。男女两性间任何形式的非法结合，如重婚、婚外同居，都不是夫妻关系。

(2) 夫妻之间具有永久共同生活的目的。

(3) 夫妻是共同生活的伴侣，共同承担生育和抚养子女、赡养和扶助老人等责任。

（二）夫妻关系的内容

作为一种法律关系，夫妻关系的内容主要是指夫妻双方在人身方面和财产方面享有的权利和承担的义务。夫妻关系是家庭关系的核心，在家庭中起着承上启下、养老育幼的特殊作用，因此，法律对夫妻之间的权利和义务必然要加以具体规定。

根据我国婚姻家庭法的规定，夫妻在婚姻家庭中法律地位平等。夫妻人身方面的权利义务主要包括：姓名权，参加生产、工作、学习和社会活动的自由，住所决定权，平等的抚养、教育、保护未成年子女的权利义务，日常家事代理权等。夫妻财产方面的权利义务包括：夫妻相互扶养义务、配偶继承权、夫妻财产制、补偿请求权、困难帮助请求权、离婚损害赔偿请求权等。

其中，夫妻各有独立使用自己姓名的权利，夫妻双方都有参加生产、工作、学习和社会活动的自由，充分体现了我国婚姻家庭法保障已婚妇女独立人格的宗旨。夫妻在婚姻家庭中法律地位平等的规定更是关于夫妻家庭地位平等的标志性条款。

三、夫妻关系的演进

夫妻关系是男女两性社会地位的缩影，它的发展变化是与不同社会生产力发展水平及社会制度方面的相互作用相适应的。不同的社会，夫妻关系的法律地位和内容各不相同，它们随着社会的发展而发展变化。历史上有关夫妻关系的立法主义及指导夫妻关系的原则经历了两个发展阶段。

（一）夫妻一体主义时期

夫妻一体主义，也称夫妻同体主义，是指男女结婚后合为一体，夫妻的人格相互吸收，共同拥有一个独立人格，这种立法主义主要为古代和中世纪的婚姻法律所采用。

根据这种立法主义，男女结婚后，妻子的人格为丈夫所吸收，丈夫的人格为妻子所吸收。从表象看，这种立法原则下制定的法律，夫妻在家庭中地位应是平等的。然而实际上，按照当时各国法律规定，只是妻子的人格为丈夫所吸收，妻子在姓名权、财产权和行为能力等方面都丧失了自主权；丈夫获得了几乎支配妻子一切行为的权利，成为婚姻实体的唯一代表。至于丈夫的人格为妻子所吸收的情况，只发生在男子入赘之时。正因为如此，夫妻一体主义不过是夫权主义的别名。例如，我国古代的《白虎通·嫁娶》中记载：夫妇，一体也。妇者，服也。服于家事，事人者也。欧洲中世纪盛行的宗教法规严格奉行夫妻一体主义，确认夫的特权地位，丈夫不但可以支配妻的财产，还可以处罚其人身。资本主义早期的婚姻法律，也具有明显的夫妻一体主义色彩。

当代社会，夫妻一体主义遭到各方面批判，在法律上已明显衰亡，但是其残余影响仍然存在。

（二）夫妻别体主义时期

夫妻别体主义，也称夫妻异体主义，是指男女结婚后在婚姻关系中处于独立平等的地位，各自保留其独立人格，相互承担平等的权利和义务。

随着资本主义的发展演变，经济、科学、文化、伦理道德、家庭结构、妇女就业等方面都发生了很大的变化，人们个体意识的加强和女权运动的开展，以家族为本位的立法思想已不能适应社会和家庭生活的要求，近现代各国立法相继采取以个人为本位的立法思想。英国 1923 年的婚姻法承认了妇女在离婚方面具有与男子平等的权利。法国 1965 年的法律肯定了夫妻均享有完全的法律权利。日本于 1947 年将民法典中的“妻随夫姓”改为“使用夫姓或妻姓，根据结婚时双方所定”。日本、德国、法国等相继废除了“妻以夫之住所为住所”的规定，改为“家庭住所由夫妻共同选定”。这种变化无疑是历史上的一个重大进步，但并没有彻底改变资本主义制度下夫妻关系不平等的本质。

四、我国婚姻家庭法对夫妻关系的规定

《民法典婚姻家庭编》第 1055 条明确规定：“夫妻在婚姻家庭中地位平等。”这是男女平等原则的具体体现，是对夫妻法律地位的原则性规定。夫妻是家庭的基本成员，只有在婚姻家庭地位平等的基础之上，才能平等地行使各种权利，平等地履行各种义务。实现夫妻在婚姻家庭中的地位平等，有利于消除夫权思想和家长专制等封建残余影响，建立社会主义新型的夫妻关系。

夫妻在婚姻家庭中地位平等的内容，根据我国婚姻家庭法的规定，是指夫妻在人身关系和财产关系两个方面的权利和义务都是完全平等的。法律不允许夫妻任何一方只享受权利而不尽义务，或者只尽义务而不享受权利。

夫妻在婚姻家庭中地位平等，既是确定夫妻间权利和义务的总原则，也是处理夫妻间权利和义务纠纷的基本依据。对于夫妻间的权利和义务纠纷，法律有具体规定的，应按具体规定处理；无具体规定的，则应按夫妻在婚姻家庭中地位平等原则的精神予以处理。

第二节　夫妻人身关系

夫妻人身关系，即夫妻之间无直接财产内容的人格、身份等方面的权利和义务。根据我国《民法典婚姻家庭编》的直接和间接规定，夫妻人身关系主要包括：夫妻姓名权，夫妻参加生产、工作、学习和社会活动的自由，夫妻婚姻住所决定权，夫妻平等抚养、教育和保护未成年子女的权利义务，夫妻日常家事代理权。

一、夫妻姓名权

（一）姓名权的概念

姓名权是指自然人有权决定、使用和依照规定改变自己的姓名，并排除他人非法干涉与非法使用自己姓名的权利。姓名权是人格权的重要组成部分。在夫妻关系中，有无姓名权是夫妻各方在家庭中有无独立人格和地位的重要标志。当事人婚后是否改变姓名，意味着当事人婚后是否发生人格的变更，产生新的从属关系。

（二）夫妻姓名权的内容

《民法典人格权编》第 1014 条规定："任何组织或者个人不得以干涉、盗用、假冒等方式侵害他人的姓名权或者名称权。"

第 1015 条规定："自然人应当随父姓或者母姓，但是有下列情形之一的，可以在父姓和母姓之外选取姓氏：（一）选取其他直系长辈血亲的姓氏；（二）因由法定扶养人以外的人扶养而选取扶养人姓氏；（三）有不违背公序良俗的其他正当理由。"

《民法典婚姻家庭编》第 1056 条规定："夫妻双方都有各自使用自己姓名的权利。"明确指出夫妻婚后无须改变自己的姓名，各方仍保留自己的独立人格不变。该条规定，对于破除旧婚俗，促进夫妻在家庭中地位平等，有着积极的意义。

根据《民法典》第 1014 条、1015 条、1056 条的规定及其立法精神，夫妻都有各用自己姓名的权利包含以下几方面内容：

（1）夫妻各自享有使用自己姓名的权利，不因婚姻的成立而改变，不因双方收入的多少而变化，也不因享受了对方的扶养而丧失。男女婚后，作为人格象征的姓名权仍然独立存在，任何一方都不能强迫另一方改变自己的姓名，或干涉对方使用自己的姓名，如果有这种情况发生，受强迫、干涉的一方可以依法维护自己的合法权益。

（2）双方有平等的姓名选择权，允许夫妻双方就姓名权问题进行协商约定。姓名权是我国宪法赋予每一个公民的基本人权，夫妻婚后仍拥有自己的姓名权，这是宪法精神在婚姻家庭法上的具体体现。但从法理来说，权利可以享有，也可以放弃。因此，夫妻双方可以对婚后双方的姓名问题进行平等协商，可以约定从夫姓，可以约定从妻姓，还可以约定选择第三姓为共同姓氏，只要双方是自愿达成的协议，法律都是允许的。

（3）一方不得盗用或冒用他人姓名。姓名是公民个人的文字符号和标记，同时也是区分每一个个体的标志，只有本人才有权使用，未经许可，任何人不得使用他人的姓名，否则就是侵权，即侵犯了公民的姓名权。夫妻之间也不例外，未经一方许可，夫妻另一方不得以该方的名义从事任何对该方不利的行为。

（4）子女可以随父姓，可以随母姓。夫妻姓名权必然要涉及子女的姓氏问题。根据法律的规定及其精神，子女出生后，使用什么姓氏，由父母协商确定，可以随父姓，可以随母姓，还可以选择第三姓或不用姓。由父母协商确定的姓氏，父母也可以协商变更。待子女有辨别能力或成年以后，子女有权决定自己的姓氏，是保留还是变更父母为自己选择的姓氏，子女自己作出选择，包括父母在内的任何第三人不得干涉。

二、夫妻人身自由权

（一）人身自由权的概念

人身权，是民事主体依法享有的与其人身不可分离、没有直接财产内容的民事权利，如生命健康权、自由权、名誉权等人格权和具有特定身份关系的身份权等。夫妻人身自由权主要是指夫妻双方参加生产劳动，进行社会交往和从事社会活动的权利和自由。人身自由权是每个公民享有的并由自己完全支配的权利，它是公民最基本的人权之一，任何组织和个人不得加以限制或干涉。

（二）夫妻人身自由权的内容

《民法典婚姻家庭编》第1057条规定：“夫妻双方都有参加生产、工作、学习和社会活动的自由，一方不得对另一方加以限制或干涉。”

从以上规定看，婚姻当事人双方婚后都有依照自己的意愿选择社会职业、进行社会交往、从事社会活动的自由。但从立法的针对性来看，该项立法的真正用意在于保护已婚妇女参加社会活动的自由。这是因为在整个中国古代社会，妇女无人身自由权，受“男主外，女主内”“女子无才便是德”等封建伦理观念的束缚，妇女始终从属于男子，“在家从父，出嫁从夫，夫死从子”，已婚妇女完全在夫权的统治之下，相夫教子是其婚后的唯一职责。她们被禁锢在家庭的小圈子里，完全被排除在社会生活之外，更无选择社会职业、从事社会活动的权利和机会。夫妻不平等的家庭地位，不仅阻碍了妇女自身的发展，也严重阻碍了社会的发展。因此，把妇女从家庭的小圈子里解放出来，让其走上社会，参加社会活动，是提高妇女家庭地位和社会地位，促进社会发展的重要途径。让广大妇女参加社会生产劳动，是妇女解放的基础，掌握知识和劳动技能，参加社会劳动，进行社会活动，是妇女获得与男子平等的婚姻家庭地位的物质基础。针对中国实际，新中国的几部婚姻家庭法都明确规定夫妻双方均有选择职业、参加工作和从事社会活动的自由，一方不得对另一方加以限制或干涉。《妇女权益保障法》还对妇女的人身自由权作了全面而详细的规定。

夫妻人身自由权是夫妻在家庭中地位平等的具体体现，是我国宪法及其他有关法律关于公民权利的规定在婚姻家庭法中的具体体现。它具体包括以下几个方面内容：

（1）夫妻双方均有选择职业，参加生产、工作的权利和自由，即夫妻双方都有权利选择适合自己的工作或职业，并通过劳动获得报酬和经济收入，一方不得对另一方生产工作或选择的职业进行干涉或阻挠。

（2）夫妻双方均有参加学习的权利和自由。参加学习，不仅包括参加正规学校学习，接受正规教育，也包括参加各类成人教育，还包括参加各种职业培训，以提高劳动技能和专业技术。一定的文化水平、熟练的劳动技能和专业技术，是每一个公民参与社会竞争、取得劳动就业机会的重要条件，这就需要每个人都要不断学习，提高自己的文化水平和业务能力。夫妻任何一方都不能剥夺或干涉另一方学习和提高自身的权利。

（3）夫妻双方均有参加社会活动的权利和自由。社会活动既包括政治活动，也包括文化活动、社团活动、社会公益活动等，甚至还包括国际活动。夫妻双方都是具有独立人格的社会主体，均有权以自己的名义参与各种有益的社会活动，充分体现和发挥自己的聪明才智，为社会服务。夫妻一方不得对另一方参与社会活动进行无理干涉和阻碍，尤其是丈夫不得对妻子参与的社会活动进行阻挠。

当然，夫妻双方在行使参加生产、工作、学习和社会活动的自由与权利的同时，也应适当地处理好家庭事务，尤其是琐碎而频繁的家务劳动，不得滥用人身自由权。具体而言，就是夫妻双方应当协商解决家务劳动的分担问题，任何一方不应以自己的人身自由权为借口，而将家务劳动完全推给另一方，也不应以家务劳动为由而干涉或阻碍他方参加生产、工作、学习和社会活动，更不得滥用人身自由权而侵犯他方和家庭的利益。夫妻双方在行使自己的人身自由权的同时，必须合理地履行自己对婚姻和家庭应尽的义务和责任，双方互谅互让，互相体贴，互相帮助，互相尊重。合理地分担家务劳动，不仅可以减少甚至避免家庭矛盾，增强夫妻感情，而且还为夫妻双方在社会上充分展现自己的才能提供了条件。虽然《民法典婚姻家庭编》第 1057 条有“一方不得对另一方加以限制和干涉”的规定，但当夫妻一方不当行使自己的人身自由权并侵犯了另一方和家庭的利益时，另一方有权提出建议并进行必要的劝阻。这种劝阻，不是“限制和干涉”，而是一种正当的行为。因为对夫妻双方来说，都肩负着对对方、对家庭的义务和责任，一方不履行其对另一方及家庭的义务和责任时，另一方有权进行自我权利的维护，甚至求助于法律。

三、夫妻婚姻住所决定权

（一）婚姻住所决定权的概念

所谓婚姻住所，是指夫妻婚后共同居住和生活的场所。

婚姻住所决定权，是指选择、决定夫妻婚后共同生活住所的权利。

（二）夫妻婚姻住所决定权的内容

《民法典婚姻家庭编》第1050条规定："登记结婚后，按照男女双方约定，女方可以成为男方家庭的成员，男方可以成为女方家庭的成员。"

其中包含着以下内容：

（1）登记结婚后，夫妻双方平等地享有婚姻住所决定权。对于婚后夫妻共同生活住所的选择，应由夫妻双方自愿约定，一方不得对另一方强迫，第三人也不得干涉。

（2）夫妻双方享有互为对方家庭成员的约定权。登记结婚后，根据男女双方约定，女方可以成为男方家庭的成员，即"女到男家落户"，妻从夫居；男方可以成为女方家庭的成员，即"男到女家落户"，夫从妻居。对于结婚时的约定，婚后也可以通过协商加以变更。当然，夫妻婚后也可以另行组建新家庭，不加入任何一方原来的家庭，即从新居。这里必须明确，男方或女方自愿成为对方家庭成员后，仍保持自己独立的人格，与其配偶地位平等，与配偶的亲属间只是姻亲关系，并不因此而产生法律上的权利和义务；与自己的父母仍然保持权利义务关系，承担对生父母的赡养义务，这一权利受法律保护，任何人不得加以强制或干涉。

至于男到女家落户的婚姻与旧式的"入赘婚"有本质区别。所谓入赘婚，又称赘婿婚，指婿入妻家所成的婚姻。由于赘婿家贫无聘财，不能娶妇，乃身入妇家作质，即所谓家贫子壮则出赘。在以男系为中心的封建宗法制度下，入赘违反了男娶女嫁、妇从夫居的通例，故赘婿在社会上和家庭中受到歧视，地位低下。旧式"入赘婚"与现代的男到女家落户婚姻主要有如下区别：首先，两者的性质和目的不同。"入赘婚"是在以男系为中心的宗法制度下，女方家庭招赘婿以达到传宗接代的目的；而男到女家落户的婚姻，是在社会主义男女平等原则的基础上，提倡男到女家落户，其目的主要是为树立新型的婚姻家庭观和生育观，解决有女无儿户的实际困难。其次，两者产生的条件和法律地位也不同。"入赘婚"往往是男子被迫的行为，其夫妻法律地位也不平等，赘夫往往受到社会和女家的歧视；而男到女家落户的婚姻，是男女双方协商自愿选择婚姻住所的结果，其夫妻法律地位平等，男方在社会和女家不受歧视。

四、夫妻享有平等的亲权

（一）亲权概述

1. 亲权的概念

所谓的亲权，是指父母对未成年子女在人身和财产方面进行抚养、教育和保护的权利和义务。

我国婚姻家庭法未明确提出"亲权"的概念，但法律要求父母对未成年子女在人身和财产方面进行抚养、教育和保护的权利和义务，实质上就是亲权的内容。

2. 亲权的法律特征

（1）亲权既为权利，又为义务，是权利和义务的综合体。亲权作为父母与未成年子

女间的身份权，一方面是父母的一种权利，未成年子女必须服从父母的教育与保护；另一方面，亲权又是一种义务，父母必须履行对未成年子女进行教育和保护的义务。因此，亲权不得抛弃、非法转让或非法剥夺。

（2）亲权是父母对未成年子女的权利义务。只有在子女尚未成年时，父母对子女才有亲权。当子女成年后，便脱离父母的保护，享有完全的民事行为能力，父母对子女的亲权即消失。

（3）亲权为父母专有，且仅以教育、保护未成年子女为目的。亲权是专有权，只能为父母所专有，除未成年人父母以外的任何人对未成年人都不享有亲权。

3. 亲权的具体内容

（1）父母对未成年子女有抚养教育的权利与义务。这里的抚养，是指父母从物质上、经济上对子女的养育和照料。父母给付子女抚养费的范围，包括子女的生活费、教育费、医疗费等费用。同时，父母还应当在生活上照管子女。这些都是子女健康成长的物质基础，也是父母对子女履行义务的主要内容。

所谓教育，是指父母在思想品德上对子女的关怀和培养，引导其树立正确的观念与高尚的品德，使其成为对社会有用的人。父母作为子女的第一任老师，应当从思想上关心子女，要以爱祖国、爱科学、爱护公共财物、遵纪守法、遵守社会公德的思想教育子女，将子女培养成为在德、智、体、美、劳等方面全面发展的人。

（2）父母对未成年子女有保护的权利与义务。所谓保护，是指父母防范和排除来自自然界或社会对未成年子女人身或财产权益的非法侵害。

（二）我国婚姻家庭法对亲权的相关规定

《民法典婚姻家庭编》第1058条增设规定：“夫妻双方平等享有对未成年子女抚养、教育和保护的权利，共同承担对未成年子女抚养、教育和保护的义务。”

其包含以下内容：

（1）夫妻双方平等享有对未成年子女抚养、教育和保护的权利。

（2）夫妻双方共同承担对未成年子女抚养、教育和保护的义务。

（3）对未成年子女的抚养、教育和保护，既是父母的权利，同时也是父母的一项义务。父母对未成年子女的财产依法享有管理、使用、收益和处分的权利和义务。

五、夫妻家事代理权

（一）家事代理权概述

1. 家事代理权的概念

家事代理权，是指夫妻因日常家庭事务与第三人为一定法律行为时相互代理的权利，即夫妻于日常家事处理方面互为代理人，互有代理权。只要属于日常家事上的开支，夫妻任何一方都有单独处理权。夫妻一方在行使日常家事代理权时，无论对方对该代理行为知晓与否、追认与否，均视为夫妻共同的意思表示，夫妻双方均应对该行为的法律后果承担连带责任。

2. 家事代理权的特征

（1）家事代理权的主体是丈夫或妻子一方。家事代理权是夫妻之间的一种相互代理权，适用主体只限定于具有合法婚姻关系的丈夫、妻子。

（2）家事代理权的内容只限于日常生活。夫妻家事代理只能是日常家事的处理，如购买生活用品、向他人出借钱财物品、签订房屋租赁协议等。

（3）家事代理权的性质是对共同财产做一般的处理决定。如果丈夫或妻子在处理重大夫妻共同财产，特别是对不动产等作出涉及产权转让或放弃的决定时，则不能行使家事代理权，否则可能构成滥用代理权，滥用权利的一方应当承担相应的法律责任。

（4）丈夫或妻子行使家事代理权，是基于夫妻人身关系和婚姻的效力，无须授权和事先征得另一方的同意。

（二）我国婚姻家庭法的相关规定

2020 年《民法典》通过之前，我国的婚姻家庭法律未明确规定“夫妻家事代理权”。但 2001 年《婚姻法》修正案第 17 条规定：“夫妻在婚姻关系存续期间所得的下列财产，归夫妻共同所有：……夫妻对共同所有的财产，有平等的处理权。”2001 年《最高人民法院关于适用〈中华人民共和国婚姻法〉若干问题的解释（一）》第 17 条规定：“婚姻法第十七条关于‘夫或妻对夫妻共同所有的财产，有平等的处理权’的规定，其含义为：（一）夫或妻在处理夫妻共同财产上的权利是平等的。因日常生活需要而处理夫妻共同财产的，任何一方均有权决定。（二）夫或妻非因日常生活需要对夫妻共同财产做重要处理决定，夫妻双方应当平等协商，取得一致意见。他人有理由相信其为夫妻双方共同意思表示的，另一方不得以不同意或不知道为由对抗善意第三人。”

《民法典婚姻家庭编》第 1060 条将最高法院的司法解释上升为法律规定：“夫妻一方因家庭日常生活需要而实施的民事法律行为，对夫妻双方发生效力，但是夫妻一方与相对人另有约定的除外。夫妻之间对一方可以实施的民事法律行为范围的限制，不得对抗善意相对人。”这一条文使“夫妻家事代理权”制度更加明确具体化。

实践中，夫妻家事代理权的适用需要注意：

（1）因日常生活需要而处理共同财产的，夫妻任何一方均有决定权，当然地享有财产处分权。

（2）夫妻一方因日常生活需要而处分共同财产的，代表双方的共同意志，该行为对夫妻双方有效。

（3）对于重要财产事物的处理，夫妻双方应当协商一致，如果是单方擅自做出的决定，另一方可以否认。

六、夫妻同居义务和相互忠实义务

（一）夫妻同居义务

夫妻同居义务，是指男女双方以配偶身份共同生活的义务，其内容不仅包括夫妻共同生活于婚姻住所，而且还包括夫妻之间的共同性生活、精神生活和物质生活，其中夫妻性生活是重要的内容。从《民法典婚姻家庭编》第1042条规定“禁止有配偶者与他人同居”的规定来看，其真正的立法宗旨在于强调夫妻之间的共同性生活。从这一角度出发，夫妻同居义务当不受客观居所所限，即夫妻双方虽不同居一室甚至分居两地，其同居义务仍然存在。换言之，只要夫妻之间有共同性生活，则视为同居；反之，即使夫妻双方同居一室，但设置屏障，分床而居，也不能视为同居。

从婚姻的自然属性来看，同居是夫妻间的本质性义务，是婚姻关系建立和得以维持的基本条件。因此，与配偶对方同居，既是配偶一方的义务，也是配偶一方的权利，一方同居权利的行使，须以另一方承担同居义务为前提。在通常情况下，夫妻双方应依法履行夫妻之间的同居义务，但在特殊情况下，也应允许夫妻一方停止或暂时中止同居义务的履行。这种特殊情况主要有两种：一是有正常理由的暂时中止同居，如一方因处理事务的需要合理离家较长时间，因生理原因暂时不能全部或部分履行同居义务，等等。当这些条件消失后，夫妻双方的同居自行恢复。二是因非正常的法定理由而停止同居，如一方滥用权利；婚姻已破裂或一方已提起离婚诉讼；一方擅自离开婚姻住所；一方违背夫妻忠实义务的规定；一方的健康、安全、名誉因夫妻共同生活而遭受到严重威胁时，受威胁一方也可以拒绝同居。夫妻同居义务除了满足配偶性需求的作为义务外，还包括不作为的守贞义务，即不与他人为通奸、同居之行为，此乃夫妻忠实义务，但同时也是夫妻同居义务的内容之一，违反者就是对同居义务的不履行。

（二）夫妻忠实义务

夫妻忠实义务，主要指贞操义务，即夫妻双方在婚姻关系存续期间不为婚姻之外的性行为，在性生活上互守贞操，保持专一的义务。广义的夫妻忠实义务还包括不得恶意遗弃配偶，不得为第三人的利益而损害或牺牲配偶他方的合法利益。婚姻是男女双方以永久共同生活为目的的两性结合，共同性生活是婚姻的本质要求，满足对方的性需求是配偶一方的义务；保持性忠贞，不与他人为通奸或姘居行为，也是配偶一方对另一方在两性生活方面的义务。在一夫一妻制下，夫妻互负忠实义务是婚姻关系的本质要求，也是一夫一妻制与其他婚姻形态的最大区别。婚姻关系是否稳定，家庭生活是否和睦，在很大程度上取决于夫妻是否相互忠实。夫妻相互忠实，是婚姻当事人双方的一致要求，如果一方对另一方无此要求，则婚姻就失去了意义，一夫一妻制也只是徒有虚名；夫妻相互忠实，是子女血缘纯正的保证，也是保护配偶身心健康的需要。

我国1950年《婚姻法》与1980年《婚姻法》未明确规定夫妻忠实义务，但夫妻忠实问题一直是婚姻伦理道德的要求。2001年修正后的《婚姻法》要求夫妻相互忠实，是立法的一大进步，其目的在于杜绝婚外两性关系，增进夫妻感情，提高婚姻质量。2020年的《民法典婚姻家庭编》第1043条，在原“夫妻应当互相忠实，互相尊重”的条文上，又增加了夫妻应当“互相关爱”，对夫妻关系的正确处理提出了更加具体的要求，能够进一步促进夫妻感情和谐，家庭生活文明。

（三）违背同居和忠实义务的法律后果

从法律规定的夫妻同居义务和忠实义务出发，有配偶者与他人同居，既是对配偶他方同居权利的侵犯，又违背了夫妻忠实义务。当然，违背夫妻忠实义务除与他人同居、通奸、姘居、重婚等性行为外，还包括一些亲密的非性行为，但婚外性行为是最严重的违法行为。因此，对重婚和有配偶者与他人同居等违背夫妻同居义务和忠实义务的违法行为，我国法律规定了相应的法律后果：

（1）违背夫妻同居义务和忠实义务是离婚的法定理由；

（2）受害配偶可以据此提出离婚损害赔偿的诉讼；

（3）构成重婚罪的，追究刑事责任。

对于无正当理由拒不履行夫妻同居义务的，法律虽不能强制，但合法履行了同居义务的受害配偶可以向法院提起损害赔偿之诉，要求对方赔偿因拒绝同居而遭受的精神损害；对于不履行同居义务达一定期限的，受害方可以请求法院责令其承担遗弃的责任。

第三节 夫妻财产关系

夫妻财产关系即夫妻间具有经济内容的权利义务关系，它是以夫妻人身关系为前提的，即随着夫妻人身关系的建立而产生，随着夫妻人身关系的终止而消灭。夫妻间的财产关系主要涉及夫妻财产所有权制度、夫妻间的扶养义务和夫妻遗产继承权等内容。

《民法典婚姻家庭编》第1062至第1066条规定了我国的夫妻财产制，第1059条和第1061条分别规定了夫妻之间的相互扶养义务和相互继承遗产的权利。

一、夫妻财产制的概念和分类

（一）夫妻财产制的概念

夫妻财产制又称婚姻财产制，是指规定夫妻财产关系的法律制度。其内容包括各种夫妻财产制的设立、变更与废止，夫妻婚前财产和婚后所得财产的归属、管理、使用、收益、处分，以及家庭生活费用的负担，夫妻债务的清偿，婚姻终止时夫妻财产的清算和分割等问题。

男女因结婚产生夫妻人身关系，并随之产生夫妻财产关系。法律为确保夫妻地位平等和婚姻生活的圆满，并保障夫妻与第三人交易安全，维护社会秩序，设立夫妻财产

制，调整夫妻财产关系。

（二）夫妻财产制的分类

在不同的时代、不同的社会，具有不同的夫妻财产制的种类。在古代，由于一体主义的夫妻关系，各国立法对夫妻财产多采取“吸收财产制”，妻的财产因结婚而为夫家或夫所有，妻子没有独立的财产权。到近代、现代，夫妻财产制随着社会的发展而变化，出现了多种形式。对其可从不同的角度，作如下分类。

1. 按夫妻财产制的发生根据，可分为法定财产制与约定财产制

（1）法定财产制。它是指在夫妻婚前或婚后均未就夫妻财产关系作出约定，或所作约定无效时，依法律规定而直接适用的夫妻财产制。由于各国政治、经济、文化及民族传统习惯不同，不同时代不同国家规定的法定财产制形式也不尽相同。目前，各国采用的法定财产制主要有分别财产制、共同财产制、剩余共同财产制等形式。

（2）约定财产制。它是相对于法定财产制而言的，指由婚姻当事人以约定的方式，选择决定夫妻财产制形式的法律制度。许多国家的立法都规定了约定财产制，其效力高于法定财产制。在允许约定财产制的国家，立法内容也有详略之分和宽严之别。从立法限制的程度看，大体可分为两种情况：一种是立法限制较少的，即对婚姻当事人约定财产关系的范围和内容不予严格限制，立法既未设立具体的财产制形式供当事人选择，也未在程序上作特别要求，如英国、日本等国。另一种是立法限制较多的，即在约定财产制的范围上，明确规定约定时可供选择的财产制，在约定的内容上明列不得相抵触的事由，在程序上要求夫妻订立要式契约，如法国、德国、瑞士等国。

2. 按夫妻财产制的适用情况，可分为普通财产制与非常财产制

（1）普通财产制。它指在通常情况下，依婚姻当事人双方的约定或依法律的直接规定而适用的财产制，包括约定财产制和法定财产制。

（2）非常财产制。它是相对于普通财产制而言的，指在特殊情况下，出现法定事由时，依据法律之规定或经夫妻一方或夫妻之债权人的申请，由法院宣告，撤销原依法定或约定设立的共同财产制，改设为分别财产制。

3. 按夫妻财产制的内容，可分为共同财产制、分别财产制、剩余共同财产制、联合财产制和统一财产制

在各国有关夫妻财产制的立法中，它们有的被作为法定财产制直接适用，有的被作为约定财产制供当事人选择适用。

（1）共同财产制，是指婚后除特有财产外，夫妻的全部财产或部分财产归双方共同所有。依共有的范围不同，又分为一般共同制、动产及所得共同制、所得共同制、劳动所得共同制等形式。

①一般共同制，是指夫妻婚前、婚后的一切财产包括动产和不动产均为夫妻共有的财产制。

②动产及所得共同制，是指夫妻婚前的动产及婚后所得的财产为夫妻共有的财产制。

③所得共同制，是指夫妻在婚姻关系存续期间所得的财产为夫妻共有的财产制。

④劳动所得共同制，是指夫妻婚后的劳动所得为夫妻共有，非劳动所得的财产，如继承、受赠所得等，则归各自所有的财产制。

共同财产制符合婚姻共同生活体的本质要求，有利于保障夫妻中经济能力较弱一方（往往是女方，尤其是专门从事家务劳动的女方）的权益，有利于实现事实上的夫妻地位平等。但实行这种财产制时，未经对方同意，夫妻一方不能擅自行使共同财产权，不够尊重夫妻的个人意愿。

还须指出的是，在实行共同财产制的国家，大多对婚后所得财产共有的范围设有限制性规定，如“法律有特别规定的除外”，或“夫妻另有约定的除外”等。这些规定就属于夫妻特有财产的规定，其目的是为保护夫妻个人财产所有权，并满足夫妻个人对财产关系的特殊要求。

（2）分别财产制。它指夫妻婚前、婚后所得的财产均归各自所有，各自独立行使管理、使用、收益和处分权；但不排斥妻以契约形式将其个人财产的管理权交付丈夫行使，也不排斥双方拥有一部分共同财产。

分别财产制使夫妻婚前和婚后各自所得的财产均为各自所有，不因结婚而发生财产上的共有，各自保持经济独立。它尊重夫妻个人意愿，便于夫妻一方独立行使财产权，在一定意义上有利于社会经济发展。但在当代社会中，男女两性的经济地位事实上仍存在差距，妇女的就业机会和经济收入大多不如男子。同时，女方承担的家庭义务往往多于男方，这也往往影响其经济收入。在这样的情况下实行分别财产制，容易形成事实上的夫妻不平等。

（3）剩余共同财产制。它指夫妻对于自己的婚前财产及婚后所得财产，各自保留其所有权、管理权、使用收益权及有限制的处分权，夫妻财产制终止时，以夫妻双方增值财产即夫妻各自最终财产多于原有财产的增值部分的差额为剩余财产，归夫妻双方分享。

这种财产制在一定程度上兼有共同财产制和分别财产制的优点，在保障夫妻地位平等、维护婚姻共同生活和谐的同时，也利于维护第三人利益和交易安全。

（4）统一财产制。它指婚后除特有财产外，将妻的婚前财产估定价额，转归丈夫所有，妻则保留在婚姻关系终止时对此项财产原物或价金的返还请求权。这种财产制为早期资本主义国家法律所采用。因为它将对婚前财产的所有权转变为婚姻终止时对夫的债权，使妻处于不利地位，有悖于男女平等原则，所以现代国家很少有采用的。

（5）联合财产制。它又称管理共同制，指婚后夫妻的婚前财产和婚后所得财产仍归各自所有，但除特有财产外，将夫妻财产联合在一起，由夫管理。夫对妻的原有财产有占有、使用、管理、收益权，必要时有处分权，而以负担婚姻生活费用为代偿；婚姻关系终止时，妻的财产由其本人收回或其继承人继承。这种财产制虽然较统一财产制有明显进步，但夫妻在财产关系上仍处于不平等地位，有悖于男女平等原则。因此，现代社会采用此制的一些国家如德国、日本、瑞士等，已废止此制而改行新制。

4. 按财产制所涉及的夫妻财产的范围，可分为特有财产制与共同财产制

所谓夫妻特有财产，又称夫妻保留财产，是指夫妻婚后在实行共同财产制的同时，依法律规定或夫妻约定，夫妻各自保留一定范围的个人所有财产。特有财产制，就是在夫妻婚后实行共同财产制时，基于法律规定或夫妻约定，由有关夫妻各自保留一定个人所有财产的范围，夫妻对该财产的管理、使用、收益和处分，以及相应的财产责任、特有财产的效力等内容组成的法律制度。

特有财产制不同于分别财产制。分别财产制是全部夫妻财产包括婚前财产和婚后全部财产分别归属夫妻各自所有；特有财产是在依法定或依约定实行夫妻共同财产制的前提下，夫妻各自保留一定范围的个人财产。因此，特有财产制是与共同财产制同时并存的，是共同财产制的限制和补充。根据特有财产发生的原因，可分为法定的特有财产和约定的特有财产：

法定的特有财产，是依照法律规定所确认的婚后夫妻双方各自保留的个人财产。其范围大体如下：

（1）夫妻个人日常生活用品和职业必需用品；

（2）具有人身性质的财产和财产权，包括人身损害和精神损害的赔偿金、补助金、不可让与的物及债权等；

（3）夫妻一方因指定继承或受赠而无偿取得的财产；

（4）由特有财产所生的孳息及代位物等。

此外，在实行一般共同制时，夫妻特有财产的范围包括夫妻婚前个人财产；在实行婚后所得共同制时，夫妻特有财产的范围不包括夫妻婚前个人财产。

约定特有财产，是夫妻双方以契约形式约定一定的财产为夫妻一方个人所有的财产。

总之，特有财产为夫妻婚后分别保留的个人财产，独立于夫妻共同财产之外，实质属于部分的分别财产，故其效力适用分别财产制的规定，即夫妻各方对其特有财产，享有独立的占有、使用、收益及处分等权利，他人不得干涉。但对家庭生活费用之负担，在夫妻共同财产不足以负担家庭生活费用时，夫妻得以各自的特有财产分担。

当代世界许多国家的立法在规定夫妻共同财产制的同时，明文列举了夫妻特有财产或婚后个人所有财产的范围，有些国家的立法还进一步对夫妻特有财产的管理、使用、收益、处分权利及其财产责任，特有财产的效力，特有财产的举证责任，特有财产与共同财产之间的结算等作了具体规定，从而形成特有财产制度。特有财产制作为共同财产制的限制，其立法旨在保护夫妻个人财产所有权，并满足夫妻在婚姻生活中的个人特殊经济需要。它弥补了夫妻共同财产制下夫妻一方无权独立支配共同财产的缺憾，是共同财产制不可缺少的补充。两者相辅相成，维护和保障夫妻关系和睦及婚姻生活圆满。

综上可见，夫妻财产制种类繁多，内容多样，但法定财产制与约定财产制是其他财产制发生的根据，非常财产制是普通财产制在特殊情况下的变通，共同财产制与分别财产制是夫妻财产制的两种最基本形态。在当今世界，促进夫妻平等、维护婚姻共同生活之圆满、保护第三人的利益及交易安全已成为夫妻财产制的立法原则和目的。当代夫妻

财产制立法的发展趋势是，吸收分别财产制与共同财产制的合理因素，把两种财产制相互结合，不是绝对的共同财产制，也不是绝对的分别财产制。

二、我国现行的夫妻财产制

《民法典婚姻家庭编》第1062条规定：“夫妻在婚姻关系存续期间所得的下列财产，为夫妻的共同财产，归夫妻共同所有：（一）工资、奖金、劳务报酬（增加）；（二）生产、经营、投资的（增加）收益；（三）知识产权的收益；（四）继承或者受赠的财产，但是本法第一千零六十三条第三项规定的除外；（五）其他应当归共同所有的财产。夫妻对共同财产，有平等的处理权。”

第1063条规定：“下列财产为夫妻一方的个人财产：（一）一方的婚前财产；（二）一方因受到人身损害获得的赔偿或者补偿（身体受到伤害获得的医疗费、残疾人生活补助费等费用）；（三）遗嘱或者赠与合同中确定只归一方的财产；（四）一方专用的生活用品；（五）其他应当归一方的财产。”

第1065条规定：“男女双方可以约定婚姻关系存续期间所得的财产以及婚前财产归各自所有、共同所有或者部分各自所有、部分共同所有。约定应当采用书面形式。没有约定或者约定不明确的，适用本法第一千零六十二条、第一千零六十三条的规定。夫妻对婚姻关系存续期间所得的财产以及婚前财产的约定，对双方具有法律约束力。夫妻对婚姻关系存续期间所得的财产约定归各自所有，夫或者妻一方对外所负的债务，相对人知道该约定的，以夫或者妻一方的个人财产清偿。”

从以上规定可见，我国现行夫妻财产制在总体上是法定财产制与约定财产制相结合，在法定财产制中是共同财产制与个人特有财产制相结合。

（一）法定财产制

我国现行法定财产制是夫妻共同财产制与夫妻个人特有财产制相结合的形式，《民法典婚姻家庭编》第1062条、1063条分别规定了夫妻共同财产和个人特有财产的范围。当然，对于夫妻个人财产，夫妻还可以通过约定来设定。如果没有约定，则采用法定财产制，即除了法定的个人特有财产外，其余属于夫妻共同财产。

1. 夫妻共同财产制

我国的法定夫妻共同财产制是婚后所得共同制，又称为夫妻共同财产制。它是指在婚姻关系存续期间，夫妻双方或一方所得的财产，除另有约定或法定夫妻个人特有财产外，均为夫妻共同所有，夫妻对共同所有的财产平等地享有占有、使用、收益和处分权利的财产制度。

夫妻共同财产，是指夫妻双方或一方在婚姻关系存续期间所得的，除另有约定或法定夫妻个人特有财产以外的共有财产。夫妻共同财产具有以下特征：

第一，夫妻共同财产所有权的主体，只能是具有婚姻关系的夫妻双方。由此决定了夫妻任何一方不能单独成为夫妻共同财产的所有权人，没有合法婚姻关系的男女双方如同居者，也不能作为夫妻共同财产的所有权人。

第二，夫妻共同财产所有权的取得时间，是婚姻关系存续期间，即合法婚姻从领取结婚证之日起，到配偶一方死亡或离婚生效时止。恋爱或订婚期间，不属婚姻关系存续期间。夫妻分居或离婚判决未生效的期间，仍为婚姻关系存续期间。

第三，夫妻共同财产的来源，包括夫妻双方或一方所得的财产，但另有约定或法律另有规定属于个人特有财产的除外。这里的“所得”，是指对财产所有权的取得，而非对财产必须实际占有。如果婚前已取得某财产所有权，即使该财产在婚后才实际占有，该财产仍不属于夫妻共同财产。相反，如婚后取得某财产权利，即使婚姻关系终止前未实际占有，该财产也属于夫妻共同财产。

同时具备三个特征的财产才属于夫妻共同财产。

（1）夫妻共同财产的范围。

根据《民法典婚姻家庭编》第1062条第1款的规定，在婚姻关系存续期间所得的下列财产，属于共同财产：

①工资、奖金、劳务报酬。工资是指作为劳动报酬按期付给劳动者的货币或实物，奖金是为了鼓励或表扬劳动者而给予的金钱或财物，劳务报酬是指个人在工作外独立从事各种劳务取得的报酬。《民法典婚姻家庭编》在2001年《婚姻法》修正案第17条的基础上增加了“劳务报酬”，扩大了夫妻共同财产的范围。

②生产、经营、投资的收益。生产、经营的收益是指配偶一方或双方以农村承包经营户的名义从事农副业生产活动，以个体工商户的名义从事工商业生产活动，以个人合伙的名义从事合伙经营，依法从事生产经营活动所获得的货币或实物。《民法典婚姻家庭编》在2001年《婚姻法》修正案第17条的基础上增加了“投资的收益”，是指投资公司股权、股票等收益，但只限于婚后投资，且一方投资应告知对方，双方共同协商决定。

③知识产权的收益。根据我国婚姻家庭法，知识产权的收益是指婚姻关系存续期间实际取得或已经明确可以取得的财产性收益。具体是指作品在出版、上演、播映后而取得的报酬，或允许他人使用而获得的报酬，专利权人转让专利权或许可他人使用其专利所取得的报酬，个体工商户或个人合伙的商标所有人转让商标权或许可他人使用其注册商标所取得的报酬。

④因继承或赠与所得的财产。因继承所得的财产是指依据继承法律的规定所继承的遗产，即在清偿了被继承人所欠的税款和债务后所剩余的财产。遗产包括公民个人的财产所有权、与所有权有关的财产权、债权、知识产权中的财产权，因此，因继承所取得的财产也不以所有权为限。因赠与所得的财产是指基于赠与合同而取得的财产。需要注意的是，并非所有继承或赠与所得的财产都是共同财产，遗嘱或赠与合同中确定只归一方所有的财产属于该方个人所有。

⑤其他应当归共同所有的财产。其他应当归共同所有的财产是指夫妻单独取得或共同取得的除了上述共同财产之外的财产。根据相关法律规定，是指一方以个人财产投资取得的收益，男女双方实际取得的住房补贴、住房公积金，男女双方实际取得或应当取得的养老保险金、破产安置补偿费。此外，对个人财产的孳息扣除有关税费以后所剩余的财产，如扣除利息税后的利息、一方所有的母畜生产的幼畜等情况；对个人财产加以

改善后所增加的价值部分，如夫妻双方在婚姻关系存续期间对一方婚前个人房屋进行修缮、装修、重建，该房屋的所有权仍属夫或妻一方，但因修缮、装修、重建而使该房屋增值的部分；夫妻共同所有的动产的添附；复员、转业军人所得的复员费、自主择业费等一次性费用，以夫妻婚姻关系存续年限乘以年平均值，所得数额为夫妻共同财产。需要特别注意的是：如果双方依法进行了结婚登记，不管当事人是否同居生活，之后所取得的财产一般均认定为夫妻共同财产。

（2）夫妻共同财产权的行使。

夫妻共同财产的性质是共同共有，因而夫妻双方对共同共有财产，应平等地享受权利和承担义务，不能根据夫妻双方收入的有无或高低，来确定其是否享有共有财产的所有权。夫妻双方对于共同财产享有平等的占有、使用、收益、处分的权利。

《民法典婚姻家庭编》第 1062 条规定："夫妻对共同财产，有平等的处理权。"这一条文应当理解为：第一，夫或妻在处理夫妻共同财产上的权利是平等的，因日常生活需要而处理夫妻共同财产的，任何一方均有权决定。第二，夫或妻非因日常生活需要对夫妻共同财产作重要处理决定，应当与对方平等协商，取得一致意见。他人有理由相信为夫妻双方共同意思表示的，另一方不得以不同意或不知道为由对抗善意第三人。由此给配偶造成的损失，应由擅自处分财产的配偶一方予以赔偿。

夫妻对共同财产平等地享有权利，平等地承担义务。夫妻共同生活的费用，应以夫妻共同财产负担，共同财产不足负担时，由夫妻双方以个人财产分担。夫妻为共同生活或为履行抚养、赡养义务等所负债务，为夫妻共同债务，应当以夫妻共同财产清偿，夫妻双方应承担连带责任。

（3）夫妻共同财产制的终止。

夫妻共同财产制因离婚或夫妻一方死亡而终止，也可因其他原因，如改采用其他夫妻财产制而终止。夫妻共同财产制终止，意味着夫妻共同财产关系消灭，从而发生夫妻共同财产的分割。因一方死亡而终止夫妻共同财产制时，夫妻共同财产的分割，按照我国继承法律规定的夫妻在婚姻关系存续期间所得的共同所有的财产，除有约定的以外，如果分割遗产，应当先将共同所有的财产的一半分出为配偶所有，其余的为被继承人的遗产。因离婚而终止夫妻财产制时，夫妻共同财产的分割按照《民法典婚姻家庭编》第 1087 条的有关规定处理。

（4）婚内夫妻共同财产的分割。

《民法典婚姻家庭编》第 1066 条将 2011 年《最高人民法院关于适用〈中华人民共和国婚姻法〉若干问题的解释（三）》之规定上升为法律条文，明确婚内夫妻财产分割的具体情形："婚姻关系存续期间，有下列情形之一的，夫妻一方可以向人民法院请求分割共同财产：（一）一方有隐藏、转移、变卖、毁损、挥霍夫妻共同财产或者伪造夫妻共同债务等严重损害夫妻共同财产利益的行为；（二）一方负有法定扶养义务的人患重大疾病需要医治，另一方不同意支付相关医疗费用。"

一般情况下，婚内请求分割夫妻共同财产不被允许。只有符合一定条件，夫妻一方才可以向人民法院请求分割共同财产。根据《民法典婚姻家庭编》第 1066 条规定，夫妻一方有隐藏、转移、变卖、毁损、挥霍夫妻共同财产的行为，有伪造夫妻共同债务的

行为，或有赌博、吸毒、包二奶等行为，另一方可以请求分割共同财产；一方负有法定扶养义务的人患重大疾病需要医治，而另一方不同意支付相关医疗费用的，可以请求分割共同财产。此处的“法定扶养义务的人”，是指自己、父母、子女及其他法律规定有抚养、赡养义务的人。所谓“重大疾病”的情形，可以借鉴我国卫生健康委员会的《婚前保健工作规范》之规定。

2. 夫妻个人特有财产制

夫妻一方财产也叫夫妻个人特有财产，是指夫妻在婚后实行共同财产制时，依据法律的规定或夫妻双方的约定，各自保留的一定范围的个人所有财产。夫妻个人特有财产包括法定和约定两部分。法定的夫妻特有财产是指夫妻一方婚前个人享有所有权的财产和在婚姻关系存续期间取得的并依法应当归夫妻一方所有的财产。《民法典婚姻家庭编》第1063条的“夫妻一方的个人财产”，就是指法定的夫妻特有财产。约定的夫妻特有财产是指夫妻双方在婚姻关系存续期间，约定属于夫或妻一方所有的财产。

夫妻个人特有财产的性质属于公民个人财产的范畴，依法受法律保护。我国《民法典总则编》规定，公民的合法财产受法律保护。根据这一法律规定，婚姻家庭法确立夫妻个人特有财产权制度，是对公民个人在婚姻家庭中合法财产权益的承认和维护，即公民个人的财产所有权不应因该公民的结婚而丧失，法律仍应给予承认和保护。

（1）法定夫妻特有财产的范围。

依据《民法典婚姻家庭编》第1063条的规定，夫妻特有财产包括以下财产：

①夫妻一方所有的婚前财产。夫妻一方所有的婚前财产，是指结婚以前夫妻一方就已经享有所有权的财产，包括夫妻单独享有所有权的财产，也包括夫妻一方与他人共同享有所有权的财产；包括婚前个人劳动所得的财产，通过继承、受赠和其他合法收入、个人出资购置的结婚物品以及一方婚前财产在婚后所得的孳息等。

②一方因受到人身损害获得的赔偿或者补偿。根据《民法典》规定，侵害公民身体造成伤害的，应当赔偿医疗费、因误工减少的收入、残疾人生活补助费等费用。法律这样规定，是出于保护公民个人身体健康权的需要。公民的身体健康权属于人格权的一种，与公民个人的人身具有密不可分性，因此，一旦公民的身体健康权受到侵害，受害者本人有权要求侵权行为人承担民事赔偿责任，依法获得相应的医疗费、残疾人生活补助费等费用。由于这类费用是公民因个人身体健康受到伤害所依法获得的赔偿或补偿，理所应当归受到伤害的公民个人所享有。在婚姻关系存续期间，夫妻一方的身体健康受到伤害，依法所获得的医疗费、残疾人生活补助费等费用，同样也只能归受伤害者本人所有。

③遗嘱或赠与合同中指明归一方的财产。我国《民法典继承编》第1133条规定：“自然人可以立遗嘱将个人财产指定由法定继承人的一人或者数人继承。自然人可以立遗嘱将个人财产赠给国家、集体或者法定继承人以外的组织、个人。”依照该条法律规定，作为被继承人的自然人在生前可以按照其个人意愿依法以遗嘱方式处分其个人财产，指定遗嘱继承人或受遗赠人。如果被继承人在遗嘱中指明了其遗产只归已婚的夫或妻一方继承或者受遗赠，夫或妻一方便享有所继承或受遗赠的财产所有权。《民法典合同编》第657条规定：“赠与合同是赠与人将自己的财产无偿给予受赠人，受赠人表示

接受赠与的合同。”由于赠与合同是赠与人与特定的受赠人之间达成的协议，所赠与财产的所有权只能转移给特定的受赠人，因此，如果赠与人在赠与合同中指明其将某项财产赠与给已婚的夫或妻一方，则所赠与的财产就应当属于夫或妻一方。

④一方专用的生活用品。一方专用的生活用品，是指婚后以夫妻共同财产购置的供夫或妻个人使用的生活消费品，如衣物、饰物等。由于这类财产在使用价值方面具有特殊性，不是夫妻双方通用或者共用的生活用品，所以应属于夫或妻一方个人所有。

⑤其他应当归一方所有的财产。其他应当归一方所有的财产，是指依照其他有关法律规定而归属于特定行为人本人享有所有权的财产。夫妻在社会生活中参与的社会关系是多样的，因而可能会以其不同行为取得不同的财产所有权。如，夫妻一方因参与体育竞赛活动而荣获奖杯、奖牌，这类物品记载着优胜者的荣誉权，其财产所有权应当归享有该项荣誉权的夫或妻一方。

根据我国现行婚姻家庭法律精神，认定夫妻个人特有财产时还要注意以下几点：

第一，《民法典婚姻家庭编》第 1063 条规定为夫妻一方所有的财产，不因婚姻关系的延续或共同使用、管理而转化为夫妻共同财产。但当事人另有约定的除外。

第二，原为夫妻一方的婚前个人财产，在婚姻关系存续期间虽然已经投入婚姻家庭生活所用，但该财产的原物形态仍保持，并未毁损、消耗、灭失的，仍为夫妻一方的个人财产。夫妻一方将婚前个人财产投入婚姻家庭生活所用，并已被消耗完或毁损、灭失的，该方不得主张用夫妻共同财产加以补偿或抵偿。

第三，从公平原则出发，婚后购置的贵重首饰、价值较大的图书资料、健身器以及汽车等生活、生产资料，虽属个人使用，也应视为夫妻共同财产。如果将来需要分割，为方便生活，可将这些物品归使用方所有，使用方再对他方予以作价补偿。

第四，婚后一方取得的尚未获得经济利益的知识产权，属于个人所有。

第五，婚姻关系存续期间，复员军人的复员转业费、从部队带回的医药补助费、伤亡保险金、伤残保险金、回乡生产补助费等，属于个人财产。

（2）夫妻对特有财产的权利义务。

夫妻特有财产是夫妻婚后依法或依约定保留的个人所有财产。对此，夫妻一方可依自己的意愿独立行使占有、使用、收益和处分的权利，无须征得对方同意；同时，对婚姻关系存续期间夫妻一方所负的个人债务及其特有财产所生债务等，均应由其特有财产负担清偿责任。

（二）约定财产制

夫妻约定财产制是指婚姻当事人通过协议的方式对其婚前、婚后的财产的归属、占有、使用、收益、处分、管理等权利加以约定的法律制度。

《民法典婚姻家庭编》第 1065 条规定：“男女双方可以约定婚姻关系存续期间所得的财产以及婚前财产归各自所有、共同所有或者部分各自所有、部分共同所有。约定应当采用书面形式。”

1. 夫妻财产约定必须具备的条件

（1）约定的主体即夫妻双方必须具有完全民事行为能力。

夫妻财产约定属重大民事行为，订立夫妻财产约定的当事人必须具备相应的民事行为能力。民事行为能力是指当事人以自己的行为取得民事权利、承担民事义务的资格。确定一个人是否具备民事行为能力，一看其年龄是否符合，二看其智力发育水平是否正常。我国法定结婚年龄高于成年年龄，禁止未成年人的父母或者其他监护人为未成年人订立婚约。因此，具有正常心智且具有完全民事行为能力的婚姻当事人，才能订立夫妻财产约定。

限制民事行为能力人或无民事行为能力人，依法不能订立夫妻财产约定，其夫妻财产关系只能依法适用法定夫妻财产制。但是，夫妻双方在心智正常情况下订立了夫妻财产约定，事后一方丧失了完全或部分民事行为能力的，不影响原先已订立的夫妻财产约定的法律效力。

（2）当事人意思表示真实。

意思表示真实是指当事人在意志自由并能认识到自己意思表示法律效果的前提下，内心想法与外部表达相一致的状态。意思表示真实时订立的夫妻财产约定，对当事人双方才产生法律效力。一方以欺诈、胁迫、乘人之危等不正当手段干涉另一方当事人的认识或者意志，导致其意思表示不真实，因此而订立的约定不产生效力。

（3）约定的内容必须合法、合乎社会公德，不得规避养老育幼的法定义务，不得损害他人利益。

我国《民法典》规定，民事法律行为不得违反法律和社会公共利益，必须合乎社会公德。作为一种民事行为，夫妻财产约定的行为当然也要遵守民事法律的相关规定。实践中，夫妻双方以规避法律义务或逃避对第三人偿还债务为目的订立的夫妻约定财产制协议，因内容违法或损害第三人合法权益，应认定其无效。

（4）夫妻财产约定必须采用书面形式。

《民法典婚姻家庭编》第1065条第1款规定："夫妻财产约定应当采用书面形式。"书面形式是一种要求用书面文件的方式进行意思表示的形式。夫妻财产约定形式具有法律意义，《民法典婚姻家庭编》规定夫妻财产约定应当采用书面形式，没有书面约定或者约定不明确的，适用《民法典婚姻家庭编》第1062条、第1063条的规定，即采用法定财产制。

法律规定我国夫妻财产制约定应当采用书面形式，这实际上是在排除采用口头形式及其他形式。实践中，夫妻间如果达成了财产协议，却未采用书面形式，该协议依法不发生法律效力。

2. 夫妻财产约定的内容

夫妻财产约定的内容，包括对夫妻婚前财产和婚姻关系存续期间财产的约定。对夫妻财产的约定，当事人可以选择夫妻双方婚前和婚后的全部财产均为夫妻共同共有财产，也可以是夫妻婚前财产和婚后所得财产全部为个人财产，还可以是一定范围的财产归夫妻双方共同所有，其他财产为个人所有。我国的约定财产制中，当事人只能在法定的三种财产制度中选择一种，其约定才能产生法律效力；否则，其约定无效，当事人仍适用法定财产制。

3. 夫妻财产约定的时间

我国婚姻家庭法对夫妻订立财产约定的时间无限制，可以是婚前，也可以是婚后或结婚登记时，约定订立之后还可以变更、废止。

4. 夫妻财产约定的效力

法律效力亦称法律效果，是指法律行为依法成立后产生的法律约束力。根据《民法典婚姻家庭编》第 1065 条规定："没有约定或者约定不明确的，适用本法第一千零六十二条、第一千零六十三条的规定。"因此，约定财产制的效力高于法定财产制，有约定的从约定，无约定的或约定无效的从法定。

（1）对婚姻当事人的效力。

《民法典婚姻家庭编》第 1065 条规定："夫妻对婚姻关系存续期间所得的财产以及婚前财产的约定，对双方具有法律约束力。"依法订立的夫妻财产约定，受国家法律保护，对婚姻当事人双方都有法律约束力，夫妻双方都必须依约定行使财产权利和履行财产义务，夫妻财产利益的分配必须按照有效约定进行。我国《民法典总则编》第 136 条规定："民事法律行为自成立时生效……行为人非依法律规定或者未经对方同意，不得擅自变更或者解除民事法律行为。"任何一方违背约定，均应承担相应的违约责任。必须注意，婚前订立的夫妻财产约定，依法应自婚姻成立之时起生效。婚后订立的财产约定，只能自订立之日起生效，约束以后的夫妻财产关系，订立约定以前的财产关系适用法定财产制或原约定财产制。夫妻订立了约定财产制的协议后，如果要变更或撤销该协议，必须经双方同意。

（2）对第三人的效力。

《民法典婚姻家庭编》第 1065 条规定："夫妻对婚姻关系存续期间所得的财产约定归各自所有，夫或者妻一方对外所负的债务，相对人知道该约定的，以夫或者妻一方的个人财产清偿。"即只有相对人知道夫妻财产约定的，该约定才能对该相对人产生对抗效力；否则，该财产约定只在婚姻内部有效，对外不产生对抗效力。在对相对人是否知道夫妻财产约定问题发生争议时，由婚姻当事人负举证责任。

在夫妻财产制上，自 2001 年《婚姻法》修正案施行后，当事人原订立的约定，符合修正案要求的，继续有效；不符合修正案规定的，必须依法改采书面形式才能有效。

三、夫妻有相互扶养的权利和义务

（一）夫妻相互扶养的概念

扶养是指一定亲属之间相互供养和扶助的一种行为。根据我国婚姻家庭法的立法精神，不同身份、不同辈分亲属之间的相互供养是有区别的，扶养被进一步区分为抚养、扶养和赡养。抚养是长辈亲属对晚辈亲属的供养和扶助，扶养是夫妻之间、兄弟姐妹等平辈亲属间的供养和扶助，赡养是晚辈亲属对长辈亲属的供养和扶助。在亲属法上，扶养的权利、义务发生在特定的亲属之间，扶养人与被扶养人之间具有一定的身份关系。

夫妻之间相互扶养的权利和义务，就是基于合法配偶身份而产生的，它具体是指夫妻之间依法应当相互供养和相互扶助，否则，要承担法律责任。

《民法典婚姻家庭编》第1059条规定："夫妻有相互扶养的义务。需要扶养的一方，在另一方不履行扶养义务时，有要求其给付扶养费的权利。"这里的扶养，指夫妻相互之间在经济上供养对方，在精神上安慰对方，在日常生活中扶助和照顾对方，主要指物质上的帮助和生活上的照料。在婚姻关系中，夫妻之间共同生活，密不可分，相互扶养既是婚姻关系的必然要求，也是男女之间婚姻关系和婚姻生活的主要表现。因此，通常情况下夫妻之间的相互扶养不成问题，但在一方无固定收入或无收入、缺乏生活来源时，或一方由于年老患病等原因需要扶养时，夫妻之间相互扶养的法律规定就显得尤其有意义，它一方面可以促使扶养义务方自觉履行扶养义务，另一方面又对需要扶养的扶养权利方提供了法律保障。

相互扶养是由夫妻人身关系而产生的一个重要的财产关系。扶养作为一种法律行为，夫妻之间互为权利人和义务人，而且夫妻双方的权利义务是对等的，一方扶养权利的实现，以另一方履行扶养义务为前提。如果一方应当履行扶养义务而不履行义务，享有权利的一方则有权要求对方履行义务，给付扶养费。对于法院生效的扶养费给付判决，义务人拒不履行的，享有权利的一方可以请求人民法院强制执行。因此，法律关于夫妻相互扶养的规定具有强制性，义务人必须履行，否则要承担相应的法律责任。

当然，夫妻之间扶养权利的享有和扶养义务的履行，也是有条件的，即以权利人需要扶养，义务人有扶养的能力为限。对于现实生活中妇女仍存在自我扶养不足的情况，还需要法律的特殊保护。

（二）正确理解夫妻相互扶养的权利和义务

(1) 夫妻之间的扶养权利和义务，是夫妻身份关系所导致的必然结果。夫妻一方向对方所负的扶养义务，就是接受方的扶养权利。夫妻之间的扶养权利和义务是平等的，任何一方不得只享有接受扶养的权利而拒绝承担扶养对方的义务。

(2) 夫妻之间接受扶养的权利和履行扶养对方的义务，是以夫妻合法身份关系的存在为前提条件的。现实生活中，不论婚姻的实际情形如何，当事人的感情好坏，扶养权利和义务始于婚姻缔结之日，消灭于婚姻终止之时。无合法身份关系的同居关系，不产生扶养义务。

(3) 夫妻之间的扶养义务，其内容包括夫妻之间相互为对方提供经济上的供养和生活上的扶助。表现在正常状态下，夫妻共同生活应互相照顾、互相帮助和扶养；在特殊情况下，夫妻一方年老、患病或丧失劳动能力、失去自理能力或没有固定收入情况下，对方有扶养义务，不得虐待或遗弃。

(4) 夫妻之间的扶养义务，具有法律上的强制性，不得以约定形式改变这种法定义务。在具体运作上，基于夫妻关系的特殊性，应以当事人自我调节为主，以自觉履行为普遍；以法律干预为辅助，以司法救济为例外。

（三）违反夫妻间扶养义务的法律后果

当夫妻一方没有固定收入和缺乏生活来源，或者无独立生活能力或生活困难，或因患病、年老等原因需要扶养，另一方不履行扶养义务时，需要扶养的一方有权要求对方承担扶养义务，给付扶养费，以维持其生活。

当夫妻间因履行扶养义务问题发生争议时，需要扶养的一方可以向人民调解组织提出调解申请，也可以向人民法院提起民事诉讼，要求有扶养义务的另一方履行扶养义务。人民法院对此类案件要做好调解工作，调解不成的，可根据夫妻双方的具体情况，判决义务人履行扶养义务；必要时，可根据当事人的申请裁定先予执行。人民法院审理扶养纠纷所作出的调解书、判决书，均具有强制执行的法律效力。夫妻一方不履行法定的扶养义务，情节恶劣，后果严重的，构成遗弃罪，承担刑事法律责任，同时也不免除其应当继续承担的扶养义务。

四、夫妻有相互继承遗产的权利

（一）对夫妻遗产继承权的法律保护

夫妻遗产继承权是婚姻效力的表现之一，它派生于配偶身份关系，是夫妻之间权利义务不可缺少的内容。《民法典婚姻家庭编》第 1061 条规定："夫妻有相互继承遗产的权利。"《民法典继承编》第 1127 条规定："遗产按照下列顺序继承：（一）第一顺序：配偶、子女、父母；……"

夫妻互享遗产继承权，是男女平等原则的重要体现，是继承权男女平等的原则在夫妻关系中的反映。《妇女权益保障法》第 34 条规定："妇女享有的与男子平等的财产继承权受法律保护。在同一顺序法定继承人中，不得歧视妇女。"体现了我国法律特别注意保护妇女享有继承其配偶遗产的合法权利。根据《民法典》的立法精神，凡是侵害夫妻合法继承权的，应当承担民事责任。侵害妻方合法继承权的，还必须执行《妇女权益保障法》第 56 条的规定："侵害妇女的合法权益，……造成财产损失或者其他损害的，依法承担民事责任；构成犯罪的，依法承担刑事责任。"

（二）夫妻遗产继承权的主要内容

根据我国《民法典婚姻家庭编》《妇女权益保障法》《民法典总则编》以及《民法典继承编》的有关规定，夫妻遗产继承权主要包含以下内容：

（1）夫妻间的遗产继承权是以婚姻关系的存在为前提的。继承权带有强烈的身份性，夫妻继承权以夫妻身份关系为前提，男女双方只有具有合法的夫妻关系，相互之间才能享有继承权；至于无合法夫妻关系的通奸、姘居、重婚、无效婚姻的当事人之间，均不享有夫妻间的遗产继承权。同时，在继承开始之前，婚姻关系就已经解除，存活的原配偶也无继承权。因此，配偶继承权实际上是一种身份财产权。

（2）夫妻互为对方的第一顺序法定继承人，享有同等的继承权。我国继承法律将配偶、子女、父母同列为第一顺序的法定继承人，夫或妻是对方遗产的第一顺序继承人之一。在具体的继承程序开始后，被继承人有子女、父母的，则生存配偶应与其子女、父母共同继承死者遗产；如被继承人除配偶外没有其他第一顺序法定继承人，或其他第一顺序法定继承人全部放弃继承或全部被剥夺了继承权，则其遗产由生存配偶一人继承。实践中需要注意，配偶继承权只因双方登记结婚而产生，不受婚姻关系存续时间长短的影响，即只要夫妻双方登记结婚，无论同居的时间长或短，甚至是尚未同居的，配偶一方死亡，另一方都基于夫妻身份而享有遗产继承权，只是在划分遗产份额时，可根据同居时间的长短和所尽义务的多少酌情处理。

（3）夫妻相互继承遗产，在确定遗产范围时，应区分个人财产和夫妻共同财产。根据法律规定，死亡配偶遗留的个人财产才是遗产，它一般包括死者婚前的个人财产、属于其个人所有的特有财产、夫妻共同财产中属于死亡配偶的份额，以及家庭共同财产中属于死者的份额。在确定遗产的范围，进行遗产分割时，不能将夫妻共同财产当作死者的遗产继承，否则，就侵犯了生存配偶一方的合法权益。因此，在继承开始前，应首先对家庭共同财产和夫妻共同财产进行分割，然后再确定遗产的范围并进行分割。

（4）夫妻一方继承另一方遗产，应清偿死亡一方依法应当缴纳的税款和债务，缴纳税款和清偿债务以遗产的实际价值为限。超过遗产实际价值的死亡配偶的个人债务，生存配偶不必清偿，自愿代为偿还的除外。

（5）遗嘱继承的，应当为缺乏劳动能力又没有生活来源的配偶保留必要的遗产。最高人民法院《关于贯彻执行〈中华人民共和国继承法〉若干问题的意见》第37条规定，遗嘱人未保留缺乏劳动能力又没有生活来源的继承人的遗产份额，遗产处理时，应当为该继承人留下必要的遗产，所剩余的部分，才可参照遗嘱确定的分配原则处理。

（6）夫妻一方死亡后，另一方无论再婚与否，均有权处分继承所得的遗产，任何人不得干涉。

学习与思考：

1. 婚姻的法律效力。
2. 夫妻在人身方面有何权利和义务？
3. 夫妻在财产方面有何权利和义务？
4. 如何理解同居是夫妻间的本质性义务？
5. 如何理解夫妻忠实义务？
6. 正确理解夫妻日常家事代理权。
7. 夫妻间的扶养义务如何表现？
8. 婚内夫妻共同财产分割应具备什么条件？

第六章　父母子女关系和其他近亲属关系

我国法律意义上的家庭关系，是指夫妻、父母子女、兄弟姐妹及祖父母、外祖父母与孙子女、外孙子女等亲属之间的权利义务关系。由此可见，亲属身份是法律意义上的家庭关系发生的前提和表现。由于在日常生活中，亲属之间往往组成家庭，共同生活，相互扶养，所以法律上将他们之间的权利义务关系称为家庭关系。这里的家庭，通常是指由一定范围内的亲属构成的共同生活的单位或组织。家庭关系是指家庭成员间基于亲情，在共同生产、生活、扶养等过程中形成的关系。

婚姻家庭法将家庭关系分为四种：夫妻关系，父母子女关系，兄弟姐妹关系，祖父母、外祖父母与孙子女、外孙子女关系。夫妻关系因男女双方的婚姻行为而产生，夫妻是构成家庭最基本的成员，因而夫妻关系是家庭关系的核心。父母子女关系是基于生育或法律拟制而产生，是家庭关系中较为普遍的一种。兄弟姐妹、祖孙之间虽是亲属，但其权利义务关系须在一定条件下才能发生。

婚姻家庭法未将姻亲关系列入家庭关系的范围。但法律规定，结婚后经约定，男方可以成为女方家庭的成员，女方可以成为男方家庭的成员，使现实生活中常常存在直系姻亲间共同生活在同一家庭的现象。在我国继承法律中也规定，丧偶儿媳对公婆、丧偶女婿对岳父母尽了主要赡养义务的，作为第一顺序的法定继承人。因此，姻亲之间如果存在着事实上的扶养关系，应认定为特殊的家庭关系。

家庭成员往往是共同居住、共同生活的，但是否共同生活，并不影响他们之间权利义务关系的存在。也就是说，家庭成员即使不生活在一起，也存在法律意义上的家庭关系。如，成年子女结婚后离开父母，另组家庭，与父母分开居住，但父母子女间的权利义务关系仍然存在；对非婚生子女，他们往往随生母生活，但如果一旦确认与生父的身份关系，即使他们没有随生父生活，仍然有要求生父抚养的权利，以及对生父遗产继承的权利。

第一节 父母子女关系

一、父母子女关系的概念和种类

（一）父母子女关系的概念

父母子女关系，即亲子关系。在法律上是指父母和子女之间的权利、义务关系。父母和子女是血缘最近的直系血亲，是家庭关系的重要组成部分。

父母子女关系法，也称亲子法。它是指调整父母子女亲属关系的法律规范，是亲属法的一个重要组成部分。

（二）父母子女关系的法定种类

根据我国婚姻家庭法的规定，父母子女关系可分为两大类：

（1）自然血亲的父母子女关系。这是基于子女出生的法律事实而发生的，其中包括生父母和婚生子女的关系、生父母和非婚生子女的关系。其特点为：自然血亲的父母子女关系，只能因依法送养子女或父母子女一方死亡的原因而终止。在通常情况下，他们之间的相互关系是不允许解除的。

（2）拟制血亲的父母子女关系。这是基于收养或再婚的法律行为以及事实上抚养关系的形成，由法律认可而人为设定的。包括养父母和养子女的关系、继父母和受其抚养教育的继子女的关系。其特点为：拟制血亲的父母子女关系，可因收养的解除或继父（母）与生母（父）离婚及相互抚养关系的变化而终止。

二、父母子女间的权利义务

父母子女间的法律地位不是一成不变的，而是随着社会形态的更替在不断地发展变化。从历史的角度来看，父母子女间的关系经历了一个从以家族为本位向以个人为本位的转变过程。

在奴隶和封建社会，亲子关系以家族为本位。父母子女关系完全从属于宗法家族制度，父权、夫权和家长权是三位一体的。在资本主义社会，亲子关系以个人为本位，并设置了亲权制度，规定了父母子女间的权利义务，而且对父母双方的亲权在原则上作出了平等的规定。

在社会主义国家，法律确立了父母子女间平等互助、养老育幼的关系；法律同时保护父母和子女的合法权益。我国《民法典》对父母子女关系作了明确的规定。

（一）父母对子女的权利和义务

《民法典总则编》第 26 条规定：“父母对未成年子女负有抚养、教育和保护的义务。”

《民法典婚姻家庭编》第 1067 条规定：“父母不履行抚养义务的，未成年子女或者不能独立生活的成年子女，有要求父母给付抚养费的权利。”

1. 父母对子女有抚养的权利和义务

（1）抚养的内容。抚养的内容，包括父母在物质上、经济上对子女的养育和照料。父母给付子女抚养费的范围，包括子女的生活费、教育费、医疗费等费用。同时，父母还应当在生活上照管子女。这些都是子女健康成长的物质基础，也是父母对子女履行义务的主要内容。

（2）抚养的条件。父母对未成年子女的抚养是无条件的。除了法律另有规定外，如依法被送养的子女，被视为具有完全民事行为能力的、以自己的劳动收入作为主要生活来源并能维持当地一般生活水平的 16～18 周岁的子女等，在通常情况下该义务是不能免除的。

父母对成年子女的抚养则是有条件的。根据我国婚姻家庭法律规定，对于不能独立生活的成年子女，有下列情形之一，父母又有给付能力的，仍应负担必要的抚养费：一是尚在校接受高中及其以下学历教育的成年子女，二是丧失或未完全丧失劳动能力等非因主观原因而无法维持正常生活的成年子女。在此应当明确，“不能独立生活的成年子女”的范围不包括“正在读大学的成年子女”。但是，对于已有独立生活能力的成年子女，父母自愿给予经济援助的，法律并不干预。

（3）抚养的期限。父母抚养子女的期限，自子女出生时起，至子女能够独立生活时为止。在一般情况下，父母对子女的抚养至 18 周岁。

（4）违反抚养义务的法律后果。现实生活中，父母不履行抚养义务，未成年子女和不能独立生活的成年子女的受抚养权被侵犯，他们有向父母追索抚养费的权利。追索抚养费可以经抚养义务人所在单位或有关部门调解，或直接向人民法院提起追索抚养费之诉。人民法院应根据子女的需要和父母的抚养能力，通过调解或判决方式，确定抚养费的数额、给付期限和方法。对拒不履行抚养义务、恶意遗弃未成年子女，情节恶劣、构成犯罪的父母，应依法追究其遗弃罪的刑事责任。

2. 父母对子女有教育的权利和义务

《民法典婚姻家庭编》第 1068 条规定：“父母有教育未成年子女的权利和义务。未成年子女造成他人损害的，父母应当依法承担民事责任。”

（1）父母对子女的教育。教育是指父母在思想品德上对子女的关怀和培养，引导其树立正确的观念与高尚的品德，使其成为对社会有用的人。父母作为子女的第一任老师，应当从思想上关心子女，要以爱祖国、爱科学、爱护公共财物、遵纪守法、遵守社会公德的思想教育子女，将子女培养成德、智、体、美、劳全面发展的人。根据《预防未成年人犯罪法》的规定，未成年人的父母对未成年人的法制教育负有直接责任，父母不得迫使其离家出走，或放弃监护职责。根据《义务教育法》的规定，凡年满6周岁的儿童，其父母应当送其入学接受并完成义务教育，不得以任何借口侵害子女接受法定义务教育的权利。根据2020年3月20日中共中央国务院《关于全面加强新时代大中小学劳动教育的意见》之规定，为构建德智体美劳全面培养的教育体系，要加强新时代大中小学劳动教育。其中，家庭要发挥在劳动教育中的基础作用。父母要注重抓住衣食住行等日常生活中的劳动实践机会，鼓励孩子自觉参与，自己动手掌握洗衣做饭等必要的家务劳动技能，每年有针对性地学会1至2项生活技能。鼓励学校（家委会）和社区等组织开展学生生活技能展示活动。学生参加家务劳动和掌握生活技能的情况要按年度记入学生综合素质档案。鼓励孩子利用节假日参加各种社会劳动。家庭要树立崇尚劳动的良好家风，家长要通过日常生活的言传身教、潜移默化，让孩子养成从小爱劳动的好习惯。

父母对子女的教育，还包括父母按照国家法律和社会公德的要求，采用正确、适当的方法，对子女加以必要的管理、约束，使他们在思想上、品德上得以健康成长。

（2）父母为未成年子女承担民事责任。根据《民法典》的规定，在未成年子女对国家、集体或他人造成损害时，父母有承担民事责任的义务。承担民事责任的方式有停止侵害、排除妨碍、返还财产、恢复原状、赔偿损失、支付违约金、消除影响、恢复名誉、赔礼道歉等。根据相关立法精神，当未成年子女致人损害时，无论是给他人造成经济损失还是精神损害，父母均应承担民事责任。对于已成年但未独立生活的子女给国家、集体或他人造成损害时，应当由本人承担民事责任，必要时可以由行为人延期给付。

3. 父母对子女有保护的权利和义务

《民法典》第27条规定："父母是未成年子女的监护人。"第1068条规定："父母有保护未成年子女的权利和义务。"

父母对子女的保护，是指父母防范和排除来自自然界或社会对未成年子女人身或财产权益的非法侵害。父母是未成年子女的法定监护人，当未成年子女的人身或财产权益遭受他人侵害时，父母有权以法定代理人的身份提起诉讼，请求排除侵害、赔偿损失。在子女从事与其年龄不相称的民事活动时，应当由父母代理或取得父母同意。当不满14周岁的子女被人拐骗、脱离家庭或监护人时，父母有权要求司法机关追究拐骗者的刑事责任，归还子女。

（二）子女对父母的权利和义务

《民法典总则编》第26条规定："成年子女对父母负有赡养、扶助和保护的义务。"

《民法典婚姻家庭编》第1067条第2款规定："成年子女不履行赡养义务的，缺乏劳动能力或者生活困难的父母，有要求成年子女给付赡养费的权利。"

从法律规定来看，父母子女间的权利义务是对等的。当父母年老体弱时，子女应尽赡养、扶助和保护父母的义务。养老育幼是我国的传统美德，它是建立在亲子关系平等的基础上的。

1. 赡养、扶助和保护的内容

成年子女对父母有赡养、扶助和保护的义务。赡养，指子女在物质上、经济上为父母提供必要的生活费用和条件。扶助，指子女给予父母精神上的安慰和生活上的照料，如患病陪床、提供医疗费用和生活费用、给老年人提供必要的居住条件等。保护，指子女对父母的人身权益和财产权益的保护。

2. 赡养、扶助的条件和期限

子女对于年迈体衰、丧失劳动能力、生活确有困难的父母，必须自觉地履行赡养义务，使老人安度晚年。

子女赡养扶助父母是无期限的，只要父母需要赡养扶助，子女就应继续履行这一义务，直到父母死亡为止。不管子女是否与父母居住在一起，都应根据父母的实际需要，承担经济责任。有多个子女的，可以根据他们的经济状况，共同承担对父母的经济责任。

3. 赡养费的支付

赡养费的支付方式，可以根据不同情况，采取按期或定期给付现金；无固定收入的，可以按收益季节支付现金或实物。赡养费数额的多少，既要根据义务人一方的经济负担能力，又要照顾父母一方的实际生活需要。一般讲，应不低于子女本人或当地的平均生活水平，以保障老人的生活需要。

4. 赡养义务的法律后果

现实生活中，成年子女不履行赡养义务的，缺乏劳动能力或者生活困难的父母可以直接向子女索要赡养费，也可以请求有关组织调解，说服子女给付；父母还可以直接通过诉讼程序，向人民法院提起追索赡养费的诉讼。人民法院应当根据父母的实际需要和子女的经济负担能力，通过调解或判决方式，确定赡养费的数额和给付办法。子女有能力赡养而拒绝赡养父母，情节恶劣的，应依法追究其遗弃罪的刑事责任。

同时，根据《民法典婚姻家庭编》第1069条规定："子女应当尊重父母的婚姻权利，不得干涉父母离婚、再婚以及婚后的生活。子女对父母的赡养义务，不因父母的婚姻关系变化而终止。"实践中，有的子女以父母再婚为由，拒绝赡养老人，这种做法是违法的。以父母再婚为由拒绝赡养老人的，实际上侵犯了老人的婚姻自主权，老人再婚，与子女的血缘关系仍然存在，子女的赡养义务并不由此而消除。

（三）父母和子女有相互继承遗产的权利

《民法典婚姻家庭编》第1070条规定："父母和子女有相互继承遗产的权利。"这一权利是基于双方的特定身份而产生的。

依照我国继承法律，子女和父母互为第一顺序的法定继承人。父母子女均为独立的继承主体，具体而言，子女包括婚生子女、非婚生子女、养子女和有抚养关系的继子女，父母包括生父母、养父母和有抚养关系的继父母。形成抚养关系的继子女和继父母，为拟制直系血亲，继子女继承了继父母遗产的，仍可以继承生父母的遗产。但是，继子女如果已经依法被继父或继母收养，则不得继承不与其共同生活的生父或生母的遗产。

实践中，有的子女以放弃继承权为由，拒绝赡养老人，这种做法也是违法的。根据法律规定，子女享有继承权并非尽义务的必然结果，而且，放弃继承权只能在父母死亡，继承开始后才能生效，父母生存期间是不能放弃继承权的。

第二节 婚生子女

一、婚生子女的概念和法律地位

（一）婚生子女的概念

婚生子女，是指在合法婚姻关系存续期间受胎或出生的子女。人类社会进入一夫一妻的婚姻制度后，生育行为就开始由法律来调整。

婚生子女应当具有三个条件：

（1）该子女应为具有合法配偶身份的男女所生；

（2）该子女的血缘来自具有合法配偶身份的男女双方；

（3）该子女出生于合法的婚姻关系存续期间或婚姻关系消灭后的法定期限内。

（二）婚生子女的法律地位

婚生子女具有以下法律地位：父母对未成年子女有抚养教育和保护的权利和义务，对不能独立生活的成年子女有抚养教育的义务；已独立生活的成年子女对父母有赡养扶助的义务；父母和子女有相互继承遗产的权利。

近现代以来，法律区分婚生子女和非婚生子女的目的，更多的是保障婚姻当事人的合法权益以及未成年人的利益。

二、婚生子女的推定和否认

（一）婚生子女的推定

婚生子女推定，是指凡在婚姻关系存续期间，妻子受胎所生的子女，可推定为婚生子女。但这种推定仅仅是一种法律上的推定，其结果不一定是客观事实。妻子在婚姻关系存续期间受胎所生的子女，有可能是丈夫亲生子女，也有可能非丈夫亲生。

关于婚生子女推定和亲子关系的确认，我国 2001 年《婚姻法》修正案未作规定。但 2011 年的《最高人民法院关于适用〈中华人民共和国婚姻法〉若干问题的司法解释（三）》第 2 条第 2 款规定：当事人一方起诉请求确认亲子关系，并提供必要证据予以证明，另一方没有相反证据又拒绝做亲子鉴定的，人民法院可以推定请求确认亲子关系一方的主张成立。《民法典婚姻家庭编》第 1073 条将该条文修改为：“对亲子关系有异议且有正当理由的，父或者母可以向人民法院提起诉讼，请求确认亲子关系。对亲子关系有异议且有正当理由的，成年子女可以向人民法院提起诉讼，请求确认亲子关系。”从法律层面确规定了对亲子关系有异议的可以提起诉讼，对于明确亲子的血缘关系，维护家庭的和谐稳定，保障当事人的正当权益，督促义务人不逃避责任，实现法律的公正性，有着重要的意义。

依据《民法典婚姻家庭编》第 1073 条请求确认亲子关系的，需要注意三点：

（1）对亲子关系有异议，且有正当理由的，方可向人民法院提起诉讼，请求确认亲子关系。

（2）可以向人民法院提起诉讼，请求确认亲子关系的主体，只能是父或者母，或者是成年子女。出于对未成年子女利益的保护，法律未赋予其提起诉讼的权利。

（3）成年子女请求确认亲子关系，是为了让其得到亲情的温暖。

（二）婚生子女的否认

婚生子女的否认，是指丈夫证明在妻子受胎期内，未与妻有同居行为时，依法享有否认该子女为自己子女的诉讼请求权。

对婚生子女的否认，2001 年《婚姻法》修正案也未作出规定，但 2011 年《最高人民法院关于适用〈中华人民共和国婚姻法〉若干问题的司法解释（三）》第 2 条第 1 款规定：夫妻一方向人民法院起诉请求确认亲子关系不存在，并已提供必要证据予以证明，另一方没有相反证据又拒绝做亲子鉴定的，人民法院可以推定请求确认亲子关系不存在一方的主张成立。如果否认之诉成立，丈夫可不承担对子女的抚养责任；已经抚养长大的，可要求妻子赔偿损失。在此基础上，我国《民法典婚姻家庭编》第 1073 条规定：“对亲子关系有异议且有正当理由的，父或者母可以向人民法院提起诉讼，请求否认亲子关系。”

依据《民法典婚姻家庭编》第 1073 条请求否认亲子关系的，需要注意以下四点：

（1）请求否认亲子关系的，为夫或妻对于受婚生推定的婚生子女，否认其为夫之子女。经法院判决确定否认之诉胜诉时，子女即丧失婚生资格，成为非婚生子女。

（2）可以向人民法院提起诉讼，请求否认亲子关系的主体，只能是父或者母，不包括成年子女。成年子女不能请求否认亲子关系。

（3）请求否认亲子关系的，须得证明在妻受胎期间未与夫同居，或者证明妻非与夫受胎。

（4）对婚生子女的否认，要特别注意保护未成年子女的利益，在出现血缘不真实时，为了父母子女之间的身份稳定，不能否认父母子女关系。也就是说，父母与子女之间出现身份稳定和血缘冲突时，要首选身份稳定，以保护未成年子女的身心健康。

第三节　非婚生子女

一、非婚生子女的概念和法律地位

（一）非婚生子女的概念

非婚生子女是指无婚姻关系的男女所生育的子女，生育子女的父母即为非婚生子女的生父、生母。

非婚生子女包括：男女双方未婚同居、已有婚姻关系的男或女在婚外与第三人发生两性关系致孕所生子女；男女两性的婚姻被认定为无效婚姻，而于同居期间所生子女；女方被人强奸、诱奸所生子女。

（二）非婚生子女与生父母关系的确认

虽然非婚生子女的生父母没有合法婚姻关系，但不影响非婚生子女与生父母之间权利义务关系的存在。非婚生子女与生父母间的血缘关系是以出生为前提，无法改变。无论是否得到生父母的承认，一经查证属实，即应适用法律关于父母子女权利义务关系的规定。

非婚生子女与生母的关系，可以怀孕、分娩的客观事实为根据，一般无须加以证明。但如有生母故意遗弃子女或子女被人拐骗后，发生确认生母的情况，可由子女或他人申请，依法定程序，由人民法院根据事实和证据，通过确认之诉，确定子女与生母的关系。

一般情况下，非婚生子女与生父母关系的确认之诉，主要是针对非婚生子女与生父的关系而言。《民法典婚姻家庭编》第 1073 条及其立法精神，为亲子关系的确认提供了法律依据。司法实践中，通常由生母提出证据，如果能够充分证明非婚生子女的生母曾与被告发生过两性关系的，确认非婚生子女与生父的关系。如果生母提供的证据不足，不能完全确认或否定该子女的生父，必要时人民法院可以依照当事人的申请，要求当事人做亲子鉴定。如经人民法院查证属实，能够证明非婚生子女与生父的关系的，即可判决确认非婚生子女与生父的关系，并责令其履行应承担的义务。当生父的身份被否定后，则应由生母承担抚养责任。

（三）非婚生子女的法律地位

《民法典婚姻家庭编》第 1071 条第 1 款规定：“非婚生子女享有与婚生子女同等的权利，任何组织或者个人不得加以危害和歧视。”这一规定，就非婚生子女的法律地位问题明确界定，强调非婚生子女与婚生子女一样，享有平等的权利义务，并受法律的保护。对非婚生子女，法律还规定不得危害和歧视，如有遗弃、虐待等行为而构成犯罪的，应按刑法的有关规定，追究其刑事责任。

为切实保障非婚生子女的利益，《民法典婚姻家庭编》第1071条第2款规定：“不直接抚养非婚生子女的生父或者生母，应当负担未成年子女或者不能独立生活的成年子女的抚养费。”实践中，非婚生子女的生父母可就抚养子女的方式进行协商，协商不成时，由人民法院根据有利于子女健康成长的原则确定。对于拒不履行抚养义务的生母或生父，非婚生子女有权要求给付抚养费。非婚生子女随母亲生活的，经生母同意，非婚生子女的生父可将子女领去抚养，但生母仍应承担相应的抚养责任。生母结婚后，其配偶愿意负担该子女抚养费的一部分或全部的，则生父的责任可酌情减少或免除。如果非婚生子女的生母生活确实困难，无力抚养子女时，也应由生父将子女领回抚养。

处理非婚生子女与生父母分别居住时的抚养纠纷，可适用父母离婚后子女抚养纠纷的处理方法。

二、非婚生子女的准正和认领

（一）非婚生子女的准正

1. 准正的概念

非婚生子女的准正，是指已出生的非婚生子女因生父母结婚或司法宣告而取得婚生子女资格的法律制度。

准正制度始于罗马法，为了保护非婚生子女的利益，现代大陆法系国家和英美法系国家多设有准正制度。在当代世界，人们已经形成了将尊重婚姻制度与保护非婚生子女的利益结合起来的共同理念。

2. 准正的要件

非婚生父母子女之间须有血缘关系；生父母须有结婚的事实或司法宣告；准正的依据是法律事件，即生育行为或子女出生的客观事实。

3. 准正的形式

准正包括因生父母结婚而准正和因法院宣告而准正两种形式。因生父母结婚而准正又可分为两种：一是以父母结婚为准正要件，不另设其他条件；二是以结婚和认领为准正要件，只结婚而不办理认领手续的，不发生准正的效力。因法院宣告而准正，是指生父或生母死亡，或有婚姻障碍，致使婚姻准正不能时，得依一方或子女的请求，依法宣告子女为婚生子女。

4. 准正的效力

准正使非婚生子女取得婚生子女的法律资格。但效力发生的时间，因各国法律规定的不同而有差异，有的国家规定从父母结婚或法院宣告之日起发生婚生的效力；有的国家规定从子女出生之日起发生婚生的效力。

目前，我国的婚姻家庭法并未规定非婚生子女的准正制度。实践中，非婚生子女一般因生父母结婚而视为婚生子女。

（二）非婚生子女的认领

1. 认领的概念

认领是在非婚生子女尚未准正的情况下，由生父承认该非婚生子女为其所生的一项法律制度。

认领的目的，是以法律程序确定非婚生子女的生父。

2. 认领的条件

非婚生子女的认领一般须满足以下要求：第一，认领须有生父承认自己是该非婚生子女生父的意思表示（强制认领除外）；第二，认领不受年龄的限制，无论子女年龄大小均可行使认领权；第三，认领必须以双方具有父子血缘联系为前提。

从各国的立法上看，对认领的规定主要有：①认领者须为非婚生子女的生父本人，他人无权认领。②被认领者须为非婚生子女。婚生子女以及已经准正的非婚生子女，不得再为认领。③子女已经他人认领者，经法院判决确定其父子关系不存在后，生父始得认领。④认领者与被认领者之间须存在事实上的父子血缘关系。没有血缘关系的不得因认领而成为父子关系，非事实父子关系的即使认领也为无效。⑤许多国家的法律不以非婚生子女之母为认领人。非婚生子女与生母的关系有出生的事实为证，无须认领。但有些国家在法律上规定，生父和生母均可为认领人。

3. 认领的形式

（1）自愿认领。自愿认领是指生父主动确认该非婚生子女为自己所生，并自愿承担抚养义务的法律行为。它通常为生父的单方行为，无须得到非婚生子女或其生母的同意。自愿认领可分为：以明示的意思表示认领和以默示的抚养事实认领。大多数国家法律规定，自愿认领为要式行为，必须通过一定的方式进行认领，主要有以下几种认领方式：一是须向户籍部门申报认领或用遗嘱的方式认领，二是须经过公证认领，三是须向监护法院申请认领，四是须向身份管理官申请认领。但也有一些国家和地区的法律不要求要式认领，凡非婚生子女经生父抚养，且生父有以该子女为自己子女的意思表示，视为认领。此外，有的国家规定认领须经生母同意，始发生认领的法律效力。也有的国家规定认领成年子女须经子女本人同意。

生父认领非婚生子女后，不得任意撤销其认领。如果认领的意思表示有重大瑕疵的，如因受诈欺、有重大误解等导致意思表示不真实，认领人可以提起认领无效或撤销之诉，其他利害关系人也可以认领人非该子女之父而提出无效或撤销之诉。为此，各国还规定了不同的诉讼时效。

（2）强制认领。强制认领是指非婚生子女的生父不愿认领时，有关当事人得诉请法院予以强制认领。强制认领的原因：一是未婚所生子女，经生母指认的生父不承认该子女与其具有血缘关系；二是已婚所生子女，经生母指认该子女的生父为其丈夫以外的第三人而遭否认时，生母可向法院提起确认生父之诉。因此，强制认领的前提，必须是非婚生子女与认领人之间存在血缘关系。

在强制认领中，法律要求请求权人负有举证责任，必须提供强制认领的事实和原因，如该子女在受胎期间生父与生母有同居的事实，或有证明确立父子关系的书面材料等。必要时法院也可以依当事人的申请，通过亲子鉴定来确认其生父。请求权人一般限定为生母或非婚生子女本人。有关强制认领的诉讼时效，各国规定不一，例如，《瑞士民法典》规定为1年，《法国民法典》规定为2年，美国各州法律大多规定为生母在怀胎或分娩后的任何时期。

4. 认领的效力

自愿认领和强制认领的效力是相同的。各国法律规定非婚生子女因认领而取得婚生子女的身份和资格，享有婚生子女的权利和义务。认领一般具有溯及的效力，如《日本民法典》规定，认领溯及出生时发生效力，但不得侵害第三人的既得权利。此外，认领的效力还及于认领后子女的姓氏，以及生父对生母在妊娠、生育等费用方面的补偿责任等。

目前，我国婚姻家庭法只规定了亲子关系的确认之诉，并未规定非婚生子女认领制度。实践中，非婚生子女的认领有生父自己确认后认领的，也有通过生母提出证据加以确认后而认领的。生父对非婚生子女认领的，负担子女出生后的抚养费，直到子女成年为止。

第四节 继父母子女

一、继父母子女的概念和继父母子女关系的类型

（一）继父母子女的概念

所谓继父母，指子女的母亲或父亲的后婚配偶。所谓继子女，通常指配偶一方对他方与前配偶所生的子女。

继父母和继子女关系的形成有两种情况：一是由于生父母一方死亡，另一方带子女再婚；二是父母离婚后，另行再婚而形成的。在通常情况下，继父母子女之间的关系属于姻亲范围。如果继父母与继子女形成抚养关系，或者继父母将继子女收养为养子女，他们才具有法律拟制直系血亲关系。

（二）继父母子女关系的类型

根据具体关系的不同，继父母子女之间又可分为形式上的父母子女关系和实质上的父母子女关系，这两种关系的法律后果各不相同。

（1）形式上的父母子女关系，即生父或母与继母或父再婚时，继子女已经成年独立生活；或虽未成年但仍由其生父母提供生活教育费，没有受继父或继母的抚养教育，也

没有对继父或继母尽赡养义务。这类继父母子女关系为纯粹的直系姻亲关系。我国法律未规定继父或继母对未成年继子女的抚养义务，是否抚育应以自愿为前提。

（2）实质上的父母子女关系，即生父或母与继母或父再婚时，继子女尚未成年，他们随生父母一方与继父或继母共同生活时，继父或继母对其承担了部分或全部抚养费；或者成年继子女在事实上对继父母长期进行了赡养扶助，也视为形成了扶养关系。这类继子女与生父母、继父母之间，形成双重权利义务关系。未成年继子女可以同时接受生父母与继父或继母的抚育，但将来成年后也要履行赡养生父母、继父或继母的义务，并可以继承生父母、继父或继母的遗产。

（3）依据收养法律的规定，继父或继母经继子女的生父母同意，还可以正式收养该继子女为其养子女，形成养父母子女关系。同时，该子女与共同生活的生母或父一方仍为直系血亲关系，而与不在一起共同生活的生父或母一方的权利义务随之消灭。这种变化有利于家庭的稳定，有利于对未成年子女的保护，所以，收养法律对继父或继母收养继子女作了放宽收养条件的规定。

二、继父母子女间的权利义务

依据有关法律和立法精神，继父母子女间的权利义务主要包括以下几个方面。

（一）继父母和受其抚养教育的继子女间的权利义务等同于生父母子女间的权利义务

《民法典婚姻家庭编》第1072条规定："继父母与继子女间，不得虐待或者歧视。继父或者继母和受其抚养教育的继子女间的权利义务关系，适用本法关于父母子女关系的规定。"这一规定说明，形成了抚养教育关系的继父母子女间的权利和义务，与亲生父母子女间的权利和义务是相同的。

基于血缘的原因，父母子女关系不因父母的离婚而消除。离婚后的子女仍是父母双方的子女，与不和其共同生活的父母间仍存在权利义务关系，生父母仍对子女有抚养教育的权利和义务。因此，继子女和与其有扶养关系的继父母间，与其生父母间是双重的权利义务关系。当然，如果继父母合法收养了继子女的，继子女与不在一起共同生活的生父或母一方的权利义务则随之消灭。

（二）继子女对继父母的赡养扶助义务

如果继子女与继父或继母由于长期共同生活而形成了扶养关系，继父或继母与生母或生父的婚姻因一方死亡或离婚而终止后，继父或继母与继子女间已经形成的扶养关系也并不完全消灭。有负担能力的继子女，对曾经长期抚养过自己的年老体弱、生活困难的继父或继母应履行赡养扶助的义务。

（三）继父母子女间相互继承遗产的权利

有扶养关系的继父母子女，在继父母死亡后，继子女有继承继父母遗产的权利，享有与婚生子女相同的应继份额；在继子女死亡后，继父母有继承继子女遗产的权利，享有与生父母相同的应继份额。继子女继承了继父母遗产的，不影响其继承生父母的遗产。继父母继承了继子女遗产的，也不影响其继承生子女的遗产。

三、继父母子女关系的解除

继父母子女关系是因婚姻和抚养行为而产生的，因而是可以解除的。

（一）解除的途径

1. 自然解除

（1）因继父母、继子女一方死亡而终止关系。

（2）因继父母与生父母离婚，使继父母子女关系解除，已形成的拟制血亲关系消除，继子女由生父母抚养。

（3）因生父母一方要求将子女领回抚养，或继父母不愿再抚养继子女，继子女不愿再随继父母生活时，经由生父母、继父母、年满8周岁的继子女各方协商一致的，可解除继父母子女关系。

需要注意的是，如果生父母死亡的，已形成拟制血亲的继父母子女关系不能自行解除。

2. 协商解除

协商解除也叫协议解除，具体包括：

（1）未与子女共同生活的生父母一方，要求变更抚养关系，将子女领回的，与继父母协商一致，可解除继父母子女关系。

（2）抚养子女的生父母一方和继父母不愿再抚养子女的，经生父母、继父母及8周岁以上的子女各方同意，协议一致的可解除继父母子女关系。

（3）成年继子女与继父母关系恶化，经协商一致时，也可解除。当然，继父母可要求继子女经济补偿。

3. 诉讼解除

当事人之间，如果就解除继父母子女关系不能达成协议的，可请求人民法院处理。人民法院审理此类案件，应本着有利于未成年子女的成长和教育，维护子女利益的原则，确定继子女抚养的归属问题。

（二）解除后的法律后果

无论继父母子女关系是因何种原因解除，经继父母抚养成年的继子女，对年老、生活困难的继父母，仍应承担赡养和扶助的义务。

第五节　人工生育子女

一、人工生育子女的概念

人工生育子女，是指通过人工授精等非传统、非自然的方式生产的子女，也可称为人工授精子女。

人工授精，是指不同于人类传统基于两性性爱的自然生育过程，而是根据生物遗传工程理论，采用人工方法取出精子或卵子，然后用人工方法将精子或受精卵胚胎注入妇女子宫内，使其受孕的一种新生殖技术。采用这一技术生育的子女，即为人工生育子女。

二、人工生育子女的分类

施用人工授精技术，有体内与体外、同质与异质之分。人工体内授精，是将丈夫的精子或第三人的精子注入妻子体内授精。人工体外授精，指以妻子（或第三人）的卵子供给丈夫（或第三人）的精子，移入培养皿中使其成为受精卵。然后，将受精卵分裂的胚胎移入妻子的子宫内发育而分娩。按照此过程而生育的子女，俗称“试管婴儿”。

人工生殖就其供体而言，一般可分为两种情况：一是同质人工授精，即使用丈夫的精子和妻子的卵子进行人工授精，简称 AIH；另一种是异质人工授精，即使用第三人的精子或卵子进行人工授精，简称 AID。此外，人工生殖还涉及“代孕”问题，即因妻子子宫有障碍而无法使受精卵在其子宫着床，而借用第三人的子宫孕育并分娩子女。

三、人工生育子女的法律地位

人工授精问题涉及伦理道德、婚姻、血统、法律等领域，生育上的单向关系变成了多重关系，由此，它向传统法律提出了新的挑战。

人工生育子女有别于法律所明确的其他几类子女的确认。一般来说，采用同质人工授精方式而出生的子女，属父母的直系血亲并为婚生子女，夫妻双方通常不得向法院提出否认亲子之诉。而对于异质人工授精子女的法律身份的确认，则涉及较复杂的问题。其基本特征是：血缘父、母亲的一方是不特定的。这种不特定的父或母无法与子女之间互相享有权利并履行义务。因此，采用异质人工授精方法时，一定要经过夫妻双方的一致同意。

在立法上，发达国家倾向于保护同质人工授精，但允许有限制地使用异质人工授精。对于人工授精生育子女，由接受人工生殖夫妻承担抚养的法律责任。对于代孕，许多国家禁止以营利为目的的代孕行为。

目前，我国对人工授精所生子女的法律地位，没有作出明确规定。最高人民法院〔91〕民他字第12号函中指出：在夫妻关系存续期间，双方一致同意进行人工授精，所生子女应视为夫妻双方的婚生子女，父母子女之间的权利义务关系适用婚姻法的有关规定。

第六节　其他近亲属关系

现行婚姻家庭法从尊老爱幼的社会主义道德标准出发，将其他近亲属关系也纳入法律调整的范围。在特定的条件下，祖父母与孙子女之间、外祖父母与外孙子女之间、兄弟姐妹之间也产生法定的权利义务。

一、祖孙关系

《民法典婚姻家庭编》第1074条规定："有负担能力的祖父母、外祖父母，对于父母已经死亡或者父母无力抚养的未成年孙子女、外孙子女，有抚养的义务。有负担能力的孙子女、外孙子女，对于子女已经死亡或者子女无力赡养的祖父母、外祖父母，有赡养的义务。"根据上述规定，祖孙、外祖孙之间，依法产生了附条件的抚养和赡养义务。

（一）祖父母、外祖父母抚养孙子女、外孙子女需具备的条件

（1）抚养人有负担能力。

（2）被抚养人的父母已经双方死亡；或一方死亡，另一方确无能力抚养；或者父母均丧失抚养能力。

（3）被抚养人必须为未成年人。

以上三个条件必须同时具备，才产生祖父母、外祖父母对孙子女、外孙子女的抚养义务。适用上述条款时，不以同居一家、共同生活为限。如果祖父母和外祖父母均有负担能力，可将他们视为同一顺序的抚养义务承担人，责成他们合理分担抚养责任，以确保未成年第三代人的健康成长。

（二）孙子女、外孙子女赡养祖父母、外祖父母需具备的条件

（1）赡养人为有负担能力的成年人；

（2）被赡养人的子女已经死亡或子女确无能力赡养；

（3）被赡养人必须是需要赡养的人。

以上三个条件必须同时具备，才产生孙子女、外孙子女对祖父母、外祖父母的赡养义务。适用上述条款时，也不以同居一家、共同生活为限。

祖父母与孙子女、外祖父母与外孙子女之间是隔代的直系血亲。在一般情况下，子

女由父母抚养，父母由子女赡养，祖孙之间不发生权利义务关系。但在特定条件下，他们之间产生了抚养、赡养义务。这种抚养、赡养义务，是对父母子女间法定抚养、赡养义务的一种补充。因此，符合法定条件的抚养人、赡养人，必须自觉履行抚养、赡养义务；否则，被抚养人或被赡养人有权向人民法院提起诉讼，请求法院强制其履行抚养、赡养义务。这一法律规定符合我国的国情和传统道德观念，对于保障老有所养、幼有所育具有积极的意义。

二、兄弟姐妹关系

《民法典婚姻家庭编》第1075条规定："有负担能力的兄、姐，对于父母已经死亡或者父母无力抚养的未成年弟、妹，有扶养的义务。由兄、姐扶养长大的有负担能力的弟、妹，对于缺乏劳动能力又缺乏生活来源的兄、姐，有扶养的义务。"根据上述规定，兄、姐与弟、妹之间产生了附条件的扶养义务。

（一）兄、姐扶养弟、妹需具备的条件

（1）扶养人有负担能力；

（2）被扶养人的父母已经死亡或父母无力抚养；

（3）被扶养人必须是未成年人。

以上三个条件必须同时具备，才产生兄、姐对弟、妹的扶养义务。适用此条款，不以同居一家、共同生活为限。

（二）弟、妹扶养兄、姐需具备的条件

（1）扶养人是由兄、姐扶养长大且有负担能力者；

（2）被扶养人的父母已经死亡或父母无力抚养；

（3）被扶养人必须是缺乏劳动能力又缺乏生活来源的人。

以上三个条件必须同时具备，才产生弟、妹对兄、姐的扶养义务。适用此条款，也不以同居一家、共同生活为限。

兄弟姐妹之间，是血缘最密切的同辈旁系血亲。它包括同胞兄弟姐妹、同父异母或同母异父兄弟姐妹、有抚育关系的继兄弟姐妹和养兄弟姐妹。在一般情况下，兄弟姐妹均由其父母抚养，他们彼此之间不发生权利义务关系。但在特定条件下，兄、姐与弟、妹之间产生了附条件的扶养义务。这种扶养义务，是对父母抚养子女义务的一种补充。符合法定条件的扶养人，必须自觉履行扶养义务；否则，被扶养人有权向人民法院提起诉讼，请求法院强制义务人履行扶养义务。

学习与思考：

1. 婚姻家庭法律意义上的家庭关系。
2. 父母对子女的权利和义务。

3. 子女对父母的权利和义务。
4. 父母对子女的抚养义务与子女对父母的赡养义务是否对等，为什么？
5. 如何正确理解亲子关系的确认和否定？
6. 如何正确理解非婚生子女的准正和认领？
7. 人工生育子女的法律地位。
8. 其他近亲属之间的权利义务。

第七章 离婚制度

第一节 离婚制度概述

一、婚姻终止的概念和原因

（一）婚姻终止的概念

婚姻终止，是指合法有效的夫妻关系因发生一定的法律事实而归于消灭。它有三方面含义：

（1）婚姻终止只指合法有效的婚姻关系的消灭。同居关系的解除、双方不合意的婚姻的被撤销等都不属于婚姻终止。

（2）婚姻终止由一定的法律事实所引起。

（3）婚姻终止会产生一定的法律后果。这种后果表现为，因离婚在婚姻当事人之间、当事人与第三人之间，会引起人身关系和财产关系的变化。

（二）婚姻终止的原因

婚姻终止只能以两种法律事实为发生原因：

第一，婚姻因配偶一方死亡而终止。

配偶自然死亡，婚姻关系的主体之一已不复存在，必定引起夫妻关系的消灭，并且发生遗产继承等法律后果。

配偶一方被宣告死亡，它与自然死亡产生同等的法律效力。根据相关法律规定，宣告失踪人死亡的判决宣告之日，为被宣告死亡人死亡的日期。被宣告死亡人与其配偶的婚姻关系，自宣告死亡之日起消灭。被宣告死亡的人重新出现，或者以后确知失踪人并未死亡时，须经本人或利害关系人申请，由法院撤销原宣告死亡的判决。如果被宣告死亡人的配偶尚未再婚的，婚姻关系从撤销死亡宣告之日起自行恢复；如果其配偶已与善意第三人登记结婚的，则后一婚姻关系具有法律效力，原来的婚姻关系不再恢复。如果被宣告死亡人的配偶再婚后又离婚或再婚后配偶又死亡的，则不得认定夫妻关系自行恢复。

第二，婚姻因离婚的法律行为而终止。

离婚，是指配偶双方依照法定的条件和程序解除婚姻关系的民事法律行为。离婚不仅会给婚姻当事人的人身和财产关系带来变化，而且会影响子女和其他家庭成员，进而也会对社会产生一定的影响。

二、离婚的法律特征与分类

（一）离婚的法律特征

（1）离婚的主体是夫妻双方，在离婚行为中必须体现当事人本人的意愿。

正因为此，离婚双方当事人必须亲自到婚姻登记机关作出申请离婚的意思表示；人民法院审理离婚案件，当事人即使有诉讼代理人，本人仍应当出庭，但本人不能表达意志的除外。当事人确因特殊情况无法出庭的，必须向人民法院提交书面意见，以表达本人的意愿。

（2）离婚是解除婚姻关系的行为，其前提条件是双方当事人必须存在婚姻关系。

对于未办结婚登记即以夫妻名义同居生活的男女，双方符合结婚的实质要件的，必须依法补办结婚登记手续后，人民法院才能按照离婚案件来审理。

（3）离婚必须符合法定的条件和程序。

婚姻当事人之间协议离婚的，如果不符合婚姻家庭法规定的离婚条件和程序，是没有法律效力的。

（二）离婚与婚姻无效、撤销婚姻的区别

1. 离婚与婚姻无效的区别

（1）离婚是指合法婚姻关系的解除，婚姻无效是指因欠缺婚姻成立的法定要件而不具有婚姻的法律效力。

（2）离婚的原因一般发生于结婚之后，婚姻无效的原因则发生于结婚之时或结婚之前。

（3）离婚于确定之日起解除婚姻关系，没有溯及力；婚姻无效为自始无效，具有溯及力。

（4）离婚之诉仅限于当事人提出；而婚姻无效之诉除了当事人之外，还可以是其他人提起。

2. 离婚与撤销婚姻的区别

（1）离婚是指合法婚姻关系的解除，撤销婚姻是对成立时已有瑕疵的婚姻的制裁。

（2）离婚的原因一般发生于结婚之后，婚姻撤销的原因一般发生在结婚之时或结婚之前。

（3）离婚于确定之日起解除婚姻关系，没有溯及力；宣告婚姻撤销具有溯及力，从

宣告之日起，婚姻自始无效。

（4）离婚当事人双方都有权提起离婚之诉；而有权提出请求撤销婚姻的，只能是受胁迫的一方和未被如实告知患有重大疾病的一方。

（5）离婚除法院判决外，也可以由夫妻双方通过行政程序协议解除；婚姻撤销须由人民法院判决进行。

（三）离婚的法律分类

从不同的角度，可以对离婚进行不同的分类。

（1）按照当事人对离婚的态度，可分为双方自愿离婚和一方要求离婚。

（2）按照处理离婚问题的法定程序，可分为依行政程序的离婚和依诉讼程序的离婚。

（3）按照解除婚姻关系的方式，又可分为协议离婚和判决离婚。

三、当代中国离婚法律的基本精神

在我国离婚制度的发展史上，无论是革命根据地的离婚立法，还是新中国成立以后的1950年《婚姻法》、1980年《婚姻法》、2001年的《婚姻法》修正案以及2020年《民法典婚姻家庭编》，都体现着一个基本精神：保障离婚自由，反对轻率离婚。可见，保障离婚自由，反对轻率离婚，是我国婚姻家庭法始终贯彻的基本精神，是我国司法审判实践中处理离婚问题的指导思想，同时也是我国现行离婚制度的重要特征。

（一）保障离婚自由

保障离婚自由，即保障当事人离婚的合法权利。对“保障离婚自由”应从以下几方面来理解。

1.“保障离婚自由”是婚姻关系的本质和内在规律的要求

在社会主义社会中，婚姻应当是男女双方基于爱情的结合，夫妻关系的建立和存续都是以爱情为基础的，但是爱情是婚姻主体在一定条件下的精神感情，始终处在发展变化之中。它既可以往好的方向发展，使婚姻关系更加完美稳固；也可能向坏的方向发展，使婚姻关系走向恶化，甚至死亡。同时，以爱情为基础的婚姻是以互爱为前提的，如果夫妻一方对另一方失去了爱，婚姻的感情基础也就发生了动摇。当夫妻双方的爱情已经完全消失，又无恢复的可能，就不再符合婚姻的本质和内在要求。恩格斯曾说过：“如果说只有以爱情为基础的婚姻才是合乎道德的，那么也只有继续保持爱情的婚姻才合乎道德。”[①] 勉强维持没有了爱情的婚姻关系，不仅是不道德的，而且对当事人、对子女、对家庭都是有害无益的。法律通过确认公民的离婚自由权，为这些事实上已经死亡的婚姻提供明确的解除途径，使当事人能够脱离死亡婚姻，重新建立幸福美满的婚姻

---

① 中共中央马克思恩格斯列宁斯大林著作编译局：《马克思恩格斯文集》（第4卷），人民出版社，2009年，第96页。

关系，这对社会主义婚姻家庭关系的改善和巩固有着积极的意义。

2.“保障离婚自由”是婚姻自由原则的必然要求

婚姻自由权是我国宪法赋予公民的一项基本权利，实行婚姻自由是我国婚姻家庭法的一项重要的基本原则。婚姻自由包括结婚自由和离婚自由两个方面，离婚自由是婚姻自由不可缺少的重要组成部分。众所周知，婚姻是一定社会制度所确认的男女两性互为配偶的结合，一般情况下，这是一种终身的结合。但是，由于缔结婚姻的基础、夫妻双方的感情等因素并不是一成不变的，因此，法律在赋予和保障当事人结婚自由权利的同时，还应赋予和保障婚姻当事人离婚自由的权利，尽管离婚相对于结婚并非普遍现象。如果只有结婚自由，而缺少离婚自由，那么，公民的婚姻自由权就没有得到充分保护。

3.“保障离婚自由”有利于保证社会安定，有利于社会主义两个文明建设

（1）对于那些感情已经破裂，无法和好的夫妻，允许他们依法解除婚姻关系，不仅保护了当事人的合法权益，而且也加强了人民内部的团结，维护了社会秩序。虽然离婚表面上使得家庭离散，给离婚当事人带来感情创伤，但实际上，通过离婚，解除已经死亡的婚姻，会消除婚姻家庭中不和谐的音符，调整并改变婚姻家庭关系。因此，保障离婚自由，不仅使婚姻自由原则更加完整、全面，而且还满足了当事人正当、合理的离婚请求，化婚姻家庭中的消极因素为积极因素。

（2）实行离婚自由，是对封建专权离婚制度的彻底否定，有利于全面树立民主的、平等的社会主义婚姻观，有利于提高婚姻质量。虽然新中国成立已经 70 年有余，对封建的婚姻家庭观作了深刻的批判和废除，但在离婚问题上限制离婚、专权离婚仍有一定的市场，导致已经死亡的婚姻得不到解除。因此，只有充分保障公民的离婚自由权，才能继续完成反封建的任务，才能真正缔结高质量的社会主义婚姻。

（3）实行离婚自由，把离婚纳入制度化、规范化的轨道，有利于增强人们的法律意识，保护自己的合法权益。

4. 离婚自由包括离的自由和不离的自由

婚姻当事人双方都拥有协议离婚的自由权，以及诉讼离婚的起诉权。当一方当事人提起离婚诉讼时，另一方当事人有同意离婚的权利，也有不同意离婚的自由，不能因为对方提出离婚，自己就一定要同意离婚。当事人任何一方都有提出离婚的权利和不同意离婚的权利，不能因为当事人一方提出离婚，就在子女抚养、财产分割等问题的处理上对其不利；也不能因为当事人另一方反对离婚、拒绝离婚，就认为是违反了离婚自由的原则。

（二）反对轻率离婚

保障离婚自由，并不意味着离婚自由是不受任何约束和限制的“绝对自由”，而是相对的、有条件的、有限制的自由。保障离婚自由，既不意味着鼓励人们离婚，也不意味着可以滥用这些自由权利。因此，人们在行使离婚自由权时，不仅要严格遵守法定条件和程序，而且还要慎重不草率，即我们在保障离婚自由的同时，还必须反对轻率离婚。反对轻率离婚，就是反对当事人对离婚的不严肃态度，在婚姻关系尚可维持的情况

下，轻易、草率地解除婚姻。反对轻率离婚，必须正确认识以下几个问题。

1. 离婚自由不等同于在离婚问题上可以为所欲为

当事人在行使离婚自由权时，要受到法律、道德的约束。

（1）离婚不仅要符合法律规定的离婚条件，而且必须依照法定程序，履行一定的手续；同时当事人离婚还不得侵害他人的合法权益，更不得损害国家利益和社会公共利益。

（2）婚姻家庭是个伦理的实体，婚姻关系也是一种伦理关系。当事人解除婚姻关系，还必须符合道德的要求，只有出现婚姻在伦理上已经死亡时，婚姻才可以解体，不再成为婚姻。

2. 离婚不是解决夫妻矛盾的唯一方法

夫妻之间，因为是不同的个体，会有着不同的脾气、爱好、习惯、信念等，也就会产生一定的矛盾和分歧。解决夫妻之间的矛盾，可以采用多种方法：采取批评、沟通的方法，以化解矛盾；由有过错方自我检讨、调节，及时改正错误，悬崖勒马；在矛盾爆发后，夫妻双方实行冷处理，让时间来化解矛盾甚至是彻底地解决矛盾。另外，除了当事人自我调节、和解外，夫妻矛盾还可以借助外力来解决，即由亲戚、朋友、所在单位或基层组织来调解。

当然，离婚也是解决夫妻矛盾的一种方法。但离婚这种方法只在特殊情况下，即夫妻感情确已破裂且没有和好可能的情况下才适用，不到迫不得已时，不能随意采用离婚手段解决夫妻矛盾。这是因为：①离婚虽然解决了夫妻矛盾，但它毕竟是解散了一个婚姻，损毁了家庭的完整性。②离婚是对已经死亡婚姻的确认，但由于当事人的冲动，有些婚姻并没有真正死亡就被当事人抛弃，造成了不该发生的悲剧。③夫妻间矛盾在情理之中，轻率地提出离婚，不免伤害夫妻感情，加剧矛盾，把婚姻推向死亡。

3. 反对轻率离婚是夫妻双方肩负的道德责任和法律义务要求

婚姻是家庭的基础，家庭是社会的细胞。婚姻作为一种特殊的社会关系，不仅关系到当事人双方，还关系到家庭，影响到社会。夫妻双方肩负的家庭责任和社会使命，要求他们不能任性对待自己的婚姻。马克思针对轻率离婚曾批判道："他们抱着幸福主义的观点，他们仅仅想到两个个人，而忘记了家庭。他们忘记了，几乎任何的离婚都是家庭的离散，就是纯粹从法律观点看来，子女的境况和他们的财产状况也是不能由父母任意处理、不能让父母随心所欲地来决定的。如果婚姻不是家庭的基础，那末它就会像友谊一样，也不是立法的对象了。"① 婚姻关系的特殊性，要求双方当事人必须严肃地对待婚姻问题，要对子女、家庭和社会高度负责。

实践证明，婚姻和家庭的解体，必将会带来正面和负面的影响。从正面来看，它确认了事实上已经死亡的婚姻，给当事人以重找幸福婚姻的可能。但从负面来看，离婚首先会对子女产生消极影响，他们正常的生活秩序被打破，生活水平下降，分离的父母、

---

① 中共中央马克思恩格斯列宁斯大林著作编译局：《马克思恩格斯全集》（第 1 卷），人民出版社，1956 年，第 183 页。

单亲的家庭、抚养费的支付、探望权的行使都使离异家庭的子女有别于正常家庭的子女，给他们造成极大的心理负担，阻碍他们身心健康的正常发展。另外，离异的父母还可能对子女的品行产生影响，为了自我利益，为了达到离婚目的，父母相互指责，恶毒攻击，甚至大打出手，对此，子女要么生活在恐惧之中，产生心理畸形；要么模仿、撒谎、逃学、偷盗，甚至走上犯罪的道路。

正是基于以上原因，我们反对轻率离婚。反对轻率离婚，就必须否定个人主义、享乐主义的婚姻价值观，反对贪图物质享受、贪图权势地位的行为，杜绝、防范在婚姻问题上的喜新厌旧、道德败坏、腐化堕落的个人主义倾向；就必须要求婚姻当事人自觉承受应尽的社会责任和法律义务，保证婚姻家庭社会功能的真正实现。

（三）两者之间的关系

保障离婚自由，反对轻率离婚，两者之间是相辅相成、密不可分的，是一个问题统一的、不可分割的两个方面。在理解和贯彻这一离婚立法的基本精神和处理离婚问题的指导思想时，对两者必须同等重视，不能强调一面而忽视另一面。

四、我国现行的离婚方式

根据婚姻家庭法律的规定，我国的离婚方式包括登记离婚和诉讼离婚，也称协议离婚和判决离婚。

第二节　登记离婚

一、登记离婚的概念

登记离婚又称协议离婚或行政离婚，是指夫妻双方自愿离异，并就离婚的法律后果达成协议，经过婚姻登记机关认可即可解除婚姻关系。法律将夫妻双方自愿离婚这一法律行为予以规范化，即规定了一定的条件和程序，便形成了登记离婚制度。

登记离婚制度注重婚姻双方当事人的主观意愿，是一种有利于扩大婚姻自由程度的离婚制度。在适用中，这种离婚方式手续简便，避免当事人在法庭上当众相互指责，以致造成更深的敌对情绪；不追究离婚的具体理由和婚姻生活的细节，有利于保护个人的隐私权并消除离婚中的对立情绪；双方可以平心静气地达成比较合乎双方意愿的协议，因而是一项较先进的离婚制度。

但是，登记离婚制度也容易产生一些弊端。最突出的是，有的婚姻当事人不考虑自己对婚姻所应承担的责任，不顾及子女、其他家庭成员和社会的利益，而轻率地离婚；同时，它也容易使婚姻当事人双方有机会为逃避共同义务或为获得共同利益而合谋虚假离婚。因此，只有将该离婚制度纳入国家机关的监督之下，加强审查环节，才能限制当事人对权利的滥用。

二、登记离婚制度

《民法典婚姻家庭编》第1076条规定："夫妻双方自愿离婚的，应当签订书面离婚协议，并亲自到婚姻登记机关申请离婚登记。离婚协议应当载明双方自愿离婚的意思表示和对子女抚养、财产以及债务处理等事项协商一致的意见。"相比2001年《婚姻法》修正案第31条，《民法典婚姻家庭编》第1076条增加了夫妻双方自愿离婚的，应当签订书面离婚协议，并亲自到婚姻登记机关申请离婚登记。"离婚协议应当载明双方自愿离婚的意思表示和对子女抚养、财产以及债务处理等事项协商一致的意见。"

（一）办理离婚登记的机关

根据国务院2003年颁布的《婚姻登记条例》第10条的规定，男女双方自愿离婚的，应当共同到一方当事人常住户口所在地或原结婚登记的婚姻登记机关办理离婚登记。

（二）离婚登记的条件

按照《民法典婚姻家庭编》第1076条和《婚姻登记条例》第12条的规定，准予办理离婚登记必须具备下列条件：

（1）双方必须是具有合法夫妻身份的配偶。

离婚是对已存在的合法婚姻关系的解除，合法有效的婚姻是离婚的前提。在我国，合法有效的婚姻是指符合结婚条件并办理了结婚登记的两性结合。因此，不具备合法的夫妻关系的当事人，不存在解除婚姻关系的问题。同时，婚姻具有强烈的人身性，结婚或离婚都必须由当事人本人亲自为之，任何第三人都不能代理一方或双方去办理结婚登记或离婚登记。

（2）双方必须是自愿离婚。

双方自愿离婚是确定准予登记离婚的最根本条件，如果双方未就离婚问题达成协议，则属于一方要求的离婚。根据《婚姻登记条例》第12条第1项的规定，一方要求的离婚，婚姻登记机关不予受理。当事人自愿，必须同时具备以下条件：

①当事人必须具有完全民事行为能力。离婚是重要的民事法律行为，当事人具有相应的民事行为能力是离婚法律行为有效的要件之一。因为只有具有完全民事行为能力，才能做出有效的离婚意思表示，而无民事行为能力的人，或限制民事行为能力的人，由于其不能正确、真实地表达自己的意愿，是不存在真正的"自愿"的。所以，根据《婚姻登记条例》第12条第2项规定，一方或双方当事人为限制民事行为能力或者无民事行为能力的，婚姻登记机关不予受理，该类人员的离婚要求，只能依照诉讼程序，由其法定代理人代理诉讼。

②当事人对离婚的意思表示必须真实一致。登记离婚是当事人婚姻意思自治的一种

体现，是具有完全民事行为能力人的一种自愿。这种自愿的意思表示必须是真实的，而不能是虚假的；必须是主动的，而不能是受对方或任何第三人的胁迫、欺诈，或重大误解造成的；必须是单一性的意思表示行为，而不能是附条件的意思表示行为；必须是双方一致的意思表示，而不能是单方的，缺少离婚合意的。

③双方离婚合意不得违反法律。双方当事人关于离婚的意思表示除了符合《民法典婚姻家庭编》和《婚姻登记条例》的有关规定外，还必须符合其他法律和政策。不能用离婚来规避法律，达到其他个人目的，不能用离婚来逃避应尽的法律责任，不能用离婚财产分割协议来侵犯或剥夺任何一方的财产利益，损害国家、集体或他人的财产权益。此外，当事人的离婚合意还不得违反社会公德。

(3) 双方必须对子女抚养、财产以及债务处理等事项协商一致、达成协议。

离婚不仅终结了婚姻关系，解除了夫妻身份，同时还终结了婚姻当事人之间的财产关系，导致了一个家庭的解体。因此，婚姻当事人仅就离婚问题达成协议是不够的，还必须对子女的抚养、家庭财产以及债务的处理等协商一致，做出合理、妥善的安排。

正基于此，我国《民法典婚姻家庭编》第 1076 条新增规定：“离婚协议应当载明双方自愿离婚的意思表示和对子女抚养、财产以及债务处理等事项协商一致的意见。”婚姻家庭法对当事人协议离婚的实质要求，除了对离婚问题达成一致意见以外，还必须对子女抚养和财产处理问题达成一致意见。对子女的抚养，包括离婚后子女由哪一方直接抚养，另一方应付子女的生活费、教育费的数额及给付的期限、方式等，不直接抚养子女的一方对子女的探望等内容。财产处理问题主要包括夫妻共同财产的分割，夫妻共同债务的清偿，一方生活确有困难需要另一方给予适当的经济帮助等。婚姻当事人在协议离婚时，必须对子女的抚养、教育问题做出妥当的、合理的安排，并达成一致意见；必须对夫妻财产问题作出妥当处理，并达成一致意见。如果没能达成协议，就不能用登记的方式解除婚姻关系。

这里的第 (1) (2) (3) 条是协议离婚的实质要件。

(4) 当事人双方应当签订书面离婚协议。

《民法典婚姻家庭编》第 1076 条新增要求，夫妻双方自愿离婚的，“应当签订书面离婚协议”。应当签订书面离婚协议，是指必须用书面形式签订离婚协议书，而不能用口头形式约定离婚。双方申请登记离婚时，必须出示离婚协议书。

(5) 当事人双方必须亲自到婚姻登记机关申请离婚登记。

《民法典婚姻家庭编》第 1076 条还新增要求，夫妻双方自愿离婚的，必须“亲自”到婚姻登记机关提出离婚的申请，接受婚姻登记机关的离婚审查。若当事人双方不亲自到婚姻登记机关提出离婚申请，则婚姻登记机关不能给予办理离婚登记。

第 (4) (5) 条是协议离婚的形式要件，或者程序要件。

(三) 离婚登记的程序

《民法典婚姻家庭编》第 1077 条新增规定：“自婚姻登记机关收到离婚登记申请之日起三十日内，任何一方不愿意离婚的，可以向婚姻登记机关撤回离婚登记申请。前款规定期限届满后三十日内，双方应当亲自到婚姻登记机关申请发给离婚证；未申请的，

视为撤回离婚登记申请。”即离婚冷静期制度。

第1078条规定：“婚姻登记机关查明双方确实是自愿离婚，并已经对子女抚养、财产以及债务处理等事项协商一致的，予以登记，发给离婚证。”

第1080条新增规定：“完成离婚登记，或者离婚判决书、调解书生效，即解除婚姻关系。”

根据《民法典婚姻家庭编》及其相关法律规定，婚姻当事人离婚登记必须经过申请、审查和登记三个步骤。

1. 申请

根据《民法典婚姻家庭编》和《婚姻登记条例》的规定，离婚双方必须共同到一方常住户口所在地的婚姻登记机关申请离婚登记。

当事人双方亲自到婚姻登记机关提出离婚申请时，应当持下列证件或证明材料：本人的户口本、居民身份证、离婚协议书、结婚证。这些证明文件有助于婚姻登记机关查明当事人的身份及双方之间的夫妻身份关系，确定管辖权，了解当事人双方关于离婚问题及子女抚养和财产处理等问题的真实态度。

离婚申请时需要注意我国《民法典婚姻家庭编》第1077条新增设的“离婚冷静期”制度。

离婚冷静期又称离婚熟虑期，是在离婚自由原则下，婚姻双方当事人申请自愿离婚，在婚姻登记机关收到该申请之日起一定期间内，任何一方都可撤回离婚申请、终结登记离婚程序的冷静思考期。离婚冷静期的实质是使协议离婚的难度增大，从而减少草率离婚和冲动离婚。

根据民政部统计数据，自2003年起，我国离婚率逐年连续上涨，离婚率不断攀升，由此引发了一系列社会问题。有学者认为，现行的婚姻家庭法对登记离婚不作限制，使我国的登记离婚制度成为世界上最自由的离婚制度，造成的后果是草率离婚有所增加，未成年子女的利益没有得到应有的重视。在这种背景下，《民法典婚姻家庭编》增加离婚冷静期制度，使申请离婚的当事人经过适当时间的冷静，整理情绪、反思问题，更加理性地对待离婚的要求，从而减少草率离婚、冲动离婚，改变现行登记离婚“即申即离”的现状。设置离婚冷静期其实是一次善意的提醒，提醒婚姻当事人谨慎行使离婚自由权，激发其对婚姻家庭的责任心。离婚冷静期与登记离婚程序具有较高契合性，能够有效缓和因双方冲动导致的协议离婚。

至于实践中有家庭暴力、虐待、吸毒、赌博等情形的离婚，受害方可以随时直接向法院起诉离婚，而起诉离婚是不适用离婚冷静期制度的。所以，离婚冷静期制度并不违反我国的离婚自由原则。

2. 审查

根据《民法典婚姻家庭编》和《婚姻登记条例》的规定，婚姻登记机关应对当事人的离婚申请进行严格的审查。婚姻登记机关的审查分为形式审查和实质审查两部分。形式审查主要是检验当事人所提供的证明、证件等是否真实、可靠，证件、证明等是否齐全。实质审查主要查明当事人双方是否符合协议离婚的条件。

婚姻登记机关不予受理离婚申请的情况：一方要求离婚的；双方要求离婚，但对子女抚养、夫妻一方生活困难的经济帮助、财产及债务处理等事项未达成协议的；一方或者双方当事人为限制民事行为能力人或者无民事行为能力人的；未办理过结婚登记的；其结婚登记不是在中国内地办理的。

审查的过程也是对当事人进行引导、调解和说服教育的过程。首先，当事人要如实提供婚姻登记机关需要了解的情况，不得欺骗或隐瞒。其次，婚姻登记机关要对婚姻当事人作和好的调解，促使双方重新考虑离婚问题。再次，对于当事人都同意离婚，但对子女抚养或财产处理不够合理、妥当的，应当正确引导，帮助他们作出相应的调整。在审查过程中，如发现当事人有弄虚作假、欺骗、隐瞒等违法行为时，应给予批评教育或不给予离婚登记，情节严重构成犯罪的，应交司法机关依法追究其刑事责任。

3. 登记

根据《民法典婚姻家庭编》第 1078 条和《婚姻登记条例》的规定，婚姻登记机关经过审查，查明双方确实是自愿离婚，并已经对子女抚养、财产以及债务处理等事项协商一致的，予以登记，发给离婚证。对不符合离婚登记法定条件的，婚姻登记机关不予登记，并应以书面的形式说明不予登记的理由。

（四）离婚登记的法律效力

当事人完成离婚登记，即解除婚姻关系。婚姻登记机关对于符合离婚条件的当事人发给离婚证。离婚证是婚姻关系已经合法解除的具有法律效力的文件，离婚证与人民法院的离婚判决书、离婚调解书具有同等的法律效力。离婚当事人一方不按照离婚协议履行应尽义务的，另一方可以向人民法院提起民事诉讼。

第三节　诉讼离婚

一、诉讼离婚的概念

诉讼离婚，是指夫妻双方对待离婚或离婚后子女的抚养、财产分割等问题不能达成协议，由一方向人民法院提起诉讼，经法院审理、调解或判决而解除婚姻关系的法律行为。这种形式的离婚又被称为判决离婚。

二、诉讼离婚制度

（一）诉讼离婚制度的概念

诉讼离婚制度，是指人民法院对离婚纠纷进行管辖与处理的法律制度。从另一个角

度说，凡属由人民法院管辖和处理的离婚纠纷，都是判决离婚。虽然在人民法院审理离婚案件的过程中，经过调解，当事人可能达成协议，因而不使用判决的结案方式，但这种协议的达成是司法行为的结果，且须经过法院确认，制作正式法律文书，所以，它有别于双方自愿、通过行政程序办理的协议离婚。

《民法典婚姻家庭编》第 1079 条规定："夫妻一方要求离婚的，可以由有关组织进行调解或者直接向人民法院提起离婚诉讼。人民法院审理离婚案件，应当进行调解；如果感情确已破裂，调解无效的，应当准予离婚。"也就是说，一方要求离婚的可以直接向人民法院提出离婚诉讼；虽在离婚问题上双方合意，但对子女和财产问题不能通过自愿协商作出适当处理的，也适用诉讼离婚程序。

（二）诉讼离婚的条件

（1）必须由当事人一方提出离婚申请，任何第三者都不得以诉讼当事人身份提出离婚诉讼，可以依法作为诉讼代理人，代理一方参加诉讼活动。

（2）只限于一方要求离婚，另一不同意离婚；或双方都同意离婚，但对子女抚养、财产分割等问题不能协商一致；或对债务的性质、清偿责任的分担发生争议；或是因一方要求对方给予经济帮助，另一方不同意或不愿意按对方要求给予帮助而协议不成的。

（3）诉讼离婚只有人民法院才能受理与管辖，人民法院独立行使审判权。

（三）诉讼离婚的程序

1. 诉讼外调解

我国《民法典婚姻家庭编》第 1079 条规定："夫妻一方要求离婚的，可以由有关组织进行调解或者直接向人民法院提起离婚诉讼。"对于此处的"有关组织"的"调解"，应作以下理解：

（1）调解的性质。

《民法典婚姻家庭编》所规定的这种调解，是诉讼外的民间调解。对于"有关组织"的含义，通常是指当事人所在单位、群众团体、基层调解组织、法律服务机构、当事人的亲友等。这种调解，不属于司法调解，也不是行政调解。

（2）调解的作用。

对离婚纠纷进行诉讼外调解，既比较切合我国关于家庭纠纷通过调停解决的传统习惯和"非讼"心理，易于为当事人所接受，也因为其方式灵活，主持调解者通常对当事人的情况有较多了解，以及便于营造良好的气氛而有利于妥善、及时地解决争端，增强团结，减少涉讼案件。

通过诉讼外调解，可能出现三种结果：

第一种是调解和好，双方继续生活；

第二种是通过调解双方达成离婚协议，办理离婚手续；

第三种是调解无效，双方未达成协议，一方向人民法院起诉离婚。

（3）调解的效力。

诉讼外调解不是我国处理离婚的必经程序，当事人可以寻求和接受这种调解，也可以直接向人民法院起诉，即使接受了调解仍有权随时要求终止。调解的结果只有道德的约束力，没有行政或法律的约束力，不得强制执行。

2. 诉讼离婚程序

（1）管辖。

依照我国《民事诉讼法》和最高人民法院《关于适用〈中华人民共和国民事诉讼法〉若干问题的意见》，人民法院受理离婚案件的管辖原则是：

①公民提起的离婚诉讼，原则上应由被告住所地人民法院管辖；

②被告离开住所地超过一年的，由原告住所地人民法院管辖；

③双方离开住所地超过一年的，由被告经常居住地人民法院管辖；

④没有经常居住地的由原告起诉时居住地的人民法院管辖；

⑤被告不在中华人民共和国领域内居住、下落不明或者宣告失踪、被监禁的，由原告住所地或者经常居住地人民法院管辖；

⑥非军人对非文职军人提起离婚诉讼由原告住所地人民法院管辖；

⑦双方当事人都是军人的，由被告住所地或者被告所在的团级以上单位驻地的人民法院管辖；

⑧中国公民双方在国外但未定居，一方向人民法院起诉离婚的，由原告或者被告原住所地的人民法院管辖。

（2）调解。

此处的调解，指诉讼中调解，是指在法院审判人员的主持下，由双方当事人自愿协商，达成协议，解决纠纷的一种方法。其特点如下：

①诉讼中调解是人民法院行使国家审判权的一种方式，与审判结合进行。法院从受理案件开始到判决前为止，都可以依职权主动进行调解。

②这种调解重在发挥人民法院的主导作用，审判人员可以主动提出解决方案，促使当事人尽早达成协议。双方达成的离婚协议，必须得到法院的批准与认可，发给离婚调解书后才能发生法律效力。

《民法典婚姻家庭编》第1079条第2款规定："人民法院审理离婚案件，应当进行调解。"这表明调解原则是人民法院审理离婚案件的必经程序，凡能够调解的案件都应当进行调解。如果当事人确因特殊情况无法出庭参加调解的，除本人不能表达意志的以外，应当出具书面意见。把调解作为必经程序是基于离婚案件本身作为身份关系诉讼的特点，通过调解结案，有利于妥善解决当事人双方的矛盾，减轻当事人的精神创伤，合理处理各种关系。调解时，双方必须自愿，不得强迫；调解达成的协议内容不得违反法律规定。调解也不能久调不决。

通过诉讼中的调解，也会出现三种可能：

第一，双方和好，原告撤诉。在这种情况下，人民法院应将和好协议的内容记入笔录，由双方当事人、审判人员、书记员签名或者盖章。

第二，双方达成离婚协议。在这种情况下，人民法院应当制作调解书，调解书应写明诉讼请求、案件的事实和调解结果，并由审判人员、书记员签名，加盖人民法院印章。离婚调解书经双方当事人签收后即具有法律效力，夫妻关系即告解除。无民事行为

能力人的法定代理人与对方达成协议，要求发给判决书的，人民法院可根据协议内容制作判决书。

第三，调解无效，包括调解和好不成、调解离婚无效及经过调解双方在其他离婚后果方面达不成协议。在这种情况下，离婚诉讼继续进行，由法院依法判决。

(3) 判决与上诉。

离婚案件的当事人可以依法委托诉讼代理人。但即使有诉讼代理人的，本人除不能表达意志的以外，仍应出庭；确因特殊情况无法出庭的，必须向人民法院提交书面意见。

对于调解无效的离婚案件，人民法院应遵照以事实为根据、以法律为准绳的审判工作原则作出判决。在审判离婚案件时，当事人申请不公开审理的，可以不公开审理，但一律公开宣告判决。人民法院可以依法判决离婚，也可以依法判决不离婚。一审判决离婚的，人民法院在宣告判决时必须告知当事人在判决发生法律效力前不得另行结婚。

此处需要注意：①凡判决不准离婚和调解和好的离婚案件，没有新情况、新理由，原告在 6 个月内不得重新起诉，被告则不受此限。②《民法典婚姻家庭编》第 1079 条第 4 款新增规定："经人民法院判决不准离婚后，双方又分居满一年，一方再次提起离婚诉讼的，应当准予离婚。"法律设置一年的分居期，意在给双方当事人一年的冷静期，如果一年分居期满，一方仍然起诉离婚的，准予离婚。

当事人不服一审判决的，有权依法上诉。第二审人民法院审理上诉案件时可以进行调解。经调解双方达成协议的，自调解书送达时起原审判决即视为撤销；第二审人民法院作出的判决是终审判决。

3. 诉讼离婚的特别程序

在离婚问题上，我国法律除了赋予当事人有离婚自由权之外，也对公民的离婚自由在程序上给予了一定的限制，通过这种限制，以保护婚姻关系中特殊群体的婚姻权益和身心健康。这种特殊保护包括：

(1) 对现役军人婚姻的保护。

《民法典婚姻家庭编》第 1081 条规定："现役军人的配偶要求离婚，应当征得军人同意，但是军人一方有重大过错的除外。"这是我国婚姻家庭法对现役军人配偶离婚胜诉权的一种限制，体现了法律对现役军人婚姻的特别保护。

对现役军人的婚姻给予特别保护，是我国婚姻家庭立法的优良传统，符合国家和人民的根本利益。对现役军人利益的保护，尤其是对其婚姻的特别保护，可以稳定军心，从而稳定社会秩序，达到保卫国家，保护人民利益的目的。同时，对现役军人婚姻给予特别保护，也体现了国家对革命军人的关怀和爱护。

《民法典婚姻家庭编》第 1081 条包含以下内容：

①适用范围的限制。该条对现役军人婚姻的保护，只适用于现役军人的配偶要求离婚的案件。现役军人是指具有军籍，正在中国人民解放军或者武装警察部队服役的干部和战士，至于退伍军人、转业军人或正在军事单位内工作但没有军籍的职工均不属于现役军人的范围。现役军人的配偶是指同现役军人履行了结婚登记手续，确立了夫妻关系的非军人一方，且非军人一方配偶是离婚诉讼的原告。如果夫妻双方均为现役军人，或离婚诉讼是由军人一方提出的，则不适用本条，而是按一般程序处理。

②离婚胜诉权的限制。该条文规定，现役军人的配偶要求离婚，应当征得军人的同意，这实际上是对非军人的原告离婚胜诉权的限制。当现役军人的配偶要求离婚时，如果军人一方没有重大过错，军人一方本人又表示不同意离婚的，一般不得准予离婚。当然，也不是军人本人不同意离婚，法院就一律判决不准离婚。当人民法院从婚姻基础、婚后感情、婚姻现状、离婚原因及有无和好可能等方面判断夫妻双方的感情确已破裂调解无效时，法院也会判决准予离婚，即使军人不同意，也不影响法院的判决。

③对军婚保护的限制。我国现行婚姻家庭法仍然坚持对现役军人婚姻的保护，但这种保护是有条件的。《民法典婚姻家庭编》对现役军人的“同意”给予了适当的限制，即非军人一方提出离婚，而“军人一方有重大过错”的，人民法院如判决离婚可不必征得军人的同意。“军人一方的重大过错行为”一般是指，军人一方重婚，或与其他异性婚外同居，或实施家庭暴力或虐待、遗弃家庭成员，或有赌博、吸毒等恶习屡教不改的，或有其他严重伤害夫妻感情的行为。

④非军人一方提出离婚的处理。《民法典婚姻家庭编》第 1081 条对军人婚姻的保护，是婚姻家庭法在离婚问题上的一个特别规定。根据特别法优于一般法的原则，人民法院在审理这类案件时，应当征得军人的同意，除非军人一方有重大过错。总之，对于军人配偶要求离婚的案件，是否判决离婚，要根据案件的实际情况，既要保护军人的婚姻，又要注意保护非军人一方的合法权益，同时还要兼顾婚姻自由的原则，不能用法律手段强制那些感情确已破裂，事实上已经死亡了的婚姻继续存在。

（2）对女方的特别保护。

《民法典婚姻家庭编》第 1082 条规定：“女方在怀孕期间、分娩后一年内或者终止妊娠后六个月内，男方不得提出离婚；但是，女方提出离婚或者人民法院认为确有必要受理男方离婚请求的除外。”这一条文是根据保护妇女、未成年人合法权益原则，对怀孕期间和分娩后、堕胎后妇女的特殊保护。女方在怀孕期间、分娩后 1 年内、堕胎后 6 个月内，身体上、精神上有一定的负担，尤其对胎儿、婴儿要特别照料保护。如果男方在此期间提出离婚，很可能给女方造成强烈的刺激，以致影响孕妇、产妇的健康，或不利于胎儿、婴儿的发育和成长。因此，禁止男方在此期间提出离婚，不仅出于事实上的需要，也是社会主义道德的要求。

适用这一规定，应注意以下几个问题：

①这一特殊规定是为了保护妇女、未成年人的权益，在特定时间内对男方的离婚起诉权的一种限制。这种限制，只是一种暂时性的，而非永久性的剥夺男方的离婚诉讼权。在上述期间届满后，男方仍可依法行使其离婚请求权。

②女方在此期间提出离婚的，不受限制。这是因为，这条规定的立法目的在于保护妇女、未成年人的权益。女方在此期间提出离婚，往往是出于某种紧迫的原因，而且她对离婚及其后果已有了充分的思想准备，如不及时受理，可能更加不利于对孕产妇和胎儿、婴儿的保护。

此外，在上述期间，如果男女双方自愿登记离婚的，法律不予禁止。

③人民法院认为确有必要受理男方离婚请求的，也不受限制。所谓“确有必要”，通常指两种情况：第一，双方确实存在不能继续共同生活的重大而紧迫的理由，一方对他方

有危及生命、人身安全的可能。第二，女方怀孕是因为与他人通奸所致，女方也不否认。在这两种情况下，如果夫妻感情确实已经破裂，男方提出离婚的，法院可以受理其离婚请求。但是，女方婚前与他人发生性行为的，一般不能作为对方提出离婚的理由。

④人民法院在未发现女方怀孕时判决离婚，宣判后，女方发现怀孕提起上诉，经查明属实的，第二审法院应即撤销原判决，驳回原告的离婚请求，不必发回原审法院重新审判。

第四节　诉讼离婚的法定条件

一、诉讼离婚法定条件的概念

所谓诉讼离婚的法定条件，也叫诉讼离婚法定理由。它是当事人在离婚诉讼中举证、质证、认证的焦点，是法院判决准予离婚的标准和依据。诉讼离婚的法定条件关系到当事人婚姻的生死存亡，并直接体现了离婚的指导思想和基本原则。

二、诉讼离婚法定条件的规定

《民法典婚姻家庭编》第 1079 条第 2、3、4、5 款规定：“人民法院审理离婚案件，应当进行调解；如果感情确已破裂，调解无效的，应当准予离婚。”“有下列情形之一，调解无效的，应当准予离婚：（一）重婚或者（有配偶者）与他人同居；（二）实施家庭暴力或者虐待、遗弃家庭成员；（三）有赌博、吸毒等恶习屡教不改；（四）因感情不和分居满二年；（五）其他导致夫妻感情破裂的情形。”“一方被宣告失踪，另一方提起离婚诉讼的，应当准予离婚。”“经人民法院判决不准离婚后，双方又分居满一年，一方再次提起离婚诉讼的，应当准予离婚。”

本条第 2 款确立了我国离婚制度中判决离婚的法定条件，即“夫妻感情确已破裂，调解无效”。这一规定有两层含义：

一是如果夫妻感情确已破裂，调解无效，应准予离婚；

二是如果夫妻感情没有破裂或没有完全破裂，即使调解无效也不准离婚。

本条第 3 款、第 4 款和第 5 款，分别列举了感情破裂准予离婚的具体情形。

三、关于“夫妻感情确已破裂”

（一）如何理解“夫妻感情确已破裂”

对“夫妻感情确已破裂”，应从以下几点来认识：

(1) 作为婚姻关系缔结和存续基础的夫妻情爱完全消失，夫妻关系在主观上和客观上均难于维持。在程度上，应该是夫妻感情彻底、全面破裂，而不属于某些方面出现裂痕；在时间上，应该是夫妻感情已经破裂，而不是可能或将要破裂；在现实表现上，只能是真正破裂，而非虚假的破裂表象或当事人主观上认为破裂，也不是暂时的冲突或还有和好的可能。

(2) 这种破裂是一种无因破裂，即不论导致夫妻感情破裂的具体原因，不论当事人是否有过错责任，只要感情真的已经破裂，就可判决离婚。

(3) 感情确已破裂作为唯一的离婚理由，具有独立的、普遍的法律效力。这一理由不受其他条件的制约，且其他理由最终都要回归到该理由。

(4) 感情确已破裂原则中，双方当事人都有离婚请求权，不得剥夺有过错方的离婚自由。

(二) 法官如何判断夫妻感情是否破裂

根据我国长期的司法实践经验，法官应从婚姻关系的四个层面来分析评判夫妻感情是否破裂：

(1) 看婚姻基础。婚姻基础是指男女双方建立婚姻关系时的思想感情状况和相互了解的程度，它是婚姻得以缔结的根本和起点，对婚姻关系的维持起着重要的奠基作用。这里的看婚姻基础，就是要调查了解双方结合的方式、恋爱时间的长短，以及结婚的动机和目的。具体而言，也就是看双方结婚是自主自愿的，还是父母或他人包办强迫的；是以爱情为基础的，还是以金钱、权势和财产为目的结合的；双方是通过充分了解而结合的，还是一见钟情的草率婚姻；是出于真心相爱，还是出于同情、怜悯、感恩、虚荣心而结合的。这些因素对夫妻婚后感情和离婚纠纷产生的原因都会有直接或间接的影响。

通常情况下，婚姻基础好的夫妻婚后感情也较好，一旦发生离婚纠纷，甚至一度破裂，通过调解比较容易和好。相反，如果婚姻基础较差，婚后又未建立起真正的夫妻感情，有了新的矛盾，以至发生离婚纠纷，和好的可能性就小一些。当然，这只是相对而言。也有可能是夫妻间的婚姻基础原来不好，但结婚时间较长，培养了一定的感情，又生有子女，这种情况下，即使有了纠纷也不一定要离。反之，自由恋爱结合的夫妻，也会因其他原因造成夫妻感情破裂，从而导致夫妻离异。因此，看婚姻基础只是判断分析夫妻感情的一个方面，还要结合其他方面，全面分析判断。

(2) 看婚后感情。婚后感情是指男女双方结婚以后的相互喜爱、相互忠实、相互关怀和相互敬重之情。看婚后感情就是看夫妻共同生活期间的感情状况，一般来说，一看夫妻双方婚后共同生活的感情状况，是否做到互敬互爱，互相帮助，互相体贴，互相关心，共同抚育后代，有事共同商量，夫妻地位是否平等；二看夫妻感情的发展变化，是由好变坏，还是由坏变好，或是时好时坏，要根据具体情况作全面的分析判断；三看产生纠纷的具体情况，如发生纠纷的次数、程度、后果等；四看双方本人及家庭状况，如男女各方的思想品质、生活作风、性格爱好，以及家庭关系、婆媳关系、经济状况等。

(3) 看离婚的原因。离婚原因是指引起离婚的最根本的因素，即引起夫妻纠纷的主要矛盾或夫妻双方争执的焦点与核心问题。离婚原因可能是单一的，也可能是多种因素交错在一起；有的是主观上的，有的是客观上的；有真实的，也有虚假的；有直接的，也有间接的。要注意到当事人自己陈述的离婚原因与离婚的真实原因有时并不一致，有些人为了达到离婚的目的，往往夸大事实，制造假象，用莫须有的现象来掩盖真实面目；而另一方为了达到不离婚的目的，也会想尽一切办法来否定原告人的离婚理由，甚至制造一些不实的材料加错于对方，或者隐瞒事实真相，捏造虚假原因，使自己变被动为主动，以便取得胜诉。对于这样的离婚理由，法官就需要明察秋毫，掌握离婚的真实原因，不为虚假现象所迷惑，分清是非、明确责任，从而对症下药，正确判断夫妻感情的真实情况，使离婚纠纷得到正确解决。

（4）看夫妻感情有无和好的可能。看有无和好的可能是指在上述“三看”的基础上，进一步把握夫妻关系的现状和各种有利于和好的因素，对婚姻的发展前途进行估计和预测。如了解和掌握夫妻双方对立情绪的大小、是否分居、夫妻间权利义务是否停止、对子女是否牵挂、坚持不离的一方有无和好的行动、有过错一方有无悔改表现等。这些情况对判断夫妻关系的发展前途、有无和好的可能都是很重要的。

以上四个方面相互联系、相互影响。判断夫妻感情是否确已破裂、有无和好的可能，应当从四个方面全面分析研究。在此，一定要用发展的眼光看问题，不仅要看到夫妻感情的过去和现在，而且要对夫妻关系的前途有所分析、有所预见。只要双方还有和好的可能，就应当努力帮助他们改善夫妻关系，把和好的可能变成现实。如果没有和好的可能，夫妻感情确已破裂，就应依法准予离婚。

（三）认定“夫妻感情确已破裂”的具体标准

《民法典婚姻家庭编》第 1079 条是指导全国各级人民法院审判离婚案件，认定夫妻感情确已破裂的标准和依据。感情破裂准予离婚的法定具体情形有以下几种。

1. 重婚或有配偶者与他人同居的

（1）配偶一方重婚的，调解无效，视为夫妻感情确已破裂。

重婚是指有配偶者又与他人登记结婚，或虽未登记，但事实上确以夫妻名义同居生活的违法行为。

我国实行严格的一夫一妻制的婚姻制度，《民法典婚姻家庭编》第 1042 条明确规定“禁止重婚。”我国《刑法》第 258 条规定：“有配偶而重婚的，或者明知他人有配偶而与之结婚的，处二年以下有期徒刑或者拘役。”因此，重婚行为不仅违反婚姻家庭法，而且触犯刑律。重婚行为在法律上是无效的，当事人重婚组成的婚姻是无效婚姻。

因重婚而引起的离婚纠纷，分为两种情况：

第一，一方重婚，其配偶提出离婚。对此，人民法院应当依据最高法院《关于贯彻执行民事政策法律若干问题的意见》第 8 条的规定：“因重婚而提出离婚的，应按照 1983 年 7 月 26 日最高人民法院、最高人民检察院、公安部联合签发的（83）法研字第 14 号文件《关于重婚案件管辖问题的通知》规定，首先由刑庭处理重婚问题。”经人民法院刑事审判，依法解除非法的重婚关系，并对重婚犯罪者予以刑事制裁后，对方仍不谅解，坚决要求离婚，经调解无效，可准予离婚。

第二，重婚一方起诉要求与原配偶离婚，被告控告原告犯有重婚罪。这种情况下，首先由刑庭处理重婚问题，经刑事审判，给予重婚者以刑事制裁并解除非法的重婚关系后，重婚一方仍坚持与原配偶离婚的，人民法院应当从婚姻基础、婚后感情、离婚原因、夫妻关系的现状和有无和好的可能等方面综合分析，判断夫妻感情是否确已破裂。如果夫妻感情尚未破裂，原配偶坚持不离的，可着重调解和好或者判决不准离婚。如果夫妻感情确已破裂，无和好可能的，应在做好原配偶的思想工作基础上，调解或判决准予离婚。

对于因重婚而引起的离婚，不论是重婚一方提出离婚，还是原配偶提出离婚，如调解或判决离婚的，无过错一方有权请求损害赔偿。

（2）有配偶者与他人同居的，调解无效，视为夫妻感情确已破裂。

有配偶者与他人同居是指有配偶者与婚外异性持续、稳定地同居生活的一种非法行为，又称婚外同居。其特征是：双方有较固定的同居住所，但对外不以夫妻名义同居生活。当配偶一方与他人婚外同居，经教育仍无悔改表现，无过错一方起诉离婚；或者过错方起诉离婚，对方不同意离婚，经批评、教育、处分，或在人民法院判决不准离婚后，过错方又起诉离婚，确无和好可能的，即可以认定夫妻感情确已破裂，可判决准予离婚。

20 世纪 80 年代以来，因一方与他人婚外同居引起离婚纠纷案件逐渐增多，引起了社会的广泛关注。这类案件，绝大多数是由有过错一方提出离婚，对此，人们往往同情无过错一方，谴责有过错一方。但是，人民法院在处理这类案件时，却不能单纯以社会的舆论、情感趋向为依据，判决时应当坚持以下原则：

①必须分清是非、明确责任。对有过错一方应当进行批评教育，必要时还可以提出司法建议，由其所在单位给予党纪、政纪等处分。

②无论提出离婚的原告是有过错一方还是无过错一方，都应当以夫妻感情是否确已破裂作为是否准予离婚的准绳。对于感情确已破裂的，不能因一方有过错而判决强制维持其名存实亡的夫妻关系，将判决不准离婚作为惩罚有过错一方的手段。

③判决或调解离婚的，应当责令过错方对无过错方进行损害赔偿。

这类离婚案件通常有三种情况：

第一，无过错一方起诉离婚的。配偶一方与他人婚外同居，无过错一方起诉离婚，人民法院对有过错一方进行批评教育，促使其改正错误。如过错方仍无悔改表现、确无和好可能，无过错方坚决要求离婚，经调解无效，应准予离婚。

第二，过错方起诉离婚，无过错方不同意离婚的。对于这类案件，人民法院对原告一方的过错，应该进行严肃的批评教育，分清是非责任，可以建议原告所在单位给予其党纪、政纪处分。之后，如果原告有所悔改，或者无过错一方对原告的过错持谅解态度，就应当着重调解和好，判决不准离婚。如经批评教育、处分，过错方毫无悔改表现，坚持离婚，而被告方虽不同意离婚，却无争取和好的实际行动，事实证明双方感情确已破裂，确无和好可能的，经调解无效，应准予离婚。即使无过错的被告坚持不离，人民法院也应当注意在做好被告思想工作的基础上，调解或判决离婚。

第三，人民法院判决不准离婚后，过错方又起诉离婚的。过错方第一次起诉离婚，人民法院根据案件具体情况，认为双方感情尚未破裂，判决不准离婚后，过错方在6个月后又起诉离婚。对此，人民法院应当查明夫妻双方在判决不准离婚后的感情生活实际状况。如果夫妻关系没有改善，确无和好可能，经调解无效，应准予离婚。根据《民法典婚姻家庭编》新增规定，经人民法院判决不准离婚后，双方又分居满一年，过错方再次提起离婚诉讼的，应当准予离婚。

2. 实施家庭暴力或虐待、遗弃家庭成员的

《民法典婚姻家庭编》第1042条规定："禁止家庭暴力。禁止家庭成员间的虐待和遗弃。"我国《刑法》第260条也有相关规定："虐待家庭成员，情节恶劣的，处二年以下有期徒刑、拘役或者管制。犯前款罪，致使被害人重伤、死亡的，处二年以上七年以下有期徒刑。"第260条之一："对未成年人、老年人、患病的人、残疾人等负有监护、看护职责的人虐待被监护、看护的人，情节恶劣的，处三年以下有期徒刑或者拘役。"第261条："对于年老、年幼、患病或者其他没有独立生活能力的人，负有扶养义务而拒绝扶养，情节恶劣的，处五年以下有期徒刑、拘役或者管制。"可见，虐待或遗弃家庭成员的行为，不仅违反婚姻家庭法，而且也触犯刑律。

家庭暴力和虐待，是发生在家庭成员之间的，以殴打、捆绑、残害身体、性暴虐等手段，对家庭成员从肉体上、精神上进行摧残、折磨的行为。遗弃是对于需要扶养的家庭成员，负有扶养义务而拒绝扶养的行为，表现为经济上的不供养、生活上的不照顾，使被扶养人的正常生活不能维持，甚至生命和健康得不到保障。

人民法院处理这类案件，应当认真查明夫妻之间、家庭其他成员之间平时的感情状况，家庭暴力、虐待、遗弃的具体事实和情节：

（1）如果夫妻之间、其他家庭成员之间平时感情较好，由于偶然的原因，引起家庭暴力、虐待、遗弃行为而且情节也不严重的，应当批评、教育有过错的一方，要其向对方承认错误，赔礼道歉，在此基础上着重调解和好。

（2）如果夫妻之间、其他家庭成员之间平时感情不好，实施家庭暴力、虐待、遗弃的行为是经常的、一贯的，已严重伤害了夫妻感情，虽经法院调解，无过错一方不予谅解，坚决要求离婚的，应判决准予离婚。如果虐待、遗弃行为情节恶劣，已经构成犯罪的，还应当追究过错方的刑事责任。

3. 配偶一方有赌博、吸毒等恶习屡教不改的

赌博，就是用财物作赌注比输赢。吸毒，是指吸食毒品。其他恶习包括好逸恶劳、不务正业、不履行家庭义务、卖淫嫖娼、酗酒等。据有关统计，近些年来，因配偶一方终日沉溺于某种恶习而导致离婚的案件呈上升趋势，且以女方为离婚原告的占到大多数。

人民法院处理这类案件，应查明其具体事实和有不良恶习一方的一贯表现：

（1）如果有恶习一方的过错情节较轻，并未达到屡教不改的地步，可进行批评教育或按治安管理处罚法予以行政处罚，促其改悔。经教育或处罚后，当事人表示真诚悔改并有实际表现，而对方也能够谅解的，应着重调解和好。这样处理，给予当事人一次悔过自新的机会，挽救濒临破裂的家庭，对双方、家庭和社会都有好处。

（2）如果当事人情节严重，已经构成犯罪，或者屡教不改，一贯不履行家庭义务，对方对其改过自新已丧失信心，夫妻难以共同生活，确无和好可能的，经调解无效，对方坚决要求离婚，应调解或判决准予离婚。

4. 因感情不和分居满 2 年的

夫妻感情不和分居已满 2 年，确无和好可能的，应视为夫妻感情确已破裂。分居是指夫妻间停止了共同生活，经济上不再合作，生活上不再相互关心、扶助，相互之间也停止了性生活。

人民法院在适用这一规定时，必须注意当事人应当同时具备两个前提条件：

（1）分居的原因必须是夫妻感情不和，而不是因为工作、学习、户口、住房等客观原因使夫妻两地分居。

（2）夫妻关系确无和好可能，一方坚决要求离婚，并经调解无效。如果还有调解和好可能，即使因感情不和分居已满 2 年，也不能认为已具备判决离婚的条件。

两个条件必须同时具备，人民法院才可以准予离婚。当夫妻分居满 2 年且互不履行法律规定的权利义务，经调解无效，说明夫妻关系已徒具形式，缺乏实质内容，也就说明了夫妻感情确已破裂，人民法院对此应准予离婚。

5. 其他原因导致夫妻感情破裂的情形

由于婚姻主体的广泛复杂性，婚姻双方感情破裂的原因也表现的多种多样。加之事物都处于发展变化之中，因此很难一一列举准许离婚的所有条件，而只能由司法机关根据立法的精神和每起离婚案件的具体情况，本着既保障离婚自由，又尽量维护社会、家庭的稳定健康发展的原则，对每起离婚案件进行实事求是的判定。其他导致夫妻感情破裂的情形，大概可以包括以下情形：

（1）配偶一方婚后患有一定疾病的，如果达到了妨害婚姻目的实现的程度，应当准予离婚。

此处的配偶一方婚后患有一定疾病的，通常是指夫妻一方在婚后共同生活期间，因精神受到严重刺激而发生精神病，久治不愈的。精神病，是指精神分裂症、躁狂抑郁症和其他重度丧失正常精神作用的精神病类型，并且须为重大不治者。所谓重大，是指须达到不能继续为婚姻共同生活的程度；所谓不治，并不限于绝对的不能医治，但须为医学上客观地断定在可预见的期限内，与同类精神病相比，难以恢复者。

人民法院受理的离婚案件中，因一方患精神病而引起的离婚诉讼，具有一定的普遍性。从医学的观点出发，先天性精神病患者的疾病可能会遗传给下一代，不利于优生优育，且重症精神病人多有性功能障碍。根据我国的相关法律精神，不能辨认自己行为的精神病人是无民事行为能力的人，不能完全辨认自己行为的精神病人是限制民事行为能力人，无民事行为能力或者限制民事行为能力的精神病人都应当设置监护人。因此，人民法院审理这类离婚案件时，必须查明：

①双方婚姻关系的形成经过；

②发病的原因和病史，患者是婚前已发现有病，还是婚后因受精神刺激而发病；

③患者属于不能辨认控制自己行为后果的病人，还是属于不能完全控制辨认自己行

为后果的病人；

④病人的治疗情况和目前的病情轻重程度等。

根据《民法典婚姻家庭编》第1053条新增规定以及相关立法精神，一方婚前患有精神病，向对方隐瞒了病情而结婚的，另一方可以向人民法院请求撤销该婚姻。对于一方在夫妻共同生活期间患精神病，但患者经长久治疗而无法康复的，应准予离婚。但在法院准予离婚之前，应由患者的配偶、亲属和有关单位安排好患者的监护、生活和治疗问题，使其不致因离婚而陷入无人负责照料的困境。在离婚诉讼中，必须为无行为能力的精神病人设置诉讼代理人。间歇性精神病人在精神正常的情况下，是具有诉讼行为能力的，应当保障他们有作为原告起诉离婚的权利或作为被告出庭为自己的合法权益进行答辩的权利，不应强行为他们设置诉讼代理人。涉及精神病人的离婚诉讼应当以判决的形式结案，但对财产分割和子女抚养教育等问题，为便于执行，也可由诉讼代理人和对方当事人协商，达成协议，将协议的内容写入判决书，以判决形式表达。

（2）配偶一方有生理缺陷或其他原因不能发生性行为，且难以治愈的。

夫妻以性爱为基础，婚姻是男女两性的结合，在一般情况下，和谐的夫妻性生活是增进夫妻感情的重要因素。因此，一方有生理缺陷或其他原因不能发生性行为，往往导致夫妻感情破裂。但不能发生性行为的情况有多种：有的是先天性的性器官发育不全，形成性机能缺陷，不能发生性行为，这种缺陷难以治愈；有的是外伤所致，因为外伤的轻重程度不同，有的可以治愈，有的不能治愈；有的是性器官发育正常，但由于某种心理上原因或者疾病而丧失性行为能力，这种情况一般属于一时性的缺乏性行为能力，大多数可以治愈。

人民法院审理这类原因引起的离婚案件，审判人员应当委托法医对患者一方进行性功能检验，查明患病原因和有无治愈的可能。如经法医检验，确实属于丧失性功能且难以治愈的，应准予离婚。

（3）男女双方婚前缺乏了解，草率结婚，婚后未建立起夫妻感情，难以共同生活的。

婚姻当事人对待婚姻问题缺乏慎重态度、婚姻基础差、草率结婚而引起的离婚案件，在人民法院受理的离婚案总数中，占相当大的比例。引起草率结婚的原因，有的是当事人对婚姻自由缺乏正确的认识，对恋爱婚姻持不严肃、不慎重的态度，未婚同居或未婚先孕，木已成舟后匆忙结婚；有的当事人则是一见钟情，对于对方的人品、性格脾气、志趣爱好等缺乏了解，草率闪婚；有的一方当事人将婚姻作为达到个人目的的跳板，目的达到后即提出离婚。

对于此类离婚案件，并非一定要准予离婚，准予离婚的只是那些草率结婚，婚后未建立起感情且难以共同生活的婚姻。对于虽然属于草率结婚，但婚后建立起一定感情并生有子女的，则要慎重对待，不一定判决离婚。

（4）双方办理结婚登记后，未同居生活，无和好可能的。

依照《民法典婚姻家庭编》第1049条规定，男女双方完成结婚登记，即确立婚姻关系。但我国社会受聘娶婚制传统习俗的影响很深，特别是在广大农村，男女完成结婚登记，并不即行同居生活，须经一段时间举行结婚仪式以后，才真正生活在一起。可是，有的婚姻当事人在举行结婚仪式开始同居之前，就可能因种种原因引起纠纷，提起离婚诉讼。这种婚姻虽然尚缺乏夫妻共同生活的实际内容，但在法律上夫妻关系已经确立。

对这类离婚案件，人民法院应严肃认真地处理，查明发生纠纷的真实原因，进行调解；如调解无效，一方坚持离婚，无和好可能的，应认为夫妻感情确已破裂，可判决准予离婚。

（5）一方被依法判处长期徒刑，或者违法、犯罪行为严重伤害夫妻感情的。

因一方犯罪被判处徒刑，对方提出离婚诉讼的案件，在实践中所占的比重并不大，但在各地具有普遍性。被判刑劳动改造的人，他们虽然被剥夺或限制了人身自由权，但在离婚诉讼问题上，他们与对方当事人仍享有平等的诉讼权利，并在适用法律上一律平等。

人民法院审理这类案件，应当查明双方的婚姻基础、婚后感情、被告的一贯表现、罪行性质、刑期长短以及被告在服刑期间的实际表现等，在此基础上进行综合分析，按有关规定处理。处理过程中，既要保障离婚自由原则，又要考虑有利于被告的服刑改造。

至于其他导致夫妻感情确已破裂的情形，法律未作具体规定。实践中，是否属于导致夫妻感情确已破裂的情形，由各级法院的审判人员自由裁量。

（6）夫妻双方因是否生育发生纠纷，致使感情确已破裂，一方请求离婚的，人民法院经调解无效，可判决准予离婚。

6. 一方被宣告失踪的情形

一方被宣告失踪，另一方提出离婚诉讼的，应准予离婚。

第五节 离婚的法律后果

一、离婚法律后果的概念

离婚法律后果，也称离婚的效力，是指因离婚在法律上所发生的法律后果。离婚后，因结婚而产生的权利义务关系消灭，从而引起当事人的人身关系、财产关系以及亲子关系等一系列的变化。

在我国，依据《民法典婚姻家庭编》第1080条新增规定：“完成离婚登记，或者离婚判决书、调解书生效，即解除婚姻关系。”离婚效力产生于离婚登记或判决离婚生效之后，即协议离婚的，为完成离婚登记之日；诉讼离婚的，为调解书、判决书发生法律效力之日。

二、离婚对当事人产生的法律后果

离婚对于婚姻当事人来说，不仅是婚姻关系在形式上的解除，而且由婚姻成立而产生的人身关系、财产关系及其权利义务内容均随之消灭。

（一）离婚对当事人身份上的法律效力

离婚对当事人身份上的效力，主要是指当事人之间的夫妻身份关系因离婚而解除，基于夫妻身份而产生的人身关系也随之消灭。关于离婚后当事人人身关系的变化，我国婚姻家庭法未作明确规定。但对于结婚在当事人之间产生的人身效力，《民法典婚姻家庭编》则有明确规定。结婚是婚姻关系的开始，离婚是婚姻关系的终止，因结婚而产生的当事人的身份效力及其权利义务内容，在离婚之后归于消灭。根据《民法典婚姻家庭编》关于夫妻人身关系的内容，离婚对当事人产生的身份效力主要有以下几个方面：

（1）夫妻身份消灭。夫妻身份是因男女双方的结婚而产生，因双方的离婚或一方死亡而消灭，离婚是夫妻关系消灭的一个重要的法律行为。夫妻身份消灭，因夫妻身份而形成的配偶称谓也因此而消灭。

（2）再婚自由恢复。我国实行一夫一妻的婚姻制度，夫妻双方在婚姻关系存续期间都不得与任何第三人结婚，否则为重婚。夫妻离婚，婚姻关系解除后，当事人双方均成为单身无配偶者，因此拥有再婚的权利，任何人不得加以干涉或强迫。

（3）扶养义务终止。夫妻有相互扶养的义务，这是缔结婚姻关系的内在期望和婚姻关系本身固有的要求，是维系婚姻的必要保障。夫妻离婚以后，夫妻的身份关系不复存在，夫妻之间的相互扶养义务同时解除，任何一方不再享有要求对方扶养的权利，任何一方也不再负有扶养对方的义务。

（4）配偶继承权丧失。根据我国继承法律和婚姻家庭法的规定，夫妻有相互继承遗产的权利，配偶是第一顺序的法定继承人。配偶相互继承权，是以配偶一方死亡，继承发生时合法婚姻关系的存在为前提的。夫妻离婚后，其合法的婚姻关系已不复存在，配偶继承权自然也就因此而消灭，彼此不再具有法定继承人资格，无权再以配偶的身份继承对方的遗产。

（5）日常家事代理权消除。日常家事代理权是夫妻一方因日常家庭事务而与第三人为一定法律行为，视为夫妻共同的意思表示，另一方承担连带责任。日常家事代理权的产生，是以男女双方存在合法婚姻关系并在一起共同生活为前提的，夫妻离婚后，婚姻关系已经消灭，也不再共同生活，其日常家事代理权自然也就终止。

（6）夫妻同居义务终止。夫妻同居是男女双方以配偶身份共同生活的权利和义务，其中，夫妻之间的性生活是重要的内容之一，同居是婚姻自然属性的必然要求，是婚姻关系得以维持的基本条件和表现，男女双方自愿结婚也就表示愿与对方共同生活，包括与对方保持两性关系。夫妻如果离婚，也就意味着当事人之间不再共同生活，不再有夫妻性生活，基于婚姻的同居承诺当然也就随着婚姻关系的终止而作废。

夫妻离婚，因婚姻而产生的姻亲关系也随之消灭。国外有不同的立法例，有的采取消灭主义，即姻亲关系因夫妻离婚而消灭；有的则采取不消灭主义，即姻亲不因夫妻离婚而消灭；有的采取任意主义，离婚是否消灭姻亲关系，当事人自由选择。我国婚姻家庭法没有关于姻亲的法律规定，但有些民事法律却涉及直系姻亲，如我国继承法律关于丧偶儿媳对公婆、丧偶女婿对岳父母的继承权的规定。从亲属关系的基本原理来说，我国学理上认为，夫妻离婚应导致姻亲关系消灭。但配偶一方死亡，姻亲关系不一定消灭。

（二）离婚对当事人财产上的法律效力

婚姻家庭法中的财产关系，是由人身关系引起的法律后果，它随着当事人人身关系的产生而产生，也随着当事人人身关系的变更和消灭而变更、消灭。夫妻离婚，终止了当事人之间的人身关系，当然也就同时终止了当事人之间的财产关系，引起一系列财产上的法律后果。

1. 夫妻共同财产分割

《民法典婚姻家庭编》第1087条规定："离婚时，夫妻的共同财产由双方协议处理；协议不成的，由人民法院根据财产的具体情况，按照照顾子女、女方和无过错方权益的原则判决。"

共同财产分割，是夫妻离婚在财产方面的首要问题。我国婚姻家庭法虽然规定婚后所得共同制为夫妻法定财产制，但这并不意味着夫妻名下的所有财产都是夫妻共同财产；虽然婚后所得财产是夫妻共同财产，但对共同财产的分割并不意味着是绝对平均分配。因此，要正确处理夫妻共同财产分割，必须注意以下几个问题：

（1）夫妻共同财产的范围。

要正确处理夫妻共同财产分割，首先就要确定夫妻共同财产的范围。根据《民法典婚姻家庭编》和最高人民法院1993年11月3日颁布的《关于人民法院审理离婚案件处理财产分割问题的若干具体意见》的规定精神，夫妻共同财产包括以下内容：

①夫妻在婚姻关系存续期间所得的法定共同财产归夫妻共同所有，即一方或双方劳动所得的工资、奖金、劳动报酬；一方或双方从事生产、经营、投资的收益；一方或双方知识产权的收益；一方或双方因继承或赠与所得的财产，但遗嘱或赠与合同中确定只归夫或妻一方的财产除外；其他应当归夫妻共有的财产。

②夫妻约定在婚姻关系存续期间所得的个人所有财产和婚前个人所有的财产归双方共有的，以及约定将婚姻关系存续期间所得的部分财产归夫妻共有的，属于夫妻共同财产。

③在婚姻关系存续期间，复员、转业军人所得的复员费、自主择业费等一次性费用，以夫妻婚姻关系存续年限乘以年平均值（即将发放到军人名下的上述费用总额按具体年限均分得出的数额，其具体年限为人均寿命七十岁与军人入伍时实际年龄的差额），所得数额为夫妻共同财产。但伤亡保险金、伤残补助金、医药补助费属于个人财产，归本人所有。

④夫妻分居两地分别管理、使用的婚后所得财产，是夫妻共同财产。

⑤已登记结婚，尚未共同生活，一方或双方受赠的礼金、礼物，应认定为夫妻共同

财产。

⑥对个人财产还是夫妻共同财产难以确定的，主张权利的一方若不能举出有力证据，人民法院又无法查实的，按夫妻共同财产处理。

⑦婚后双方对婚前一方所有的房屋进行过扩建的，扩建部分的房屋按夫妻共同财产处理。

在确定了夫妻共同财产的范围之后，应将夫妻共同财产从家庭财产中分离出来。所谓家庭财产，是指家庭成员的共同财产和各自所有的财产的总和。它包括夫妻一方的个人财产、夫妻共同财产、子女的财产、其他家庭成员的财产以及全体家庭成员共有的财产。离婚时，夫妻财产分割仅限于夫妻共同财产，为了不侵犯其他家庭成员的财产权益和夫妻一方个人的财产权益，分割夫妻共同财产时应首先分家析产，分出属于夫妻共同所有的部分，然后再对此共同财产进行分割，切不能将家庭财产的全部当作夫妻共同财产加以分割。

（2）夫妻共同财产分割的基本原则。

分割夫妻共同财产，关系到离婚当事人双方的切身利益，为了兼顾双方利益，合理分割财产，根据现行婚姻家庭法的规定，分割夫妻共同财产应当贯彻以下基本原则：

①男女平等原则。男女平等原则是我国婚姻家庭法的基本原则，体现在夫妻财产关系上，就是双方对夫妻共同财产有平等的所有权，离婚时男女双方享有平等的分割夫妻共同财产的权利，对共同的债务，负有平等的清偿义务；分割夫妻共同财产，不受双方收入的影响，不因男女性别而有所差异。当然，坚持男女平等原则，并不表示必须平均分割夫妻共同财产。

②照顾子女和女方权益的原则。作为我国婚姻家庭法基本原则之一的“保护妇女、未成年人、老年人和残疾人的合法权益”原则，也应体现在离婚制度中，即在夫妻离婚分割共同财产时，要特别照顾子女和女方的权益。

照顾子女是因为父母离婚可能会对未成年子女的生活带来一定的负面影响。为使子女能健康地成长，有一个相对良好的生活环境，在分割夫妻共同财产时，首先应考虑未成年子女的利益和需要，给直接抚养未成年子女的一方适当多分一些财产。

照顾女方是因为由于受经济、传统观念的影响和制约，我国妇女目前的经济收入和独立谋生能力与男子相比还有一定的差距，不少妇女为家务劳动付出了主要精力，不仅没有产生直接的财产收益，还降低了自己参与社会竞争的能力。为了保护妇女的合法权益，避免妇女因经济生活问题而影响其行使离婚权利，为使妇女离婚后生活有保障，分割夫妻共同财产时应适当照顾女方。

③照顾无过错方的原则。《民法典婚姻家庭编》第 1087 条针对离婚财产分割，增设了“照顾无过错方权益”的原则。我国婚姻家庭法规定，因一方的过错行为，另一方可以提起离婚诉讼。所谓过错，是指一方有婚外同居、通奸、嫖娼、重婚、家庭暴力、虐待、遗弃等行为。根据《民法典婚姻家庭编》第 1092 条规定，夫妻一方隐藏、转移、变卖、毁损、挥霍夫妻共同财产，或者伪造夫妻共同债务企图侵占另一方财产的，在离婚分割夫妻共同财产时，对该方可以少分或者不分。离婚后，另一方发现有上述行为的，可以向人民法院提起诉讼，请求再次分割夫妻共同财产。这里的“隐藏、转移、变

卖、毁损、挥霍夫妻共同财产，伪造夫妻共同债务企图侵占另一方财产”，也属于法定过错情形。对于这种原因的离婚，在分割共同财产时，要照顾无过错一方。因为过错方的行为往往给另一方带来极大的身体、心理伤害，也严重破坏了夫妻感情。为了弥补无过错方所受到的伤害，更好地体现公平原则，在分割共同财产时应当照顾无过错方权益，对过错方予以少分财产，以此惩戒婚内过错方。

当然，实践中对“过错”的认定也不能过于宽泛，否则容易扩大惩罚范围，令人对婚姻望而却步。

④不得损害国家、集体和他人利益的原则。分割夫妻共同财产时，不得将国家、集体和他人所有的财产作为夫妻共同财产加以分割，对当事人贪污、受贿、盗窃等非法所得的财产，应依法收缴。当事人双方协议分割夫妻共同财产时，不得借分割夫妻共同财产逃避共同债务，侵害债权人的利益；不得借分割夫妻共同财产，逃避应承担的赡养、抚养义务，损害被赡养人和被抚养人的合法权益。

⑤有利于当事人的生产和生活的原则。在分割夫妻共同财产时，应当注意从有利于生产和生活的需要出发，不能损害财产的效用和实际价值。

对于生活必需品，应当考虑双方和子女的生活需要，分给需要的一方；对于夫妻分居两地分别管理、使用的财产，在分割时，各自拥有自己管理使用的财产，价值相差悬殊的，差额部分由多得财产的一方补偿另一方。

对于生产资料，可分给有经营条件和经营能力的一方，分得该生产资料的一方应对另一方给予相当于该财产价值一半的补偿。

对于夫妻共同经营的当年无收益的养殖、种植业等，离婚时应从有利于发展生产、有利于经营管理考虑，予以合理分割。

一方以夫妻共同财产与他人合伙经营的，入伙的财产可分给一方所有，分得入伙财产的一方应给予另一方相当于入伙财产一半的抵偿。

对于一些特定的物品，如夫妻一方获得的奖牌、奖章等，应当分给获奖的一方。

（3）夫妻共同财产分割的程序和方法。

①夫妻共同财产分割的具体程序：

根据《民法典婚姻家庭编》第 1087 条的规定，离婚时，分割夫妻共同财产首先由当事人双方协议分割，协议不成时，由人民法院判决。婚姻当事人协议分割夫妻共同财产，是在人民法院主持下调解，当事人在合法、自愿原则基础上达成的财产分割协议。协议分割财产，便于财产的归属尽快落实，并利于婚姻纠纷的彻底解决。如果当事人不愿协商或协商不成，则由人民法院依法判决。

②夫妻共同财产分割的具体方法：

A. 实物分割，即在不影响财产的作用、价值和特定用途的前提下，对财产进行实际分配，双方根据分割的份额取得应得的财产。

B. 价金分割，即将共有财产变卖，双方对变卖所得价金进行分割。价金分割是在实物不能分割或分割后影响其作用、价值或特定用途的情况下所采用的方法。

C. 价格补偿，即离婚当事人一方取得共有物，另一方获得相当于一半价格的补偿，取得价金。

2. 离婚时的住房处理

离婚时的住房分配，是一个非常复杂的问题，它关系到离婚当事人离婚后基本生活条件的保障。根据我国《妇女权益保障法》及最高人民法院《关于人民法院审理离婚案件处理财产分割问题的若干具体意见》《关于审理离婚案件中公房使用、承租若干问题的解答》的规定精神，以及最高人民法院的其他相关规定，人民法院在审理离婚案件处理住房问题时，应坚持男女平等，照顾抚养子女一方，照顾残疾或生活困难的一方，照顾无过错一方和在男女双方同等的条件下，照顾女方的原则；考虑住房的实际性质，双方的经济收入，实事求是，合情、合理、合法地予以解决。具体处理措施如下：

（1）关于夫妻共有房屋。夫妻共同居住的共有房屋，按夫妻共同财产分割，对不能分割使用的共有房屋，以及双方对夫妻共同财产中的房屋价值及归属无法达成协议的，人民法院按以下情形分别处理：

①双方均主张房屋所有权且同意竞价取得的，应当准许；

②一方主张房屋所有权的，由评估机构按市场价格对房屋作出评估，取得房屋所有权的一方，应当给予另一方相应的补偿；

③双方均不主张房屋所有权的，根据当事人的申请拍卖房屋，就所得价款进行分割。

（2）关于夫妻一方所有的房屋。双方共同居住的一方婚前个人所有的房屋，或婚后约定为一方所有的房屋，离婚时仍然归该所有人。另一方以离婚后无房居住为由，要求暂住的，经查实可判其暂住二年，或由享有房屋产权的一方给予其租房的一次性经济帮助。婚后双方对婚前一方所有的房屋进行过修缮、装修、原拆原建，离婚时未变更产权的，房屋仍归产权人所有，增值部分中属于另一方应得的份额，由房屋所有权人折价补偿另一方；进行过扩建的，扩建部分的房屋应按夫妻共同财产处理。当事人结婚前，父母为双方购置房屋出资的，该出资应当认定为对自己子女的个人赠与，但父母明确表示赠与双方的除外。

（3）关于夫妻共同出资取得部分产权的房屋。我国住房分配制度改革以后，百姓可以通过按揭贷款的方式购买房屋，这就出现了在夫妻离婚时只取得房屋部分产权的现象。对于这类房屋，如果面积较大，能够分室居住使用的，法院可判决双方分割使用，双方各取得分割使用房屋的部分产权；如果该房不宜分割，法院可判决归一方所有，分得房屋部分产权的一方，应按所得房屋产权的比例，依照离婚时当地政府有关部门公布的同类住房标准价，给予对方至少一半价值的补偿；如果夫妻双方均主张房屋“部分产权”的，而且双方同意或双方经济、住房条件基本相同，可采取竞价方式解决。

（4）关于夫妻共同出资尚未取得产权的房屋。离婚时双方对尚未取得所有权或者尚未取得完全所有权的房屋有争议且协商不成的，法院不宜判决房屋所有权的归属，应当根据实际情况判决由当事人使用。当事人取得该房屋完全所有权后，有争议的，可以另行向人民法院提起诉讼。

（5）关于共同居住、承租的房屋。根据最高人民法院《关于审理离婚案件中公房使用、承租若干问题的解答》的规定，具有下列情形之一的，离婚后夫妻均可继续承租该房屋：

①婚前由一方承租的公房，婚姻关系存续五年以上的；

②婚前一方承租的本单位的房屋，离婚时，双方均为本单位职工的；

③婚前一方借款投资建房取得的公房承租权，婚后夫妻共同偿还借款的；

④婚后一方或双方申请取得公房承租权；

⑤婚前一方承租的公房，婚后因该承租房屋拆迁而取得承租权的；

⑥夫妻双方单位投资联建或联合购置的共有房屋的；

⑦一方将其承租的本单位房屋交回本单位或交给另一方单位后，另一方单位另给调换房屋的；

⑧婚前双方均租有房屋，婚后合并调换房屋的；

⑨其他应当认定为夫妻双方均可承租的情形。

对于上述离婚当事人均可承租的公房，如果面积较小，不宜隔开分室居住使用的，应依照照顾抚养子女的一方，男女双方在同等条件下，照顾女方，照顾残疾或生活困难的一方以及照顾无过错一方的原则处理。取得公房承租权的一方，应给予另一方适当的经济补偿。如果该公房面积较大能够隔开分室居住使用的，可由双方分别租住。对可以另调房屋分别租住或承租方给另一方解决住房的，可予准许。一方对另一方婚前承租的公房无权承租，自己解决住房又确有困难的，人民法院可调解或判决其暂住，期限不超过二年，暂住方应缴纳与房屋租金等额的使用费及其他必要的费用。一方对另一方婚前承租的公房无权承租，另行租房经济又确有困难的，如承租公房一方有负担能力，应给予一次性经济帮助。

（6）对于婚后由一方父母出资为子女购买的不动产，产权登记在出资人子女名下的，按照《民法典婚姻家庭编》第 1063 条第 3 项的规定，视为只对自己子女一方的赠与，该不动产应认定为夫妻一方的个人财产。由双方父母出资购买的不动产，产权登记在一方子女名下的，该不动产可认定为双方按照各自父母的出资份额按份共有，但当事人另有约定的除外。

（7）对于夫妻一方婚前签订不动产买卖合同，以个人财产支付首付款并在银行贷款，婚后用夫妻共同财产还贷，不动产登记于首付款支付方名下的，离婚时该不动产由双方协议处理。不能达成协议的，人民法院可以判决该不动产归产权登记一方，尚未归还的贷款为产权登记一方的个人债务。双方婚后共同还贷支付的款项及其相对应财产增值部分，离婚时由产权登记一方对另一方进行补偿。

（8）对于婚姻关系存续期间，双方用夫妻共同财产出资购买以一方父母名义参加房改的房屋，产权登记在一方父母名下，离婚时另一方主张按照夫妻共同财产对该房屋进行分割的，人民法院不予支持。购买该房屋时的出资，可以作为债权处理。

3. 离婚夫妻土地承包经营权的保护

《民法典婚姻家庭编》第 1087 条第 2 款规定："对夫或者妻在家庭土地承包经营中享有的权益等，应当依法予以保护。"这是针对我国当前农村土地联产承包责任制以及离婚夫妻特别是离婚妇女的土地承包经营的实际情况规定的。

根据我国《农村土地承包法》的规定，家庭可以以农村土地承包经营户的民事主体形式作为承包人，国家或集体经济组织作为发包人，双方通过签订承包合同，使农村集

体经济组织成员获得土地承包经营权，即对承包土地享有占有、使用和收益的权利。法律保护公民的这种土地承包经营权，任何组织和个人不得剥夺和非法限制农村集体经济组织成员的承包土地的权利。夫妻作为农村集体经济组织的成员，作为农村土地承包经营户中的重要组成人员，有权承包经营土地，有权与其他家庭成员共同享有土地承包经营权，对所承包的土地享有占有、使用和收益的权利，并且不因离婚而受到侵犯。

现实生活中，离婚当事人男方的土地承包经营权很少受到侵犯，而女方的土地承包经营权往往因为婚变受到侵犯，如妇女离婚后，常常是在新居住地还未取得承包地，原集体经济组织即收回其原承包地；有的虽未被收回，但无法从男方家承包的土地中分出带走，即使男方家愿意分出的，该离婚妇女也不便耕种；等等。因而，离婚使得不少的妇女丧失了土地承包的权利，生活十分困难。针对这些现象，我国《妇女权益保障法》第 32 条明确规定："妇女在农村土地承包经营、集体经济组织收益分配、土地征收或者征用补偿费使用以及宅基地使用等方面，享有与男子平等的权利。"第 33 条规定："任何组织和个人不得以妇女未婚、结婚、离婚、丧偶等为由，侵害妇女在农村集体经济组织中的各项权益。"《民法典婚姻家庭编》在分割夫妻共同财产的规定中，也专门对农村离婚夫妻特别是妻子的土地承包经营权作出特别保护。根据有关法律的规定精神，对离婚夫妻特别是妻子的土地承包经营权的保护主要包括以下几点：

（1）妇女离婚后，如仍在原地居住，所在地的集体经济组织在对原来由家庭共同使用和承包的责任田、口粮田予以划分和变更时，应保留该离婚妇女对原责任田、口粮田的合法使用权。

（2）妇女离婚后，如将其户籍迁移他地而不在原地居住的，新居住地农村集体经济组织负责重新为其划分责任田、口粮田；如在新居住地未取得承包地的，原集体经济组织不得收回该妇女已经取得的承包地。

（3）夫妻关系存续期间从事的多种经营和承包责任田、口粮田的当年收益，在离婚时应作为夫妻共同财产处理，对夫妻婚姻关系存续期间共同经营的当年无收益的种植业、养殖业等，离婚时应本着有利于发展生产、有利于经营的原则，予以合理分割，不能分割的折价处理。

4. 离婚时对家务劳动的经济补偿

所谓家务劳动，是指不能直接产生经济效益的、为满足家庭成员的生活需要所从事的劳动，包括抚育子女、照料老人、洗衣做饭、打扫卫生、采购生活用品等日常劳作。家务劳动虽然不能直接创造财富，但却可以节约家庭支出的成本，间接增加家庭财富。同时，承担较多家务的一方，实际生活中，往往其职业发展和其他方面受到较大的限制，社会地位及谋生能力相对较弱；而另一方基于对方的奉献和牺牲，从婚姻家庭中获得了较大的利益，社会地位提高。此时婚姻一旦被打破，就有可能使在家庭事务中付出较多的一方在生活中陷入困境。因此，赋予对家务劳动付出较多的配偶一方以经济补偿请求权，能够维护家庭的稳定、保障弱势方的利益、实现平等原则下对弱势方的保护。它是法律进步的一种表现，是法律寻求的个人权利和社会公平间取得平衡的结果。

（1）家务劳动补偿的适用范围，包括夫妻约定分别财产制、夫妻共同财产制。

我国 2001《婚姻法》修正案首次提出家务劳动补偿制度，在第 49 条中规定：夫妻书面约定婚姻关系存续期间所得的财产归各自所有，一方因抚育子女、照料老人、协助另一方工作等付出较多义务的，离婚时有权向另一方请求补偿，另一方应当予以补偿。但是，第 49 条将实行分别财产制作为适用家务劳动补偿制度的前提，明显忽视了我国夫妻财产制的现实情况，将家务劳动补偿从主流的共同财产制中排除出去，极大地限制了这一救济制度的适用范围，使得离婚时真正能得到家务劳动补偿的情况微乎其微，家务劳动补偿制度形同虚设。法律规范这种缺乏可操作性的状态，不仅极大地浪费了立法资源，也使得稳定家庭关系、维护和睦亲属关系的立法初衷，以及民众对法律的期待利益和愿望落空。

因此，2020 年 5 月 28 日通过的《民法典》，废止了 2001《婚姻法》修正案第 49 条"只有实行夫妻分别财产制，才可适用家务劳动补偿"的规定，将"实行夫妻共同财产制"也纳入家务劳动补偿的范围，从而扩大了家务劳动补偿的适用范围。《民法典婚姻家庭编》第 1088 条规定："夫妻一方因抚育子女、照料老年人、协助另一方工作等负担较多义务的，离婚时有权向另一方请求补偿，另一方应当给予补偿。"将家务劳动补偿扩大适用于夫妻共同财产制，这无疑是我国立法的巨大进步。

（2）家务劳动补偿的适用条件，是一方为家庭付出了较多义务，这是启动补偿请求权的法定条件。在婚姻关系存续期间，当事人一方因抚育子女、照料老人、协助另一方工作等付出了较多的义务，这种付出既可以是钱财，也可以是劳动和精力。补偿的目的是追求权利与义务的对等，如果一方并未在家庭共同生活中为家庭付出更多的义务，就不能要求对方予以补偿，因为补偿是一方对另一方多承担夫妻义务、家庭义务的一种财产性的回报。

（3）家务劳动补偿的适用方式，必须是付出义务较多的一方在离婚时提出补偿请求，如果当事人一方不提出补偿请求，则视为放弃。也就是说，补偿请求的提出，必须是付出义务的一方在离婚诉讼中向对方一并提出，在离婚之前或离婚之后均不能向对方提出补偿要求。离婚时不提出补偿的，对方可不予以补偿，离婚后该请求权就归于消灭。

关于经济补偿的数额，《民法典婚姻家庭编》第 1088 条规定："具体办法由双方协议；协议不成的，由人民法院判决。"人民法院判决应当遵循公平合理的原则，综合考虑配偶双方婚姻关系存续时间的长短，双方对家庭贡献的大小，一方付出的情况和另一方因之受益的情况以及离婚时双方的年龄与身体状况，谋生能力的大小，婚后双方生活水平的差异等实际情况，而不必考虑少付出义务方的支付条件。

5. 夫妻债务的清偿

按照婚姻家庭法的规定，夫妻债务包括法定财产制下的夫妻共同债务、夫妻个人债务，约定财产制下的夫妻债务。

（1）夫妻共同债务的清偿。

所谓夫妻共同债务，是指在婚姻关系存续期间，夫妻双方或一方为维持家庭共同生活，或为履行抚养、赡养义务，或为夫妻一方或双方治疗疾病以及为共同生产、经营活动所负的债务。

夫妻共同债务有两个特征：一是在时间上，共同债务是在婚姻关系存续期间产生的，但婚前为婚后的共同生活购置物品所负的债务，也属共同债务；二是在用途上，夫妻举债，是为了维持共同生活、共同生产和经营活动，否则不属于夫妻共同债务。

2018 年 1 月 18 日，最高人民法院出台《关于审理涉及夫妻债务纠纷案件适用法律有关问题的解释》，针对夫妻债务纠纷问题作出规定：夫妻双方共同签字或者夫妻一方事后追认等共同意思表示所负的债务，应当认定为夫妻同债。夫妻一方在婚姻关系存续期间以个人名义为家庭日常生活需要所负的债务，债权人以属于夫妻共同债务为由主张权利的，人民法院应予支持。夫妻一方在婚姻关系存续期间以个人名义超出家庭日常生活需要所负的债务，债权人以属于夫妻共同债务为由主张权利的，人民法院不予支持，但债权人能够证明该债务用于夫妻共同生活、共同生产经营或者基于夫妻双方共同意思表示的除外。这一解释设立了夫妻共债共签制度，改变了最高法院的婚姻法司法解释（二）第 24 条的共债推定，以是否符合家庭日常生活需要为认定夫妻债务的标准。该解释意在既要避免夫妻双方恶意逃债损害债权人的利益，又要避免夫妻一方离婚时被高额负债；体现了通过强化债权人在交易中的注意审慎义务，力求从源头上解决债务定性的不确定性。

2020 年 5 月 28 日通过的《民法典》，对于夫妻债务问题的规定，基本沿用了 2018 年最高人民法院关于夫妻债务司法解释的规定精神。《民法典婚姻家庭编》第 1064 条规定：“夫妻双方共同签名或者夫妻一方事后追认等共同意思表示所负的债务，以及夫妻一方在婚姻关系存续期间以个人名义为家庭日常生活需要所负的债务，属于夫妻共同债务。夫妻一方在婚姻关系存续期间以个人名义超出家庭日常生活需要所负的债务，不属于夫妻共同债务；但是，债权人能够证明该债务用于夫妻共同生活、共同生产经营或者基于夫妻双方共同意思表示的除外。”从法律层面确立了夫妻共同债务共签制度，规定了共同债务认定的举证责任分配。

根据《民法典婚姻家庭编》和最高人民法院《关于人民法院审理离婚案件处理财产分割问题的若干具体意见》的规定，并结合司法实践，夫妻共同债务主要包括以下几类：

①夫妻共债共签，即夫妻双方共同签名或者夫妻一方事后追认等共同意思表示所负的债务。

②一方以个人名义为家事需要所负债务，即夫妻一方在婚姻关系存续期间，以个人名义为家庭日常生活需要所负的债务。

③超出家事范围的个人举债，即夫妻一方在婚姻关系存续期间以个人名义超出家庭日常生活需要所负的债务，债权人能够证明该债务用于夫妻共同生活、共同生产经营或者夫妻双方有共同的意思表示。

对于夫妻共同债务，根据《民法典婚姻家庭编》第 1089 条规定：“离婚时，夫妻共同债务应当共同偿还。共同财产不足清偿或者财产归各自所有的，由双方协议清偿；协议不成的，由人民法院判决。”具体方法如下：

①以夫妻共同财产先进行清偿，清偿完毕后，余下的共同财产再由双方分割。

②虽有夫妻共同财产，但不足以清偿共同债务，由双方协议清偿；如果协议不成，则由人民法院根据双方的经济能力判决。

③夫妻约定婚后财产分别所有的，共同债务由双方协议清偿，协议不成时，由人民法院判决。但是，夫妻约定婚后财产分别所有，协议分别承担债务清偿责任的，应告知债权人，债权人如同意免除其连带责任的，此协议才有对外的效力，否则只有对内的效力，离婚当事人双方对债权人仍承担债务的连带清偿责任。

根据婚姻家庭法的立法精神，债权人就一方婚前所负个人债务向债务人的配偶主张权利的，人民法院不予支持。但债权人能够证明所负债务用于婚后家庭共同生活的除外。

债权人就婚姻关系存续期间夫妻一方以个人名义所负债务主张权利的，债权人负有举证责任。夫妻一方与第三人串通，虚构债务，第三人主张权利的，人民法院不予支持。夫妻一方在从事赌博、吸毒等违法犯罪活动中所负债务，第三人主张权利的，人民法院不予支持。

当事人的离婚协议或者人民法院的判决书、裁定书、调解书已经对夫妻财产分割问题作出处理的，债权人仍有权就夫妻共同债务向男女双方主张权利。一方就共同债务承担连带清偿责任后，基于离婚协议或者人民法院的法律文书向另一方主张追偿的，人民法院应当支持。

夫或妻一方死亡的，生存一方应当对婚姻关系存续期间的共同债务承担连带清偿责任。

（2）夫妻个人债务的清偿。

所谓夫妻个人债务，是指夫妻一方非为共同生活所需而负担的债务，包括夫妻一方婚前所负债务，婚后以个人名义所负的与共同生活无关的债务，夫妻双方约定由个人清偿的债务。根据《民法典婚姻家庭编》和最高人民法院的《关于人民法院审理离婚案件处理财产分割问题的若干具体意见》，以及司法实践经验，下列债务属于夫妻一方个人债务：

①夫妻双方约定由个人负担的债务，但以逃避债务为目的的除外。

②一方未经对方同意，擅自资助与其没有扶养义务的亲朋所负的债务。

③一方未经对方同意独自筹资从事经营活动，其收入确未用于共同生活所负的债务。

④夫或妻在婚前所负的债务。但债权人能够证明所负债务用于婚后家庭共同生活的，属于共同债务。

⑤一方为满足私欲而挥霍所欠的债务。

⑥一方因个人实施违法行为所负的债务。

⑦夫妻关系恶化，双方分居期间，一方收入未用于家庭共同生活所负的债务。

⑧其他应由个人承担的债务。

根据婚姻家庭法的立法精神，夫妻一方的个人债务，应由其本人以个人财产偿还，离婚时不得要求以夫妻共同财产偿还。如果夫妻另一方同意以共同财产偿还，则另当别论。

（3）夫妻约定财产制与债务逃避。

根据《民法典婚姻家庭编》第 1065 条规定，婚姻当事人可以依法对婚前财产以及

婚姻关系存续期间所得财产的归属进行约定。夫妻约定财产制的效力，优先于法定财产制。婚姻家庭法虽然对夫妻双方约定财产制的约定方式和约定范围进行了规定，但对约定的时间却没有限制。因此，当事人于结婚前、结婚时或婚姻关系存续期间都可以进行约定。夫妻约定财产制不仅关系到当事人双方，而且还关系到财产交换关系中的第三人，可能影响到财产交易秩序和交易的安全。实践中，一部分婚姻当事人往往会利用财产约定的权利和自由，将夫妻共同财产约定归一方所有，而将债务约定给另一方承担，或将全部债务约定由一方偿还，使离婚时债务方因无力偿还债务而逃避法律责任，损害债权人利益。

为了防止夫妻双方利用约定逃避债务，维护债权人的合法权益，《民法典婚姻家庭编》第1065条规定："夫妻对婚姻关系存续期间所得的财产约定归各自所有，夫或者妻一方对外所负的债务，相对人知道该约定的，以夫或者妻一方的个人财产清偿。"由此可以推出，如果夫妻双方没有履行告知义务，债权人不知道该财产约定的，则视为没有约定，财产仍为夫妻共同财产，债务仍为夫妻共同债务。对于婚姻当事人这种恶意串通，损害第三人利益的行为，依据我国《民法典》的规定，属于无效的民事法律行为，自始就不发生法律效力。

总之，夫妻双方以财产约定的方式逃避债务，既是一种违背道德的行为，也是一种违法行为。其财产约定自始无效，债务仍然是夫妻共同债务，应由夫妻共同偿还，婚姻当事人双方对债权人承担连带责任。

6. 离婚时对生活困难一方的经济帮助

《民法典婚姻家庭编》第1090条规定："离婚时，如果一方生活困难，有负担能力的另一方应当给予适当帮助。"

这一规定说明，离婚时，有帮助能力的一方，应为生活确有困难或有特殊需要的另一方提供适当的经济帮助。

(1) 经济帮助的目的。

根据婚姻家庭法规定，经济帮助的目的是帮助经济上弱势一方克服离婚后生活上的困难，走出生活困境。通常情况下，被帮助的对象总是女方，经济帮助不以困难方无过错为条件。

(2) 经济帮助的性质。

离婚时对生活困难的一方提供经济帮助，不同于婚姻关系存续期间的扶养义务。扶养是双向的，而经济帮助是单向的，是有能力的一方对生活困难一方的救助，它是一种道德行为。经济帮助不是扶养义务的延续。

值得注意的是，离婚时给予生活困难一方适当的经济帮助与离婚时共同财产的分割、离婚时尽义务较多的一方的请求补偿权是不相同的。在离婚时给予生活困难一方适当的经济帮助，是另一方对于该方有条件的帮助。而离婚时共同财产的分割则是对共同财产所应有的权利，离婚时尽义务较多的一方请求另一方给予补偿是权利义务相一致的体现，是当事人的合法权利。实践中，不能用经济帮助的办法侵犯另一方的合法权益。

(3) 经济帮助的条件。

离婚时一方对另一方的经济帮助，应具备以下条件：

①要求帮助的一方确实生活困难。生活困难是指夫妻一方依靠个人财产、分得的共同财产、获得的补偿金、有合理预期的劳动收入和其他收入等金钱或生活用品无法维持当地基本生活水平。如一方为患病、年老无收入来源，不能独立生活，又没有其他亲属对其扶养、赡养的；婚后没有住处的，都属于“生活困难”。

②提供帮助的一方有能力帮助。这是指拥有经济帮助能力的一方，在满足自己的合理生活需要后，有能力帮助生活困难的一方。如果帮助方没有帮助能力，或者因为提供经济帮助导致己方生活困难，则无须提供帮助。

③经济帮助是在离婚时提供的。一方生活困难必须是在离婚时已经存在的困难，而不是离婚后任何时间所发生的困难都可以要求帮助。离婚后，双方的婚姻关系已经解除，另一方则不负有提供经济帮助的义务。

目前我国实际生活中，女性的经济能力一般低于男性，离婚时常常是女方发生生活困难，但经济帮助并不只适用于帮助女方，男方离婚时生活困难同样可以要求经济帮助。

（4）经济帮助的具体办法。

《民法典婚姻家庭编》第1090条规定，离婚后一方对他方经济帮助的“具体办法由双方协议；协议不成时，由人民法院判决”。一般做法是：

①短期或一次性帮助。离婚时有生活困难的一方，年龄较轻且有劳动能力，只是存在暂时性困难的，多采用短期的或一次性支付帮助费用的办法。

②多方面或长期性帮助。离婚时已经结婚多年，生活困难一方年老体弱，失去劳动能力而又没有生活来源的，帮助方应在居住、医疗以及生活等方面给予妥善的安排，必要时应给予长期的帮助。在执行经济帮助期间受助方再婚的，帮助方可停止给付，应由其再婚的配偶依法承担婚姻关系存续期间内的扶养义务；原定帮助计划执行完毕后，受助方要求继续得到对方帮助的，一般不予支持。

③以个人财产实施经济帮助。人民法院在判决经济帮助时，是在共同财产依法分割给双方后，从帮助方的个人财产中给予困难方适当的帮助，不能以将共同财产多分给困难方的方式来取代经济帮助。

关于经济帮助的数额、期限、给付方式等，双方在离婚时应依照法律的规定来进行协商，以达成帮助协议。如果协议不成，由人民法院根据一方的需要和另一方的实际能力加以裁决。

7. 离婚时的损害赔偿

（1）离婚损害赔偿的概念。

所谓离婚损害赔偿，是指因夫妻一方的特定过错行为导致离婚的，另一方可请求损害赔偿。

我国1950年《婚姻法》和1980年《婚姻法》都未涉及离婚损害赔偿，2001年《婚姻法》修正案设立了离婚损害赔偿制度。该制度实施以来，起诉到法院要求过错方进行离婚损害赔偿而能够得到法院支持的为数不多。究其原因，是因为法律规定的离婚损害赔偿条件过于苛刻，无过错方要想举证证明对方有重婚、与他人同居、家庭暴力等情形相当困难。

正是因为离婚损害赔偿制度的适用难，《民法典婚姻家庭编》在原有列举性规定之后增加了概括性规定，即兜底性条款“有其他重大过错”的情形，以拓宽离婚损害赔偿的请求范围，提升制度的效用。

离婚损害赔偿通过要求过错方承担赔偿责任，弥补受害方的经济损失，抚慰受害人因精神损害所产生的痛苦、失望、怨愤与不满，使其获得心理上的慰藉，平复内心的伤痛，消除报复心理；同时，通过要求过错方承担赔偿责任对其加以惩戒，体现了法律对特定违法行为的制裁，对可能发生的类似行为有警戒和预防作用，有助于稳定婚姻关系，保障无过错配偶一方的合法权益。因此，离婚损害赔偿制度具有补偿损失、抚慰精神、制裁和预防违法行为的功能。

（2）离婚损害赔偿请求权成立的条件。

《民法典婚姻家庭编》第 1091 条规定：“有下列情形之一，导致离婚的，无过错方有权请求损害赔偿：（一）重婚；（二）有配偶者与他人同居；（三）实施家庭暴力；（四）虐待、遗弃家庭成员；（五）有其他重大过错。”相对于 2001 年《婚姻法》修正案第 46 条，增加了“有其他重大过错”导致离婚情形的兜底性条款。

对于新增“有其他重大过错”的第五种情形，实践中可由法官根据过错方的过错情节及伤害后果等事实作出认定。通常情况下，“有其他重大过错”包括：一方与他人通奸生育子女，虽不构成重婚或与他人婚外同居，但其行为对配偶的感情伤害巨大，应当认定为重大过错；男方强奸与其共同生活的继女，由此导致夫妻双方离婚，男方的行为也足以构成重大过错；一方有吸毒、赌博等恶习屡教不改的，一方有嫖娼成瘾、屡屡被公安机关罚款拘留等情形的，也应属于重大过错。

该条内容是赋予离婚中的无过错方提出损害赔偿的权利，即因一方的过错而导致离婚的，无过错方有权提出损害赔偿。

（3）离婚损害赔偿责任的主体。

损害赔偿责任的主体为离婚诉讼当事人中有过错一方的配偶，即合法婚姻中的无过错方请求有特定过错的配偶进行损害赔偿，而不能向婚姻之外的其他人提出赔偿要求。

（4）离婚损害赔偿的范围。

根据我国婚姻家庭法的有关规定，损害赔偿的范围包括物质损害赔偿和精神损害赔偿。

物质损害赔偿，主要指因过错方的过错行为导致无过错方所持财产的减少，可能失去的利益而要求的赔偿，以及人身伤害所支出的医疗费、治疗费等。这种赔偿实行全部赔偿原则，即造成多少损失，就应赔偿多少。

精神损害赔偿，是指因配偶身份的纯正和感情专一的精神利益受到严重损害，排他的性生活利益受到损害，家庭暴力或精神压抑所致的肉体伤害和痛苦，以及名誉、人格尊严、社会地位等社会价值的贬损等而要求的赔偿。对于精神损害的赔偿，人民法院除判令侵权人承担停止侵害、恢复名誉、消除影响、赔礼道歉等民事责任外，还可以根据受害人一方的请求判令其赔偿相应的精神损害抚慰金。最高人民法院《关于确定民事侵权精神损害赔偿责任若干问题的解释》第 10 条规定，精神损害的赔偿数额根据以下因素确定：①侵权人的过错程度，法律另有规定的除外；②侵害的手段、场合、行为方式等具体情节；③侵权行为所造成的后果；④侵权人的获利情况；⑤侵权人承担责任的经济能力；⑥受诉法院所在地平均生活水平。

（5）离婚损害赔偿诉讼。

根据法律规定，无过错方作为原告向人民法院提起离婚损害赔偿请求的，必须在离婚诉讼的同时提出，即在婚姻关系存续期间，夫妻不得单独提起损害赔偿的诉讼。人民法院对判决不准予离婚的案件，也不裁决损害赔偿。我国婚姻家庭法要求人民法院受理离婚案件时，应当将有权请求赔偿的有关法律规定书面告知当事人。要求损害赔偿是无过错当事人一方的权利，如其不提起离婚损害赔偿，法院不能主动追究。

离婚损害赔偿诉讼的提起主要包括三种情况：

①无过错方为原告在离婚诉讼中提出损害赔偿的。无过错方作为原告向人民法院提出损害赔偿请求的，必须与离婚诉讼同时提出。如果原告提出离婚诉讼的同时，没有提出损害赔偿请求的，视为其对自己权利的放弃，以后也丧失了请求赔偿的权利。对离婚诉讼中原告所提起的离婚损害赔偿请求，由法院在判决准予离婚时一并裁决。

②有过错方为原告时，无过错方作为被告在离婚诉讼中提起损害赔偿。无过错方作为被告的，如果其不同意离婚，也没有提起损害赔偿请求的，而人民法院判决准予离婚的，可以在离婚后一年内单独提起诉讼；如果其同意离婚的，可以在离婚诉讼中要求损害赔偿；如一审时被告未提出损害赔偿请求，而在二审期间提出的，人民法院应当对损害赔偿进行调解，调解不成的，当事人可以在离婚后一年内另行起诉。

③当事人协议离婚的，如未在登记离婚时明确表示放弃离婚损害赔偿，可在登记离婚后一年内，向人民法院提出损害赔偿请求诉讼。但当事人在登记离婚时已经明确表示放弃该项请求权，或者在办理离婚登记手续一年后提出的，不予支持。

三、离婚在父母子女间产生的法律后果

关于离婚后的父母子女关系，《民法典婚姻家庭编》作了具体规定。

（一）离婚后的父母子女关系

《民法典婚姻家庭编》第1084条规定："父母与子女间的关系，不因父母离婚而消除。离婚后，子女无论由父或者母直接抚养，仍是父母双方的子女。离婚后，父母对于子女仍有抚养、教育、保护的权利和义务。"这一规定表明，父母与子女的关系，不因父母离婚而消除。离婚后，不论子女由父方或母方直接抚养，仍是父母双方的子女，父母子女之间的权利义务依然存在。

法律这样规定，是基于以下理由：

（1）父母子女关系与夫妻关系是两种不同性质的法律关系。夫妻关系是男女双方自愿缔结的婚姻关系，主体是男女双方当事人，结婚后形成的是配偶身份。而父母子女关系是一种亲子关系，主体是父母与子女，形成的是父母子女身份。同一婚姻当事人在婚姻关系中是配偶身份，在亲子关系中又是父母的身份，离婚解除的仅仅是婚姻当事人之间的夫妻身份关系，并没有解除亲子关系。

（2）两种法律关系产生与终止的原因不同。结婚是一种法律行为，婚姻关系可依法定程序而成立，也可依法定程序而人为地解除。而父母子女关系是基于出生的事实而形成的自然血缘关系，只能因出生而形成父母子女关系，这是不以人的意志为转移的自然事件。也正因为此，父母子女关系不能人为地产生，也不能通过法定程序人为地加以解除，只能因为一方的死亡或双方死亡而消灭，而且其父母子女身份仍然存在。

与婚生父母子女关系相同，因收养而形成的养父母养子女关系也不因养父母的离婚而解除。养父母离婚后，养父母与养子女之间的父母子女身份关系仍然存在，彼此之间的权利义务关系也依然存在，而不论养子女由养父或养母哪一方直接抚养，除非养父或养母一方依法解除或变更收养关系。因父或母再婚而形成的继父母继子女关系，当生父母与继母父解除婚姻关系时，如果子女未成年并且随生父或生母生活，或继母、继父表示不愿继续抚养继子女时，其继父母继子女关系可自然消除；如果受继父母长期抚养教育的继子女，在已经成年的情况下，其与继父母之间的权利义务关系则不因生父母与继母父的离婚而自然消除，除非双方或一方提出解除继父母继子女关系，并符合法律的要求，方可以解除。

因此，父母离婚，父母子女之间的身份关系依然存在，依父母子女身份而产生的权利义务关系当然不能消灭或终止。对于未成年子女，父母双方都有抚养教育的权利义务，不直接抚养子女的一方应承担抚养费的一部或全部；对于已经成年的子女来说，虽然父母已经离婚，但不影响其对父母的赡养、扶助，由养父母、继父母抚养长大的养子女、继子女，对已经离婚的生活困难、无劳动能力的养父、养母及继父或继母的晚年生活费用，应继续负担。

（二）离婚后的子女抚养归属

离婚后的子女抚养归属，是指父母离婚后，未成年子女由父或母一方来直接抚养，另一方负担必要的抚养费用。

现实生活中，夫妻离婚时，对于子女的抚养问题往往产生矛盾，要么双方都争抢对子女的直接抚养权，要么双方都放弃对子女的直接抚养。父母的不负责任行为，不仅使子女的抚养教育得不到落实，而且还伤害了子女对父母的情感，严重影响了子女的身心健康。为了维护子女的合法权益，保护未成年子女的健康成长，《民法典婚姻家庭编》第 1084 条规定：“离婚后，不满两周岁的子女，以由母亲直接抚养为原则。已满两周岁的子女，父母双方对抚养问题协议不成的，由人民法院根据双方的具体情况，按照最有利于未成年子女的原则判决。子女已满八周岁的，应当尊重其真实意愿。”最高人民法院 1993 年的《关于人民法院审理离婚案件处理子女抚养的若干具体意见》中，也对父母无法对子女抚养问题达成协议的情形提出了具体的处理意见。

1. 确定子女抚养的原则

（1）有利于子女身心健康，保障子女的合法权益。从婚姻家庭立法可以看出，有利于子女身心健康，保障子女的合法权益，是我国处理离婚后子女抚养归属问题的基本原则。具体到现实生活中，怎么做对子女的利益更有利，就选择什么样的方式，从“子女利益最大化”原则出发，确定子女抚养归属。

（2）不满两周岁的子女，以由母亲直接抚养为原则。两周岁以下的子女，一般应随母方生活。当然，父母双方也可以协议随父方生活，只要对子女健康成长无不利影响即可。但是母亲有下列情形之一的，可随父方生活：

①患有久治不愈的传染性疾病或其他严重疾病，子女不宜与其共同生活的。

②有抚养条件不尽抚养义务，而父方要求子女随其生活的。

③母亲坚持不抚养，父亲积极要求抚养且抚养条件较好的。

④在不危害子女身心健康的条件下，双方协议子女随父方生活的。

⑤因其他原因，子女确实无法随母亲共同生活的，如母亲的经济能力、生活环境明显对抚养子女不利，母亲的工作性质特殊，不便于抚养子女，或母亲的品行欠佳或违法犯罪不利于抚养子女等。

（3）已满两周岁的子女，由父母双方协议。协议不成的，由人民法院根据双方的具体情况，按照最有利于未成年子女的原则判决。实践中，还要综合考虑父母双方的思想品质、生活作风、文化素质、经济条件、身体和精神健康状况、家庭环境以及与子女的感情因素等。同时，也应照顾那些做了绝育手术或再生育确有困难，以及年老病残不能再生育的一方。如果父母双方都要求子女随其生活时，可遵循“优先考虑”原则进行：

①已做绝育手术或其他原因丧失生育能力的，应在有利于子女权益的情况下，照顾该方的要求。

②子女随其生活时间较长，改变生活环境对子女健康成长明显不利的。

③无其他子女，而另一方有其他子女的。

④子女随其生活，对子女成长有利，而另一方患有久治不愈的传染性疾病或其他严重疾病，或者有其他不利于子女身心健康的情形，不宜与子女共同生活的。其中不利于子女身心健康的情形，主要是指道德败坏，有赌博、吸毒、卖淫嫖娼等恶习，或有虐待、遗弃子女的行为。

⑤父方与母方抚养子女的条件基本相同，双方均要求子女与其共同生活，但子女单独随祖父母或外祖父母共同生活多年，且祖父母或外祖父母要求并且有能力帮助子女照顾孙子女或外孙子女的，可作为子女随父或随母生活的优先条件予以考虑。

（4）子女已满8周岁的，应当尊重其真实意愿。8周岁以上的未成年子女随父或随母生活发生争议的，如果子女作出愿意随一方生活的表示，应尊重其意见，作为优先考虑的情节。因为8周岁以上的未成年人通常都有了一定的辨别能力和判断能力，能够表达自己的意愿，人民法院应充分尊重他们本人的意愿。

（5）对未成年子女可以由父母双方协议轮流抚养。在有利于保护子女利益的前提下，父母双方协议轮流抚养子女的，可予准许。

（6）对继子女与养子女的抚养归属，依据《关于人民法院审理离婚案件处理子女抚养的若干具体意见》的规定：生父与继母或生母与继父离婚时，对曾受其抚养教育的继子女，继父或继母不同意继续抚养的，仍应由生父母抚养；1991年12月29日《中华人民共和国收养法》施行前，夫或妻一方收养的子女，对方未表示反对，并与该子女形成事实收养关系的，离婚后应由双方负担子女的抚养费；夫或妻一方收养的子女，对方始终反对的，离婚后应由收养方直接抚养该子女。

2. 离婚后变更抚养关系

离婚后，子女的抚养归属确定以后并不是不可改变的，如果父母双方的实际条件发生变化，或者子女要求改变抚养归属的，都可以依法予以更改。

未成年子女抚养归属的变更，通常有两种情况：

（1）一方要求变更子女的抚养关系。一方要求变更子女抚养关系的，必须具有下列情形之一，人民法院才予以支持：

①抚养一方因患有严重疾病或因伤残无力继续抚养子女的。

②抚养一方不尽抚养义务，或有虐待子女行为，或其与子女共同生活对子女身心健康有害的。

③8 周岁以上未成年子女要求变更抚养关系，另一方又有抚养能力的。

④有其他正当理由需要变更的。

（2）父母双方协议变更子女的抚养关系。如果变更抚养关系有利于子女的身心健康和保障子女的合法权益，则应准许双方协议变更。

3. 离婚后子女抚养费的负担及变更

《民法典婚姻家庭编》第 1085 条规定："离婚后，子女由一方直接抚养的，另一方应当负担部分或者全部抚养费。负担费用的多少和期限的长短，由双方协议；协议不成的，由人民法院判决。前款规定的协议或者判决，不妨碍子女在必要时向父母任何一方提出超过协议或者判决原定数额的合理要求。"这一规定在操作适用上包含三方面内容：

（1）父母双方离婚后，对子女仍有相同的抚养责任，仍有平等的负担子女抚育费的义务。

父母对子女的抚养和教育，是父母的权利和义务。当子女由一方直接抚养时，另一方应当承担子女必要的抚养费。当然，如果父母一方有负担能力，并且也愿意承担子女全部的抚养费，也可以由一方独自承担，从而免除另一方的负担，但父母双方必须对此做出协议。

（2）子女抚养费的数额、期限、交付方法，首先由父母双方协议，协议不成时，由人民法院判决。

①子女抚养费的数额。《民法典婚姻家庭编》第 1085 条第 1 款虽然要求不直接抚养子女的父母一方应承担必要的抚养费，但对于抚养费的数额法律却未作具体规定。根据最高人民法院《关于人民法院审理离婚案件处理子女抚养问题的若干具体意见》的精神，在确定子女抚养费的数额时，要考虑三个方面的因素：一是子女身心健康成长对抚养费的实际需要，二是父母双方的实际负担能力，三是当地的实际生活水平。根据这三个因素，该意见还要求：给付抚育费的一方，有固定收入的，抚养费一般可按其月总收入的 20%～30%的比例给付。负担两个以上子女抚养费的，比例可适当提高，但一般不得超过月总收入的 50%；无固定收入的，抚养费的数额可依据当年总收入或同行业平均收入，参照上述比例给付；有特殊情况的，可适当提高或降低以上比例。

②抚养费的给付期限和方法。《民法典婚姻家庭编》第 1067 条规定："父母不履行抚养义务的，未成年子女或者不能独立生活的成年子女，有要求父母给付抚养费的权

利。”我国《民法典总则编》第17条规定：“18周岁以上的自然人为成年人。”由此可见，父母给付子女抚养费原则上至子女成年为止，即子女年满18周岁。最高人民法院1993年的关于《子女抚养问题的若干具体意见》第11条也规定：抚育费的给付期限一般至子女18周岁为止。16周岁以上不满18周岁，以其劳动收入为主要生活来源，并能维持当地一般生活水平的，父母可停止给付抚育费。已满18周岁的成年子女有下列情形之一，父母又有给付能力的，仍应负担必要的抚育费：第一，丧失劳动能力或未完全丧失劳动能力，但其收入不足以维持生活的；第二，尚在学校接受高中及其以下学历教育的；第三，确无独立生活能力和条件的。

父母给付抚养费的方法，根据最高人民法院的相关司法解释，可依父母的职业情况而定，原则上应定期给付。给付方从事农业或其他生产经营活动没有稳定的固定收入的，可按季度或年度支付现金或实物；特殊情况下，有条件的可一次性给付。给付方无经济收入或下落不明的，可用其财物折抵子女抚养费。

（3）子女抚养费可以变更。

《民法典婚姻家庭编》第1085条第2款规定，离婚后，前款规定的协议或者判决，不妨碍子女在必要时向父母任何一方提出超过协议或者判决原定数额的合理要求。法律允许抚养费变更，是因为随着时间的推移，父母双方的收入情况，子女对生活费、教育费的需求情况，往往会发生变化，使原协议或判决所确定的抚养费数额在新情况下不尽合理，不能完全满足子女正常的生活和学习需要。因此，为了充分保护未成年子女的合法权益，应及时调整抚养费的数额。

子女抚育费的变更，应包括增加或减少两种情况。

①子女要求增加抚育费。在下列条件下，父母又有给付能力的，子女可要求增加抚育费数额：

第一，原定抚育费数额不足以维持当地实际生活水平的。

第二，因子女患病、上学，实际需要已超过原定数额的。

第三，有其他正当理由要求增加的，如物价上涨、给付抚育费的父或母的收入增加，使子女与其生活水平相差悬殊的。

②负担抚育费的一方提出减少或免除原定子女抚育费的请求。给付抚育费的父或母要求减少或免除抚育费给付义务的情况一般有：

第一，有给付义务的一方，由于长期患病或丧失劳动能力，失去经济来源，确实无力按原协议或判决确定的数额给付，而抚养子女的一方又能够负担大部分子女生活费用的。

第二，有给付义务的一方，因犯罪被收监改造，无力给付抚育费的。对于第一和第二种情况，如果有给付义务的一方情况好转，有能力按原定数额给付时，应依照原定数额给付。

第三，抚养子女的一方再婚，继父或继母愿意承担子女抚育费的一部或全部，原有给付义务的一方，所承担的抚育费数额可以适当地减少或免除。当然，如果继父或继母不愿意承担的，则生父或生母仍应按原来数额给付抚育费。

（三）不直接抚养子女的父或母的探望权

《民法典婚姻家庭编》第1086条规定："离婚后，不直接抚养子女的父或者母，有探望子女的权利，另一方有协助的义务。"父母子女是基于出生的事实而形成的自然血亲关系，父母子女之情属于人伦天理，舐犊之心人皆有之，离婚后不与子女共同生活的父或母，渴望探望子女，享受天伦之乐，子女因此而感受父母的疼爱，这是人之常情。我国婚姻家庭法对探望权的规定，给离婚父母以人文关怀，这是完全必要的。

1. 探望权的概念与特征

探望权也称探视权，是指父母离婚后，间接抚养子女的一方，依法享有的与不共同生活的子女相聚、交往的权利。

探望权具有以下特征：

（1）探望权的主体是不直接抚养子女的父或母。

父母离婚后，未成年子女只能由父或母一方抚养，与该方共同生活。与此同时，不直接抚养子女的父或母，则不能与子女共同生活，无法或难以与子女见面，照顾子女。在这种情况下，要实现他们对子女的抚养和教育，法律就必须要赋予其对子女的探望权。因此，对子女探望权的权利主体只能是不直接抚养子女的父或母一方，其义务主体则是直接抚养子女的父或母一方。直接抚养子女的父或母作为探望权的义务主体，对于他方探望子女，不仅不能妨害或阻挠，而且还要予以协助，以使探望活动能顺利进行。

此处的父母，既包括婚生父母，也包括非婚生父母，还包括养父母，以及形成抚养教育关系并且离婚后表示愿意继续抚养继子女的继父母。

实践中，有人提出探望权的主体范围是否应该包含祖父母、外祖父母的问题。我国《民法典婚姻家庭编》在编纂过程中，一审稿与二审稿都曾规定了隔代探望权，但第三次审议时删除了一审稿和二审稿中增设的"隔代探望权"条款。这样做并非反对隔代探望权制度，而是认为仍有研究的余地。探望作为亲属权的重要内容之一，既是成年近亲属对未成年人的法定权利，也是成年近亲属对未成年人的法定义务；探望孙辈是失独老人获得精神慰藉的重要途径之一，应视为老年人应有之权益，且可与孙辈享有代位继承权利之法律原理相对应。因此，在不影响监护人履行法定监护职责的前提下，应当支持祖父母、外祖父母对孙辈的合理探望。

（2）探望权是一项法定权利。

亲权是父母对未成年子女所享有和承担的法定权利和义务，父母双方平等地拥有亲权，但亲权的行使以亲权人与未成年子女共同生活为前提。父母离婚后，亲权被一分为二，由父母双方分别行使。直接抚养子女的父或母行使了直接抚养权，照顾子女的生活，辅导子女的学习。而不直接抚养子女的父或母则依法享有了探望权，探视子女，与子女交往，了解子女的情况，并监督对方对子女亲权的行使情况。总之，探望权是基于父母子女身份而产生的一项法定权利。

（3）行使探望权是无条件的。

当法院判决或夫妻协议，由父母一方对子女直接抚养行使监护权时，法律同时也就赋予了不直接抚养子女的另一方对该子女的探望权。父母行使探望权时，不必以该父或母支付子女抚养费为前提，即使因某种原因暂时未能支付抚养费，仍有探望子女的权利，直接抚养子女的父或母，不能以对方不承担子女抚养费或不能按时按量给付抚养费为由，拒绝其对子女的探望。不仅如此，行使探望权也不以父母一方或双方是否再婚为条件，直接抚养子女的父或母再婚，或者不直接抚养子女、行使探望权的父或母再婚，都不影响其探望子女的权利。

虽然不直接抚养子女的父或母探望子女是无条件的，但当这种探望不利于子女的身心健康时，人民法院可以依法中止其探望权。探望权的无条件性，主要是指不以给付子女抚养费为前提，不以离婚父母不再婚为前提。

2．探望权的行使

《民法典婚姻家庭编》第 1086 条第 2 款规定："行使探望权利的方式、时间由当事人协议；协议不成的，由人民法院判决。"

为了子女的身心健康，离婚当事人在离婚之时，应对探望的方式、时间进行具体、细致的协商与安排。如果双方对子女探望不能达成协议的，由人民法院在处理离婚案件时一并判决。一般在不影响子女的学习、严重改变子女生活规律的情况下，确定一段时间内，不直接抚养方可与子女单独交流。此外，人民法院作出的生效判决中未涉及探望权，当事人就探望权问题单独提起诉讼的，人民法院应予以受理。

探望的方式通常包括直接会面和间接交往，如不直接抚养子女的父或母与子女直接见面或短期共同生活、互通书信或互通电话等。探望权按其时间的长短，可分为暂时性探望和逗留性探望两种。暂时性探望是不直接抚养子女的父或母按照协议或判决确定的时间、地点去探视，看望子女，这种探望的特点是时间短，方式灵活；逗留性探望是由探望人领走该子女，并按时送回该子女，其特点是探望时间长，父或母与子女有较长的交流和了解时间。

当父母双方就子女的探望权达成协议或人民法院关于探望权的判决生效以后，当事人一方特别是享有直接抚养权和监护权的父母一方，无故拒绝对方探望子女或故意设置障碍阻挠对方探望子女时，享有探望权的一方可以向人民法院提起诉讼，请求人民法院确认并保护其探望权的正常行使。对拒不执行有关探望子女的判决或裁定的，人民法院可对有协助义务的个人和单位采取拘留、罚款等强制措施。但人民法院的强制执行不能对被探望的子女适用。

探望权的判决或裁定虽可强制执行，但实践中执行难却是一个普遍存在的问题。探望权本身虽然简单，但行使起来却非常复杂。在子女成年以前，父或母始终都有权要求探望，如果被执行人一直拒绝履行义务，致使探望人反复申请强制执行，法院不断介入，这样不仅影响了法院判决的严肃性、权威性，增加了诉讼成本，而且还不利于子女的身心健康，违背探望权立法的初衷。因此，有必要对探望权的行使问题进一步完善。

3．探望权的中止

《民法典婚姻家庭编》第 1086 条第 3 款规定："父或者母探望子女，不利于子女身心健康的，由人民法院依法中止探望；中止的事由消失后，应当恢复探望。"该款规定表明，在某一特定情况下，法院可以裁判中止父或母的探望权利。

探望权的中止，是因发生一定的法定事由，致使探望权不宜继续行使，而由人民法院依法暂时停止探望权的行使。这些法定情形一般包括：

（1）享有探望权的父或母一方因患有精神病、痴呆症等，为无民事行为能力的人或限制民事行为能力的人。

（2）探望权人患有严重传染性疾病或其他疾病，可能危及子女健康的。

（3）探望权人有吸毒、酗酒等行为，不利于子女身心健康的。

（4）探望权人在行使探望权时对子女有侵权或犯罪行为的，如对子女实施暴力、骚扰子女、伤害子女等。

（5）探望权人与子女感情严重恶化，子女坚决拒绝探望的。

（6）其他不利于子女身心健康的行为，如探望权人以探望为由，教唆、胁迫、引诱未成年子女实施旷课、打架斗殴、偷盗、观看或收听色情淫秽音像制品读物、进入法律法规规定未成年人不适宜进入的营业性歌舞厅场所等不良行为。

综上所述，构成中止探望权的原因是不利于子女的身心健康。因此，探望权人有不利于子女身心健康的事实或行为，是中止探望权的唯一条件。根据相关法律规定，有权请求人民法院中止探望权的人有：未成年子女，直接抚养子女的父或母，其他对未成年子女负担抚养、教育义务的法定监护人。人民法院在接到当事人中止探望权的请求并征求双方当事人的意见后，认为需要中止行使探望权的，应依法作出裁定。未经人民法院裁定中止行使探望权，直接抚养子女的一方不能自行决定不让对方探望子女。

还须注意的是，探望权的中止，只是暂时停止不直接抚养子女的父或母探望子女的权利，并非永久性的剥夺和消灭。因此，待中止探望权的事由完全消失后，应当恢复探望权人行使探望权。如果不利于未成年子女身心健康的情形没有完全消除，则不能恢复探望权行使。只有在中止探望的事由完全消失后，才能恢复探望权的行使。而且，探望权人还不能够自行恢复探望，必须先向人民法院提出申请，由人民法院依法做出恢复探望权的决定。中止或恢复探望权的具体程序，由人民法院根据《民事诉讼法》的有关规定办理。

学习与思考：

1. 离婚与婚姻关系终止有何不同？
2. 我国离婚制度的指导思想。
3. 登记离婚的条件和程序。
4. 诉讼离婚的条件要求。
5. 以“感情确已破裂”作为离婚条件是否合理，为什么？
6. 我国法定离婚理由的具体情形。
7. 离婚的法律后果（对当事人、子女、其他家庭成员的影响）。
8. 离婚时共同财产分割的相关问题。
9. 离婚损害赔偿制度。
10. 实践中，离婚探望权的正确行使。

第八章　收养制度

收养是公民依法领养他人的子女，从而产生拟制的父母子女关系的民事法律行为。收养制度是婚姻家庭制度的重要组成部分。收养法律制度的内容包括收养关系的成立、收养的效力、收养关系的解除。我国 2020 年《民法典》将 1998 年《收养法》吸纳进“婚姻家庭编”，并作了部分的修改和完善。

第一节　收养制度概述

一、收养的概念

收养，是指公民依照法律规定的条件和程序，将他人的子女作为自己的子女领养，从而使原无父母子女关系的当事人产生法律拟制的父母子女关系的民事法律行为。因收养行为而成立的法律关系，即收养关系。

对于“收养”一词，有两种不同意义的使用。一是指收养行为，是就拟制血亲的养父母子女关系发生的法律事实而言的；二是指收养关系，是就拟制血亲的养父母子女关系本身而言的。收养行为的当事人是收养人、被收养人和送养人。其中，收养人和被收养人是收养行为的主体，送养人则是作为被收养的未成年人的法定代理人参与收养行为的。收养关系是基于收养行为的法律效力而发生的。在收养关系中，当事人是收养人和被收养人，收养人为养父母，被收养人为养子女。作为收养关系主体的养父母和养子女，双方之间具有法定的权利和义务。

二、收养的法律特征

（1）收养必须依法进行。在现代社会中，收养被纳入了法律调整的范畴。这是因为，收养不仅关系到收养人、被收养人和送养人的切身利益，而且还涉及社会公共利益。因此，各国法律都要求收养关系的成立必须符合法定条件和法定程序。不符合法定条件和程序进行收养的，法律不承认该行为发生收养的效力。

（2）收养行为导致亲属身份和权利义务关系的变更。收养关系一经成立，收养人与

被收养人之间便具有法律拟制的父母子女身份，进而产生了父母与子女间的权利和义务；同时，被收养人与生父母之间原有的权利和义务关系也就消除。

（3）收养只能发生在非直系血亲之间。法律上设立收养制度的目的，是使原本没有父母子女关系的当事人发生法律拟制的父母子女关系，由此决定了收养只能发生在非直系血亲之间。如果允许在具有直系血亲关系的亲属之间成立以父母子女的权利和义务为内容的收养关系，则必然会使亲属身份发生重叠，甚至发生相互排斥和冲突。

实践中，注意区别收养与国家收容孤儿、弃婴和残疾儿童，收养与寄养的不同：

收养是一种特定的民事法律行为，须经有关当事人协议，依法成立；国家收容孤儿、弃婴和残疾儿童，是一种行政法上的行为，是由各地民政部门依法实施的。收养变更亲属身份，收养人和被收养人之间发生父母子女的权利义务；国家对孤儿、弃婴和残疾儿童的收容、养育不变更亲属身份，收容、养育机构（儿童福利院）和被收容、养育人之间不发生父母子女的权利义务。

寄养是指父母出于某些特殊情形，不能与子女共同生活，无法直接履行抚养义务，因而委托他人代其抚养子女。受托人和被寄养子女间，并无法律拟制的父母子女关系，子女仍是其父母的子女。在寄养的情形下，抚养子女的具体形式虽有变化，亲属身份并未变更，权利义务也未转移。

三、收养应当遵循的基本原则

《民法典婚姻家庭编》第1044条规定："收养应当遵循最有利于被收养人的原则，保障被收养人和收养人的合法权益。禁止借收养名义买卖未成年人。"该条规定是指导收养关系的原则，贯彻的是保护"有利于被收养人利益"的立法宗旨。

（一）收养应当遵循最有利于被收养人的原则

收养应当遵循最有利于被收养人的原则，在我国1998年《收养法》当中就有明确规定。2020年《民法典》的编纂，把这一原则又写入《民法典婚姻家庭编》的"一般规定"中，强调了立法保护未成年人利益的理念。在收养关系当中，我们要特别保护被收养人的利益。所谓"最有利于被收养人"，实质就是《联合国儿童权利公约》当中的"儿童最大利益"原则，是指在父母子女关系当中，凡涉及被收养人利益的，都要首先考虑什么情况最有利于未成年人。正是基于"儿童最大利益"的要求，《民法典婚姻家庭编》在"一般规定"当中增加了"收养应当遵循最有利于被收养人的原则"。

保障未成年人的健康成长是实行收养制度的首要目的。由于未成年人的身心发育尚不成熟，缺乏独立的生活能力和辨认自己行为的社会后果的能力，属于无民事行为能力人或限制民事行为能力人，他们需要得到悉心抚养、关怀爱护、培养教育和监督保护。尤其是对那些丧失父母的孤儿、查找不到生父母的未成年人、生父母有特殊困难无力抚养的未成年子女，通过收养关系的建立，可以使他们在温暖的家庭中生活，得到养父母的抚养教育和保护，从而能够健康成长。收养法律规范中有关收养条件特别是被收养人的条件和收养人的能力的规定，以及有关解除收养关系的某些规定等，都是为了保障未成年人的健康成长而制定的。

为保障未成年人的合法权益，防止买卖儿童、损害未成年人的利益，《民法典婚姻家庭编》第 1044 条第 2 款在原《收养法》的基础上增设规定："禁止借收养名义买卖未成年人。"对于借收养名义买卖未成年人的，追究相应的法律责任。

（二）收养应当遵循保障被收养人和收养人合法权益的原则

收养关系涉及收养人和被收养人双方的切身利益，收养法律必须既保障被收养人的合法权益，同时也保障收养人的合法权益。我国收养法律中的各种具体制度，如收养关系的成立、收养的效力、收养关系的解除等，都要求保障被收养人和收养人合法权益，兼顾被收养人和收养人双方各自的权益。这也是民事法律中"公平原则"（《民法典》第 6 条）的要求，即民事主体从事民事活动，应当遵循公平原则，合理确定各方的权利和义务。

（三）收养应当遵循平等自愿的原则

收养关系属于民事法律关系。民事法律规范要求民事法律关系主体在民事活动中的法律地位一律平等（《民法典》第 4 条）；民事主体从事民事活动，应当遵循自愿原则，按照自己的意思设立、变更、终止民事法律关系（《民法典》第 5 条），即遵循平等自愿的原则。收养关系作为民事法律关系的一种，也必须遵循平等自愿原则。我国收养制度中关于成立收养关系须经当事人各方同意的规定，有配偶者须共同送养、共同收养的规定，以及关于协议解除收养的规定等，都是这一原则的体现。

（四）收养应当遵循不得违背社会公德的原则

《民法典》第 8 条规定："民事主体从事民事活动，不得违反法律，不得违背公序良俗。"收养行为是重要的身份法律行为，不仅关系到被收养人与收养人的权益，更关系到社会公共利益。为维护社会公德，保护公序良俗，收养行为必须加以约束和规范。例如，收养法律中有关无配偶者收养异性须有法定年龄差的规定，以虐待、遗弃为解除收养关系的法定理由的规定等，都是这一原则的具体体现。

第二节　收养关系的成立

一、收养成立的实质要件

收养行为是民事法律行为的特定种类，收养成立的实质要件既要符合《民法典》中有关民事法律行为的一般规定，又要符合有关收养行为的专门规定。

关于收养成立的实质要件，《民法典婚姻家庭编》第五章"收养制度"中，对被收养人、送养人、收养人的条件和收养合意等问题都作了明确的规定。

（一）被收养人的条件

《民法典婚姻家庭编》第 1093 条规定："下列未成年人，可以被收养：（一）丧失父母的孤儿；（二）查找不到生父母的未成年人；（三）生父母有特殊困难无力抚养的子女。"

《民法典婚姻家庭编》第 1093 条取消了 1999 年《收养法》第 4 条对收养对象"不满 14 周岁"的限制，规定只要是 18 周岁以下的未成年人，均可以成为收养的对象。这一修改，符合《民法的婚姻家庭编》"一般规定"当中的"收养遵循最有利于被收养人的原则"，是最大限度保护未成年人的利益。

根据法律规定，被收养人必须为下列人员：

（1）丧失父母的孤儿。

依据我国相关法律规定及其立法精神，丧失父母的孤儿是指其父母死亡或人民法院宣告其父母死亡的，不满 18 周岁的未成年人。

（2）查找不到生父母的未成年人。

查找不到生父母的未成年人，是指被生父母遗弃或遗失的未成年人。公民发现查找不到生父母的未成年人，要第一时间向所辖社区居民委员会或村民委员会通报，及时依法向当地公安机关报案，不得自行收留和擅自处理。公安机关要做好查找生父母和其他监护人的工作，对查找不到生父母和其他监护人的，出具证明送民政部门指定的儿童福利机构临时代养并签订协议。儿童福利机构要及时发布寻亲公告，公告期满后，仍查找不到生父母和其他监护人的，经主管民政部门审批后，办理正式进入儿童福利机构的手续，视为"查找不到生父母的未成年人"。对此类收养，应以被收养人父母查找不到为必要条件。

（3）生父母有特殊困难无力抚养的子女。

生父母有特殊困难的具体情形，只能根据当事人的具体情况来认定。一般情况下，如父母出于无经济负担能力、患有严重疾病、丧失民事行为能力等原因，以至无法或不宜抚养子女，均可视为有特殊困难无力抚养。

（二）送养人的条件

《民法典婚姻家庭编》第 1094 条规定："下列个人、组织可以作送养人：（一）孤儿的监护人；（二）儿童福利机构；（三）有特殊困难无力抚养子女的生父母。"

根据法律规定，送养人必须为下列个人或组织：

（1）孤儿的监护人。

孤儿已丧失父母，处于他人监护之下，以监护人为送养人是出于保护孤儿权益的需要。在我国，孤儿的监护人的选定，适用《民法典》第 27 条之规定："未成年人的父母已经死亡或者没有监护能力的，由下列有监护能力的人按顺序担任监护人：（一）祖父母、外祖父母；（二）兄、姐；（三）其他愿意担任监护人的个人或者组织，但是须经未成年人住所地的居民委员会、村民委员会或者民政部门同意。"

从法律的规定可以看出，孤儿是以具有监护能力的祖父母、外祖父母、兄、姐为监护人的。没有上述监护人的，可由其他愿意担任监护人的个人或者组织作为监护人，但须经未成年人住所地的居民委员会、村民委员会或者民政部门同意。

监护人送养受其监护的孤儿，须受我国收养法律的限制。《民法典婚姻家庭编》第1095条规定："监护人送养孤儿的，应当征得有抚养义务的人同意。有抚养义务的人不同意送养、监护人不愿意继续履行监护职责的，应当依照本法第一编的规定另行确定监护人。"此处的"有抚养义务的人"，是指"有负担能力的祖父母、外祖父母和兄、姐"。

(2) 儿童福利机构。

儿童福利机构，是指民政部门设立的，主要收留抚养由民政部门担任监护人的未满18周岁儿童的机构。根据《儿童福利机构管理办法》第9条规定，儿童福利机构应当收留抚养下列儿童：①无法查明父母或者其他监护人的儿童；②父母死亡或者宣告失踪且没有其他依法具有监护资格的人的儿童；③父母没有监护能力且没有其他依法具有监护资格的人的儿童；④人民法院指定由民政部门担任监护人的儿童；⑤法律规定应当由民政部门担任监护人的其他儿童。儿童福利机构事实上也在履行监护孤儿、查找不到生父母的未成年人的职责，以其为送养人是理所当然的。

(3) 有特殊困难无力抚养子女的生父母。

对于有特殊困难无力抚养子女的生父母，允许其作为送养人送养子女为他人收养，有利于子女的健康成长。

对于生父母作为送养人的，《民法典婚姻家庭编》第1097条规定："生父母送养子女，应当双方共同送养。生父母一方不明或者查找不到的，可以单方送养。"子女是父母双方的子女，变更亲子法律关系，应当取得父母双方的同意。只有在客观上无法共同送养，即生父母一方不明或者查找不到时，才可单方送养。现实生活中，单方送养通常是出于非婚生子女的生父不明或生父母一方失踪。若生父母一方死亡的，另一方也可以单方送养，但须受《民法典婚姻家庭编》第1108条规定的限制。

《民法典婚姻家庭编》第1108条规定："配偶一方死亡，另一方送养未成年子女的，死亡一方的父母有优先抚养的权利。"所谓"死亡一方的父母"，是生存一方的公、婆或岳父、岳母，即被送养人的祖父母或外祖父母。按照我国婚姻家庭法规定，祖父母、外祖父母对未成年孙子女、外孙子女有相对的抚养义务。如果祖父母或外祖父母确有抚养孙子女或外孙子女的意愿和能力，应当予以优先抚养权。这一规定有利于保护未成年子女的权益，也符合我国的传统习惯。

《民法典婚姻家庭编》第1095条还规定："未成年人的父母均不具备完全民事行为能力且可能严重危害该未成年人的，该未成年人的监护人可以将其送养。"该条对监护人送养所作的限制，是出于对父母权益的保护。因为在一般情况下，父母丧失民事行为能力时，变更父母子女关系对父母是不利的。父母丧失民事行为能力，监护人可以将未成年人送养，是出于保护子女权益的需要；为了免受严重危害，可以将其送养。

（三）收养人的条件

《民法典婚姻家庭编》第1098条规定："收养人应当同时具备下列条件：（一）无子女或者只有一名子女；（二）有抚养、教育和保护被收养人的能力；（三）未患有在医学上认为不应当收养子女的疾病；（四）无不利于被收养人健康成长的违法犯罪记录；（五）年满三十周岁。”

根据法律规定，收养人必须具备下列条件：

（1）无子女或者只有一名子女。

所谓无子女，包括未婚者无子女，已婚者尚无子女以及因欠缺生育能力而不可能有子女等各种情形。只有一名子女，也包括未婚者有一名子女，已婚者有一名子女的情形。此处的“子女”，包括婚生子女、非婚生子女、养子女。

对比我国1998年《收养法》，《民法典婚姻家庭编》收养制度在收养人条件当中增加了有一名子女也可收养的规定，无子女或者只有一名子女的，均可以作为收养人收养他人的子女，扩大了收养的范围，和我国的生育政策保持一致。

此处需要注意，2021年8月20日，全国人民代表大会常务委员会关于修改《人口与计划生育法》的决定由第十三届全国人民代表大会常务委员会第三十次会议表决通过。修改后的《人口与计划生育法》第18条第一款将原来的“国家提倡一对夫妻生育两个子女”修改为“国家提倡适龄婚育、优生优育。一对夫妻可以生育三个子女”。随之，有两名子女的夫妻，也可以收养一名子女。

（2）有抚养、教育和保护被收养人的能力。

有抚养、教育和保护被收养人的能力，是指收养人在物质上、经济上对被收养人的养育和照料能力，在思想品德上对被收养人的关怀和培养，引导其树立正确观念与高尚品德的能力，以及防范和排除来自自然界或社会对未成年子女人身或财产权益的非法侵害的能力。例如，收养人品德恶劣、行为不端的，或因患精神病而丧失民事行为能力的，或有其他情形不利于被收养人健康成长的，均应认为抚养教育保护能力的欠缺。

（3）未患有在医学上认为不应当收养子女的疾病。

未患有在医学上认为不应当收养子女的疾病，既是为保障养子女的身体健康，也是收养人抚养养子女的前提条件。如果养父母身患传染病，极易将疾病传染给养子女，危害养子女的身体健康；或者养父母患有严重疾病，生活不能自理的，也不能履行抚养子女的义务。

（4）无不利于被收养人健康成长的违法犯罪记录。

无不利于被收养人健康成长的违法犯罪记录，是《民法典婚姻家庭编》收养制度中新增的一项要求，它提高了收养人的条件，符合最有利于被收养人的基本原则，更好地保护被收养未成年人的利益。在我国的收养法律中，对于“无不利于被收养人健康成长的违法犯罪记录”，未作出明确的规定。依据立法的精神，收养人有性犯罪、暴力犯罪记录的，有买卖、虐待或遗弃儿童的，参加非法组织、邪恶教派的，不应允许其收养子女。

（5）年满30周岁。

法律要求收养人的最低年龄为30周岁，是出于对收养关系的性质和生育时间的考虑。30周岁以下的人，生育子女的机会尚多，不必急于收养他人子女作为自己的子女。到达相当年龄后再收养子女，能够更好地承担养父母的职责。基于我国的人口现状和人口政策，规定收养人年满30周岁方可收养子女比较适宜。

（6）单身收养异性，年龄须相差40周岁以上。

1998 年《收养法》第 9 条规定：无配偶的男性收养女性的，收养人与被收养人的年龄应当相差四十周岁以上。《民法典婚姻家庭编》第 1102 条将《收养法》第 9 条修改为："无配偶者收养异性子女的，收养人与被收养人的年龄应当相差四十周岁以上。"这一修改从男女平等原则出发，矫正了原有的两性不平等的法律规定。从现行法律来看，无论男女，无配偶的单身收养异性，年龄相差都须达到 40 周岁以上，防止一方利用收养行为达到不法之目的。

（7）有配偶者收养，须夫妻共同收养。

《民法典婚姻家庭编》第 1101 条规定："有配偶者收养子女，应当夫妻共同收养。"被收养人是收养人的家庭成员，与养父母共同生活。如果有配偶者置其配偶的意愿于不顾，单方收养子女，另一方不予承认，势必对家庭关系带来种种不利的影响，这也是有悖于收养制度的宗旨，不利于被收养人的利益。

（四）当事人的收养合意

收养关系的成立，以有关当事人的意思表示一致为其必要条件，即当事人合意。我国收养法律规定的当事人合意是指，收养方和送养方的意思表示一致；如收养方或送养方为有配偶者，须得配偶双方同意；在一定条件下，须有识别能力的被收养人本人同意。

按照我国收养法律的规定，收养合意有两个方面的具体要求：

（1）收养人收养与送养人送养须双方自愿。

《民法典婚姻家庭编》第 1104 条第 1 款规定："收养人收养与送养人送养，应当双方自愿。"即收养人与送养人双方须在平等、自愿的基础上，达成有关成立收养的一致协议。有配偶者送养或收养子女，须夫妻共同送养或共同收养。收养儿童福利机构抚养的孤儿、弃婴和儿童，应当征得该福利机构的同意。

（2）收养年满 8 周岁以上的未成年人，应征得被收养人的同意。

为了与《民法典总则编》第 19 条调整限制民事行为能力人的年龄起点相适应，《民法典婚姻家庭编》第 1104 条第 2 款将 1998 年《收养法》第 11 条的"收养十周岁以上的未成年人应当征得被收养人的同意"修改为"收养八周岁以上未成年人的，应当征得被收养人的同意"。8 周岁以上的未成年人已具有部分民事行为能力，被收养是有关变更其亲子法律关系的重大问题，征得本人同意是完全必要的。对收养 8 周岁以下的未成年人则无此要求。

（五）放宽收养条件的具体情形

作为收养条件一般规定的例外，我国收养法律规定在某些具体情形下可以适当放宽收养条件。放宽收养条件的原因，或出于对近亲收养历史传统的考虑，或出于对侨胞的利益关切和照顾，或出于对收养孤儿或残疾儿童的鼓励，或出于稳定家庭关系的要求。

根据法律规定，放宽收养条件的具体情形包括：

（1）收养三代以内旁系同辈血亲的子女。

《民法典婚姻家庭编》第 1099 条第 1 款规定："收养三代以内旁系同辈血亲的子女，

可以不受本法第一千零九十三条第三项、第一千零九十四条第三项和第一千一百零二条规定的限制。”按此规定，在收养兄弟姐妹的子女、堂兄弟姐妹的子女、表兄弟姐妹的子女时，条件可以放宽：①其生父母无特殊困难、有抚养能力的子女，也可为被收养人；②无特殊困难、有抚养能力的生父母，也可为送养人；③无配偶者收养异性，不受收养人与被收养人间须有 40 周岁以上年龄差的限制。

《民法典婚姻家庭编》第 1099 条第 2 款规定：“华侨收养三代以内旁系同辈血亲的子女，还可以不受本法第一千零九十八条第一项规定的限制。”收养人如为华侨，除适用本条第 1 款的规定外，即使已有子女，甚至子女不止一人，也不妨碍其收养三代以内旁系同辈血亲的子女。

（2）收养孤儿、残疾未成年人或者儿童福利机构抚养的查找不到生父母的未成年人。

《民法典婚姻家庭编》第 1100 条第 2 款规定：“收养孤儿、残疾未成年人或者儿童福利机构抚养的查找不到生父母的未成年人，可以不受前款和本法第一千零九十八条第一项规定的限制。”按此规定，有子女的公民也可收养孤儿、残疾未成年人或者儿童福利机构抚养的查找不到生父母的未成年人，收养一名或数名均可。这一规定的立法精神，在于鼓励这种收养行为。孤儿、残疾未成年人或者儿童福利机构抚养的查找不到生父母的未成年人为他人收养，有利于其在养父母的抚育下健康成长。放宽条件既是出于保护上述未成年人的需要，也是对此类符合社会公共利益的收养行为的肯定和鼓励。当然，在处理具体问题时应当充分考虑收养人自身的抚养能力和其他条件，收养子女过多也是不适宜的。

（3）继父母收养继子女。

《民法典婚姻家庭编》第 1103 条规定：“继父或者继母经继子女的生父母同意，可以收养继子女，并可以不受本法第一千零九十三条第三项、第一千零九十四条第三项、第一千零九十八条和第一千一百条第一款规定的限制。”按此规定，继子女的生父母即使无特殊困难，有抚养能力，继父或继母即使已有子女，欠缺抚养教育和保护能力，患有在医学上认为不应当收养子女的疾病，不满 30 周岁，仍然可以收养一名或数名继子女。在继父或者继母抚养教育和保护能力不足的情形下，作为收养人可以与其配偶（即子女的生父或者生母）共同努力，承担抚养教育和保护的责任。

继子女随其生母与继父或生父与继母同居一家，关系十分密切。放宽条件鼓励此种收养行为，可以变继父母继子女关系为养父母养子女关系，消除继子女与继父或继母间、与生父或生母间的双重权利义务，使亲子法律关系单一化，这对稳定家庭关系是十分有利的。

二、收养成立的形式要件

收养是拟制血亲关系建立的重要途径。变更亲子法律关系事关重大，只有符合法定形式，收养成立才产生法律效力。综观世界各国收养制度的立法例，收养成立在形式要件上有两种类型：一是收养须依司法程序而成立，二是收养须依行政程序而成立。依司法程序而成立的，收养当事人须向有管辖权的法院呈送申请书和提供有关证件，经法院决定认可后，收养即告成立。德国、法国、英国、美国等均采用此制。依行政程序而成立的，收养当事人须向主管的行政机关申报并提供证件，经行政机关审查批准后，收养即告成立。日本、瑞士等均采用此制。

我国收养法律规定，成立收养关系的法定程序是收养登记程序，同时以收养协议及收养公证为补充。

（一）收养登记程序

《民法典婚姻家庭编》第 1105 条第 1 款、第 2 款规定："收养应当向县级以上人民政府民政部门登记。收养关系自登记之日起成立。收养查找不到生父母的未成年人的，办理登记的民政部门应当在登记前予以公告。"

1. 办理收养登记的机关

办理收养登记的法定机关，是县级以上人民政府的民政部门。按照被收养人情况的不同，具体可分为：①收养儿童福利机构抚养的查找不到生父母的未成年人的，在儿童福利机构所在地的收养登记机关办理登记。②收养非儿童福利机构抚养的查找不到生父母的未成年人的，在未成年人发现地的收养登记机关办理登记。③收养生父母有特殊困难无力抚养的子女或者由监护人监护的孤儿的，在被收养人生父母或者监护人常住户口所在地的收养登记机关办理登记。④收养三代以内旁系同辈血亲的子女，以及继父或者继母收养继子女的，在被收养人生父或者生母常住户口所在地的收养登记机关办理登记。

2. 收养登记的具体程序

收养登记的具体程序分为申请、审查和登记三个步骤。

（1）申请。

为保证收养当事人的意思表示的真实性，办理收养登记时，当事人必须亲自到场。首先，夫妻共同收养子女者，一方如果不能亲自到收养登记机关的，应当书面委托另一方办理登记手续，委托书应当经过村民委员会或者居民委员会证明或者经过公证。其次，送养人为公民的，须送养人亲自到收养登记机关办理收养登记。送养人为儿童福利机构的，须由其负责人或委托代理人到收养登记机关办理收养登记。最后，被收养人是年满 8 周岁以上的未成年人的，也必须亲自到收养登记机关。

申请收养登记时，收养人应当向收养登记机关提交收养申请书。收养申请书应包括如下内容：第一，收养人情况；第二，送养人情况；第三，被收养人情况；第四，收养的目的；第五，收养人作出的不虐待、不遗弃被收养人和抚育被收养人健康成长的保证。

申请办理收养登记时，根据收养人和被收养人的不同情况，收养人应当提供以下证件和证明材料：

内地公民作为收养人的，应当提供居民户口簿和居民身份证，由收养人所在单位或者村民委员会、居民委员会出具的本人婚姻状况、有无子女和抚养教育保护被收养人的能力等情况的证明，县级以上医疗机构出具的未患有在医学上认为不应当收养子女的疾病的身体健康检查证明。

收养查找不到生父母的未成年人的，收养人还应当提交收养人经常居住地计划生育部门出具的收养人生育情况证明。收养非社会福利机构抚养的查找不到生父母的弃婴、儿童的，收养人还应当提交收养人经常居住地计划生育部门出具的收养人无子女或只有一名子女的证明，公安机关出具的捡拾弃婴、儿童报案的证明。

收养继子女的，可以只提交居民户口簿、居民身份证和收养人与被收养人生父或者生母结婚的证明。

申请办理收养登记时，送养人应当向收养登记机关提交下列证件和证明材料：居民户口簿和居民身份证；收养法律规定送养时应当征得其他有抚养义务的人同意的，并提交其他有抚养义务的人同意送养的书面意见。

不同情况的送养人还应当向收养登记机关提交一些证明材料：

第一，儿童福利机构为送养人的，应当提交未成年人进入儿童福利机构的原始记录，公安机关出具的捡拾弃婴、儿童报案的证明，或者孤儿的生父母死亡或者宣告死亡的证明。

第二，监护人为送养人的，应当提交实际承担监护责任的证明，孤儿的父母死亡或者宣告死亡的证明，或者被收养人生父母无完全民事行为能力并对被收养人有严重危害的证明。

第三，生父母为送养人的，因为有特殊困难无力抚养子女的，应当提交其所在单位或者村民委员会、居民委员会出具的送养人有特殊困难的证明。因丧偶或者一方下落不明由单方送养的，应当提交配偶死亡或者下落不明的证明；子女由三代以内同辈旁系血亲收养的，应当提交公安机关出具的或者经过公证的与收养人有亲属关系的证明。

第四，被收养人是残疾未成年人的，应当提交县级以上医疗机构出具的该未成年人的残疾证明。

（2）审查。

收养登记机关收到收养登记申请书及有关材料后，应当自次日起 30 日内进行审查。审查的内容主要包括：

第一，收养申请人是否符合法律所规定的收养人条件以及其收养的目的是否正当；第二，被收养人是否符合法律所规定的被收养人条件；第三，送养人是符合法律所规定的送养人条件；第四，当事人申请收养的意思表示是否真实。

（3）登记。

经过审查后，收养登记机关对符合收养法律规定的收养条件的，为当事人办理收养登记，发给收养登记证，收养关系自登记之日起成立。对不符合收养法律规定条件的，不予登记，并对当事人说明理由。

收养查找不到生父母的未成年人的，收养登记机关应当在登记前予以公告，查找其生父母。自公告之日起满 60 日未认领的，民政部门办理收养登记，发给收养登记证。其中，公告期间不计算在登记办理期限内。

根据《民法典婚姻家庭编》第 1106 条规定，收养关系成立后，公安机关应当按照国家有关规定为被收养人办理户口登记。

3. 外国人的收养

《民法典婚姻家庭编》第1109条规定："外国人依法可以在中华人民共和国收养子女。"

外国人在中华人民共和国收养子女，应当经其所在国主管机关依照该国法律审查同意。收养人应当提供由其所在国有权机构出具的有关其年龄、婚姻、职业、财产、健康、有无受过刑事处罚等状况的证明材料，并与送养人签订书面协议，亲自向省、自治区、直辖市人民政府民政部门登记。

以上证明材料应当经收养人所在国外交机关或者外交机关授权的机构认证，并经中华人民共和国驻该国使领馆认证，但是国家另有规定的除外。

（二）收养协议

《民法典婚姻家庭编》第1105条第3款规定："收养关系当事人愿意签订收养协议的，可以签订收养协议。"

收养协议是指，收养关系当事人之间依照法律规定的条件订立的关于同意成立收养关系的协议。

订立收养协议应当符合以下法律要求：

（1）订立收养协议的当事人即收养人、被收养人与送养人均须符合收养法律规定的收养成立的条件。

（2）收养协议的主要条款，应当包括收养人、送养人和被收养人的基本情况，收养的目的，收养人不虐待、不遗弃被收养人和抚育被收养人健康成长的保证。

（3）收养协议的形式，应当为书面协议。

收养协议自收养关系当事人正式签订之日起生效。

收养协议不是收养的法定形式要件，当事人可以自主选择是否签订收养协议。

（三）收养公证

《民法典婚姻家庭编》第1105条第4款规定："收养关系当事人各方或者一方要求办理收养公证的，应当办理收养公证。"

收养公证是指，根据收养关系当事人各方或者一方的要求，由公证机关对其订立的收养协议依法作出的公证证明。

收养公证的办理，必须明确以下法律规定：

（1）办理收养公证并不是成立收养关系的必经法律程序。只有在收养关系当事人要求办理收养公证的情况下，才依法予以办理。

（2）办理收养公证时，公证机关应当对申请收养公证的当事人的条件和收养协议的内容的合法性进行审查。经过审查后，认为收养人、送养人和被收养人符合法律规定的相关条件，收养协议的内容合法有效，才能给予办理收养公证证明。

（3）公证机关对收养公证的文件应当妥善保管。

（四）收养评估

《民法典婚姻家庭编》第 1105 条第 5 款新增规定：“县级以上人民政府民政部门应当依法进行收养评估。”

收养评估是指，通过专业的机构或人员，对收养家庭的收养动机、婚姻状况、经济能力、身心状况及道德品行等进行调查评估，对收养家庭做出客观、公正的评价。

收养评估程序一般包括：收养能力评估、融合期调查和收养后回访。

收养能力评估，是对收养申请人抚养教育被收养人的能力进行评估。调查的主要内容包括：①收养申请人的收养动机，即收养申请人是否能够从儿童利益优先角度出发认识收养问题。②年龄，即收养申请人是否年满 30 周岁。③健康状况，即收养申请人及其他共同生活家庭成员的生理及心理健康状况是否良好。④道德品行情况，即收养申请人是否具有良好的道德品行，遵守国家法律、法规和相关制度。⑤经济及住房条件，即收养申请人是否有固定职业和稳定经济收入，家庭人均收入原则上处于当地居民家庭中等收入水平以上。无固定职业者，有较好的经济基础和稳定的经济来源。收养申请人有固定住所，且人均住宅面积原则上不低于当地人均住宅面积水平。⑥婚姻家庭关系，即夫妻双方共同收养的，收养申请人是否婚姻关系和谐，家庭关系和睦，对家庭有较强的责任感。单身收养申请人对家庭有较强责任感，收养子女的意愿获得亲人的明确支持、共同生活家庭成员意见，即与收养申请人共同生活的家庭其他成员愿意接纳被收养人成为家庭中一员。⑦抚育计划，即收养申请人对被收养人是否有明确的抚育计划，包括抚育开支计划，有关教育、个人才能培养的长短期安排，主要生活照料人的安排，以及当收养申请人出现特殊情况，无法照顾被收养人时，对被收养人的监护安排。通过上述方面的调查，对收养申请人及其共同生活的家庭成员抚养教育被收养人的能力做出综合评定。

融合期调查，是在收养登记办理前，对收养关系当事人融合情况的评估。调查的主要内容包括：①被收养人与收养申请人及其家庭成员共同生活、相处和情感交融等情况。②收养申请人履行临时监护职责情况、对被收养人的照料抚育情况、收养关系当事人双方的收养意愿等。融合期调查评估的设立，给收养关系当事人提供了收养前的准备和适应时间，使收养关系的建立更加自然、和谐、融洽。

收养后回访，是收养登记办理后，对被收养人与收养人共同生活的情况进行评估。调查的主要内容包括：①收养人对被收养人的养育、教育情况；②被收养人成长、健康、受教育情况；③双方情感交融情况等。收养后回访评估的设立，能够有效评估收养关系建立初期收养关系当事人的生活、融合情况。

根据《民法典婚姻家庭编》第 1105 条第 5 款的规定，申请收养未成年人的，县级以上人民政府民政部门应当对收养申请人的收养动机、婚姻状况、经济能力、身心状况及道德品行等进行调查评估，遵循最有利于被收养人的原则，保障被收养未成年人健康成长。

三、与收养成立相关的其他规定

（一）子女由亲朋抚养不适用收养关系

《民法典婚姻家庭编》第1107条保留了原《收养法》的规定："孤儿或者生父母无力抚养的子女，可以由生父母的亲属、朋友抚养；抚养人与被抚养人的关系不适用本章规定。"

这种不具有收养性质的抚养，并不变更亲子法律关系，抚养人和被抚养人之间不发生养父母与养子女的权利和义务。

（二）严禁借收养名义买卖未成年人

《民法典婚姻家庭编》第1044条新增"禁止借收养名义买卖未成年人"，明确规定，为了保护未成年人的合法权益，任何人不得借收养、送养之名，行买卖儿童之实。借收养名义拐卖儿童或出卖亲生子女构成犯罪的，必须依法追究刑事责任。

（三）关于保守收养秘密的问题

《民法典婚姻家庭编》第1110条规定："收养人、送养人要求保守收养秘密的，其他人应当尊重其意愿，不得泄露。"

这一规定，是基于我国法律关于保护公民隐私权的法律准则而提出的法律要求，有利于稳定收养关系，保持收养人与被收养人家庭生活的和睦。按照该条法律规定，收养人、送养人有权要求保守收养秘密，其他任何人都负有不得泄露该收养秘密的义务。

第三节　收养的效力

收养的效力，是指因收养关系的成立而引起的法律后果，也称收养的法律效力。

按照法律后果的不同，可以把收养的法律效力分为收养的拟制效力和收养的解消效力。

一、收养的拟制效力

收养的拟制效力，是指收养关系的成立导致收养人与被收养人之间发生父母子女的权利义务关系，以及被收养人与收养人的近亲属之间发生相应的亲属关系等法律后果。收养关系一经成立，便在收养人与被收养人之间确立起养父母和养子女的身份关系，收养人是养父母，被收养人是养子女，他们彼此发生了与自然血亲的父母子女关系相同的法定的权利与义务。

《民法典婚姻家庭编》第1111条第1款规定："自收养关系成立之日起，养父母与养子女间的权利义务关系，适用本法关于父母子女关系的规定；养子女与养父母的近亲属间的权利义务关系，适用本法关于子女与父母的近亲属关系的规定。"

收养关系成立的拟制效力主要表现为以下两种。

（一）养父母与养子女的权利义务

依据《民法典婚姻家庭编》第1111条第1款之规定，自收养关系成立之日起，养父母与养子女间的权利义务等同于法律规定的生父母子女之间的权利义务。

按此规定，基于收养的拟制效力，养父母养子女关系与自然血亲的父母子女关系具有同等的法律意义，两者在亲子间的权利义务上是完全相同的。养父母对养子女有抚养、教育、保护的义务；成年养子女对养父母有赡养、扶助的义务；养父母与养子女互为第一顺序法定继承人，有相互继承遗产的权利，等等。

收养的拟制效力，也表现在养子女的姓氏问题上。《民法典婚姻家庭编》第1112条规定："养子女可以随养父或者养母的姓氏，经当事人协商一致，也可以保留原姓氏。"说明收养关系成立后，养子女既可以随养父的姓，还可以随养母的姓。如果收养人与送养人或者被收养人协商一致，也可保留被收养人原来的姓。这一规定既符合收养制度的宗旨和男女平等的原则，又具有一定的灵活性。

（二）养子女与养父母的近亲属的权利义务

依据《民法典婚姻家庭编》第1111条第1款之规定，自收养关系成立之日起，养子女与养父母的近亲属间的权利义务，等同于亲生子女与父母的近亲属之间的权利义务。

养子女与养父母的近亲属间的权利义务关系，是养父母子女关系在法律上的延伸。具体说来，养子女与养父母的父母间，有祖孙间的权利和义务；养子女与养父母的子女间，有兄弟姐妹间的权利和义务。养兄弟姐妹、养祖父母、养外祖父母为第二顺序法定继承人，养孙子女、养外孙子女可以代位继承其养祖父母、养外祖父母的遗产，养侄女、养外甥女可以代位继承其养叔伯姑舅的遗产。

二、收养的解销效力

收养的解销效力，是指收养关系的成立导致被收养人与其生父母之间消除父母子女权利义务关系，以及被收养人与其生父母的其他近亲属间的权利义务关系也随之消除等法律后果。在收养成立后，原有的父母子女关系被改变，形成了新的父母子女关系，由此产生的必然后果之一，便是消除了被收养人与生父母及其他近亲属之间的权利义务。

《民法典婚姻家庭编》第1111条第2款规定："养子女与生父母以及其他近亲属间的权利义务关系，因收养关系的成立而消除。"

收养的解消效力表现在以下两个方面。

（一）养子女与生父母间的权利义务消除

依据《民法典婚姻家庭编》第1111条第2款之规定，养子女与生父母间的权利义务关系，因收养关系的成立而消除。

按此规定，收养的解销效力所消除的仅为法律意义上的父母子女关系，而非自然意义上的父母子女关系。养子女与生父母间基于出生而具有的自然血缘联系，是客观存在的，不能通过法律手段加以改变。因此，我国婚姻家庭法中有关禁止直系血亲结婚的规定，对养子女与生父母仍然适用。

（二）养子女与生父母的其他近亲属间的权利义务消除

依据《民法典婚姻家庭编》第1111条第2款之规定，养子女与生父母的其他近亲属间的权利义务关系，也因收养关系的成立而消除。

按此规定，子女被他人收养后，与生父母的父母不再具有祖孙间的权利义务关系；与生父母的其他子女间，不再具有兄弟姐妹间的权利义务关系。

但是，我国婚姻家庭法中有关禁止直系血亲和三代以内旁系血亲结婚的规定，对养子女与生父母以外的其他近亲属仍然适用。

三、无效收养行为

（一）无效收养行为的概念

无效收养行为，是指欠缺收养成立的法定要件的收养行为，即违反法律关于收养关系成立的实质条件和程序要件。这种行为不具有收养的法律效力，是一种无效民事行为。

《民法典婚姻家庭编》第1113条第1款规定："有本法第一编关于民事法律行为无效规定情形或者违反本编规定的收养行为无效。"

在我国，判断收养行为是否有效，必须以《民法典总则编》有关民事法律行为要件的规定，以及《民法的婚姻家庭编》有关收养关系成立要件的规定为依据。具体而言：①收养因收养人、送养人不具有相应的民事行为能力而无效；②因被收养人、送养人和收养人不符合法律规定，违反社会公共利益而无效；③因当事人的意思表示不真实，欠缺收养的合意而无效；④因不符合收养成立的法定方式而无效。

（二）确认收养无效的程序

根据《民法典婚姻家庭编》和《中国公民收养子女登记办法》，确认收养无效有两种程序：第一，人民法院通过诉讼程序，确认某一收养行为无效。第二，收养登记机关通过行政程序，确认某一收养行为无效。

1. 依诉讼程序确认收养无效

实践中，依诉讼程序确认收养无效有两种情形：

(1) 当事人或利害关系人提出请求确认收养无效之诉，由人民法院依法判决收养无效。

(2) 人民法院在审理有关案件过程中发现无效收养行为，在有关判决中确认收养无效。拟制血亲的亲子关系和自然血亲的亲子关系一样，是抚养、赡养、监护、法定继承等借以发生的基础法律关系。认定收养行为是否有效，是正确处理有关案件的必要前提。

2. 依行政程序确认收养无效

依行政程序确认收养无效，是以民政部颁布的《中国公民收养子女登记办法》为依据：收养登记机关发现当事人登记时弄虚作假，骗取收养登记的，应宣布该项收养登记无效，由收养登记机关撤销登记，收回收养证。

至于当事人和利害关系人能否依行政程序申请确认收养登记无效，法律未作规定。

（三）收养无效的法律后果

《民法典婚姻家庭编》第 1113 条第 2 款规定："无效的收养行为自始没有法律约束力。"

无效收养不发生收养的法律效力，致使当事人不能实现其预期的目的，这一点正是其法律后果在亲属法领域的集中表现。根据不同情形，无效收养有时还会发生并非当事人预期的，依法追究其法律责任的后果，包括行政法上的和刑法上的后果。当然，这些后果是在无效收养的责任主体有违法、犯罪行为的情形下发生的。

确认收养无效的司法判决和行政决定，具有溯及既往的效力。

第三节　收养关系的解除

收养关系作为一种法律拟制的亲属关系，必须依法设立，也可以依法予以解除。收养关系的解除，是指收养关系的当事人即收养人、被收养人和送养人依照法定条件和程序，人为地解除收养关系的行为。

实践中，收养关系终止的情况有两种：一是收养人或被收养人死亡，收养关系自然终止；二是收养关系被依法解除，通过法律手段而人为地终止。从法理上讲，因死亡而终止的，以收养关系为中介的其他亲属关系并不终止；因依法解除而终止的，以该收养关系为中介的其他亲属关系随之终止。

按照我国收养法律的规定，收养关系的解除可以依当事人的协议而解除，也可以依当事人一方的要求而解除。

一、协议解除收养关系

（一）协议解除收养关系的条件

《民法典婚姻家庭编》第 1114 条第 1 款规定："收养人在被收养人成年以前，不得解除收养关系，但是收养人、送养人双方协议解除的除外。养子女八周岁以上的，应当征得本人同意。"第 1115 条规定："养父母与成年养子女关系恶化、无法共同生活的，可以协议解除收养关系。"

协议解除收养关系，必须符合以下条件：

（1）养子女成年前协议解除收养关系的，须得收养人、送养人同意。年满 8 周岁以上的养子女已有部分民事行为能力，解除收养关系应征得本人同意。

（2）养子女成年后因与养父母关系恶化、无法共同生活，协议解除收养关系的，须得收养人、被收养人同意。成年人具有完全民事行为能力，送养人的同意不是协议解除收养关系的必要条件。

（二）协议解除收养关系的程序

《民法典婚姻家庭编》第 1116 条规定："当事人协议解除收养关系的，应当到民政部门办理解除收养关系登记。"

适用这一规定办理解除收养关系的登记时，当事人应当到被收养人常住户口所在地县级以上人民政府民政部门提出解除收养关系的申请，须向收养登记机关提交居民户口簿、居民身份证、收养登记证、解除收养关系的书面协议。当事人对收养登记机关必须了解的情况应当如实提供。收养登记机关应当在自申请的次日起 30 日内进行审查。对符合收养法律规定的解除收养关系条件的，准予其解除，收回收养登记证，发给当事人解除收养关系证明。收养关系自发给解除收养关系证明时起解除。

二、诉讼解除收养关系

（一）诉讼解除收养关系的条件

《民法典婚姻家庭编》第 1114 条第 2 款规定："收养人不履行抚养义务，有虐待、遗弃等侵害未成年养子女合法权益行为的，送养人有权要求解除养父母与养子女间的收养关系。送养人、收养人不能达成解除收养关系协议的，可以向人民法院提起诉讼。"第 1115 条规定："养父母与成年养子女关系恶化、无法共同生活的，可以协议解除收养关系。不能达成协议的，可以向人民法院提起诉讼。"

诉讼解除收养关系的，必须具备下列条件：

（1）养父母不履行抚养义务，有虐待、遗弃等侵害未成年养子女合法权益行为的，送养人要求解除养父母与养子女的收养关系，但送养人与收养人不能达成解除收养关系协议的，送养人可以向人民法院起诉。

（2）养父母与成年养子女关系恶化，无法共同生活，且不能达成解除收养关系协议的，双方均可以向人民法院起诉。

（二）诉讼解除收养关系的程序

收养关系当事人应当依照《民事诉讼法》的有关规定，向有管辖权的人民法院提起解除收养关系的民事诉讼。人民法院审理解除收养关系的案件，应当查明要求解除收养关系的事实和理由，保护合法的收养关系，保障收养人和被收养人的合法权益。对收养人不履行抚养义务，有虐待、遗弃等侵害未成年养子女合法权益行为，送养人要求解除收养关系的；对养父母与成年养子女关系恶化，无法共同生活，一方要求解除收养关系的，人民法院应当进行调解。调解无效的，依法判决准予解除或不准解除。

三、解除收养关系的法律后果

《民法典婚姻家庭编》第 1117 条规定："收养关系解除后，养子女与养父母以及其他近亲属间的权利义务关系即行消除，与生父母以及其他近亲属间的权利义务关系自行恢复。但是，成年养子女与生父母以及其他近亲属间的权利义务关系是否恢复，可以协商确定。"

《民法典婚姻家庭编》第 1118 条规定："收养关系解除后，经养父母抚养的成年养子女，对缺乏劳动能力又缺乏生活来源的养父母，应当给付生活费。因养子女成年后虐待、遗弃养父母而解除收养关系的，养父母可以要求养子女补偿收养期间支出的抚养费。生父母要求解除收养关系的，养父母可以要求生父母适当补偿收养期间支出的抚养费；但是，因养父母虐待、遗弃养子女而解除收养关系的除外。"

（一）对养子女与养父母及其他近亲属的后果

根据上述法律规定，收养关系解除后，养子女与养父母之间的身份和权利义务即行消除，彼此不再具有抚养教育和保护、赡养扶助和继承遗产等权利义务。与此同时，养子女与养父母的其他近亲属间的权利义务关系也随之消除。

（二）对养子女与生父母及其他近亲属的后果

依照上述法律规定，收养关系解除后，未成年的养子女与生父母及其他近亲属的权利义务关系自行恢复。但成年养子女与生父母及其他近亲属间的权利义务关系是否恢复，可以由成年养子女与生父母协商确定。

（三）成年养子女的生活费给付义务

根据上述法律规定，收养关系解除后，经养父母抚养的成年养子女，对缺乏劳动能力又缺乏生活来源的养父母，应当给付生活费。生活费的数额，应视养父母的实际生活需要和成年养子女的负担能力，一般应不低于当地居民的平均生活水平。

（四）养父母的补偿请求权

根据上述法律规定，因养子女成年后虐待、遗弃养父母而解除收养关系的，养父母有权要求养子女补偿收养期间支出的生活费、教育费等。

生父母要求解除收养关系的，养父母有权要求生父母适当补偿收养期间支出的生活费、教育费等。如果因养父母虐待、遗弃养子女而导致收养关系解除的，养父母则无权要求生父母补偿收养期间养子女的生活费、教育费等。

学习与思考：

1. 收养的法律特征。
2. 收养与寄养有何不同？
3. 我国收养法律的基本原则有哪些，《民法典婚姻家庭编》作了哪些修改？
4. 收养关系的成立应当具备什么法定条件？
5. 收养关系成立必须履行什么法定程序？
6. 何谓收养关系的法律效力？它表现在哪些方面？
7. 协议解除和诉讼解除收养关系的条件和程序有何不同？
8. 收养关系解除会引起怎样的法律后果？

第九章　婚姻家庭观

第一节　婚姻家庭观概述

恩格斯在《家庭、私有制和国家的起源》一书中，基于对私有制和国家产生的研究，研究了人类社会婚姻家庭的产生和发展，提出了他的婚姻家庭观。恩格斯从唯物主义的高度出发，把婚姻家庭放在社会历史发展的长河中，以爱情、婚姻、家庭为主线，研究了三者之间的紧密关系。其中，爱情是婚姻的基础，婚姻是实现爱情的最佳途径，姻缘和血缘的联结便形成了家庭。

我国《民法典婚姻家庭编》第 1041 条规定：“实行婚姻自由”，第 1042 条规定：“禁止包办、买卖婚姻和其他干涉婚姻自由的行为。”第 1046 条规定：“结婚应当男女双方完全自愿。”可见，“婚姻自由”作为我国婚姻家庭法的一项基本原则，要求婚姻的成立和维系都应以爱情为基础。

恋爱培养爱情，建立在爱情基础上的婚姻才能幸福美满、长长久久。从恋爱到缔结婚姻和建立家庭，是人生需要经历的重要阶段。注重家庭，遵守恋爱、婚姻家庭生活中的道德和法律规范，树立正确的恋爱观和婚姻观，有利于大学生的健康成长和顺利成才。

一、恋爱道德规范

（一）尊重人格平等

恋爱的双方在人格上都是独立的，不能把对方当作自己的附庸，也不能依附对方而失去自我。恋爱双方在相互关系上是平等的，都有给予爱、接受爱和拒绝爱的自由。放纵自己的情感，束缚或强迫对方，都不符合恋爱的道德要求。

（二）自觉承担责任

自愿地为对方承担责任，是爱情本质的体现。爱一个人或接受一个人的爱，就要自觉地为对方承担责任。责任常常体现在生活的点点滴滴之中，责任的担当是需要见诸行动的自觉。

（三）文明相亲相爱

文明的恋爱往往是恋爱双方既相互爱慕、亲近，又举止得体、相互尊重。在公共场所，恋爱的双方要遵守社会公德，不要对他人生活和公共生活造成不良影响。

二、婚姻家庭道德规范

家庭美德以尊老爱幼、男女平等、夫妻和睦、勤俭持家、邻里团结为主要内容，在维系和谐美满的婚姻家庭关系中具有重要而独特的功能。

（一）尊老爱幼

我国自古以来就倡导“老有所终，幼有所养”，形成了尊老爱幼的良好家庭道德传统。子女要孝敬、赡养父母及长辈，父母要抚育、爱护子女，这不仅是每个公民必须遵守的道德准则，也是应尽的社会责任和法律义务。

（二）男女平等

家庭生活中的男女平等，既表现为夫妻权利和义务上的平等、人格地位上的平等，又表现为平等地对待自己的子女。坚持男女平等，特别要尊重和保护妇女的合法权益，反对歧视和迫害妇女的行为。

（三）夫妻和睦

夫妻关系是家庭关系的核心。夫妻和睦是在男女平等基础上的互敬互爱、互助互让，相互尊重、相互忠诚，以及夫妻之间的相互扶养。

（四）勤俭持家

勤俭是家庭兴旺的保证，也是社会富足的保证。勤俭持家既要勤劳致富，也要量入为出。大学生要尊重父母劳动所得，体谅父母的辛苦操劳，在日常生活中注意节俭，尽量减轻父母和家庭的生活负担。

（五）邻里团结

邻里团结重要的是相互尊重，尊重对方的人格、民族习惯、生活方式、兴趣爱好等，做到互谅互让，互帮互助，宽以待人，团结友爱。

第二节　树立正确的婚姻家庭观

一、理性对待爱情

爱情是浪漫而美好的，但也需要精心呵护。对待爱情，大学生要正确理性，解决好恋爱中的各种问题。

（一）正确区分友谊和爱情

在与异性交往中，准确区分友谊与爱情两种性质不同的感情体验，理智地把握好友谊与爱情的界限，跟异性建立和保持健康的友谊。

（二）正确置放爱情的地位

大学生不能把爱情放在人生最高的地位，奉行爱情至上主义，沉湎于感情缠绵之中。这样的恋爱观，很容易导致对人生目标的误解，对需要将主要精力用于学习上的大学生危害极大。

（三）恋爱不能功利化世俗化

爱情是纯粹的，是心与心的交流。大学生如果不切实际的在自己心中勾画出一个恋爱偶像，只是追求外在形象，或者只看重对方的经济条件，或者仅仅把恋爱看成是摆脱孤独寂寞的方式，都无法产生真挚的感情，也得不到真正的爱情。

（四）恋爱要重责任有担当

责任是爱情得以长久的重要保障，是坚贞爱情的试金石。自愿担当的责任，丰富了爱情的内涵，提升了爱情的境界。如果“不在乎天长地久，只在乎曾经拥有”，把爱情当成游戏，既会伤害对方，也会伤及自己。

（五）失恋不能迷失人生方向

恋爱过程是恋爱双方互相熟悉和情感协调的过程，恋爱成功与失败都是正常现象。大学生应该正确对待失恋，做到失恋不失志，失恋不失德，不影响学业和生活，不丧失对爱的憧憬和追求，不迷失自己的人生方向。

二、正确处理各种关系

树立正确的恋爱观，大学生还要处理好几种关系：

（一）恋爱与学习的关系

学习是大学生的主要任务，大学生应把爱情作为奋发学习的动力，同时还应把是否有利于促进学习作为衡量爱情价值的一个重要而特殊的标准，以学习为重。

（二）恋爱与关心集体的关系

恋爱中的男女双方，不应把自己沉溺在两个人的世界中。脱离集体，疏远同学，终将会妨碍自身的全面发展与长足进步。

（三）恋爱与关爱他人和社会的关系

爱的情感丰富博大，不仅有恋人之爱，还有对父母之爱、对兄弟姐妹之爱、对师长同学之爱、对社会和国家之爱。大学生如果只专注于对恋人的爱而忽视对他人和社会的爱，这样的爱情就会显得自私狭隘和庸俗；相反，对他人和社会具有爱心，则会使爱情变得更加高尚和稳固。

学习与思考：

1. 恋爱道德规范。
2. 婚姻家庭道德规范。
3. 如何树立正确的婚姻家庭观？

附录　中华人民共和国民法典婚姻家庭编

（发布：2020 年 5 月 28 日　实施：2021 年 1 月 1 日）

第一章　一般规定

第一千零四十条　【婚姻家庭编的调整范围】本编调整因婚姻家庭产生的民事关系。

第一千零四十一条　【基本原则】婚姻家庭受国家保护。

实行婚姻自由、一夫一妻、男女平等的婚姻制度。

保护妇女、未成年人、老年人、残疾人的合法权益。

第一千零四十二条　【婚姻家庭的禁止性规定】禁止包办、买卖婚姻和其他干涉婚姻自由的行为。禁止借婚姻索取财物。

禁止重婚。禁止有配偶者与他人同居。

禁止家庭暴力。禁止家庭成员间的虐待和遗弃。

第一千零四十三条　【婚姻家庭的倡导性规定】家庭应当树立优良家风，弘扬家庭美德，重视家庭文明建设。

夫妻应当互相忠实，互相尊重，互相关爱；家庭成员应当敬老爱幼，互相帮助，维护平等、和睦、文明的婚姻家庭关系。

第一千零四十四条　【收养的基本原则】收养应当遵循最有利于被收养人的原则，保障被收养人和收养人的合法权益。

禁止借收养名义买卖未成年人。

第一千零四十五条　【亲属、近亲属及家庭成员】亲属包括配偶、血亲和姻亲。

配偶、父母、子女、兄弟姐妹、祖父母、外祖父母、孙子女、外孙子女为近亲属。

配偶、父母、子女和其他共同生活的近亲属为家庭成员。

第二章　结婚

第一千零四十六条　【结婚自愿】结婚应当男女双方完全自愿，禁止任何一方对另一方加以强迫，禁止任何组织或者个人加以干涉。

第一千零四十七条　【法定结婚年龄】结婚年龄，男不得早于二十二周岁，女不得早于二十周岁。

第一千零四十八条　【禁止结婚的情形】直系血亲或者三代以内的旁系血亲禁止结婚。

第一千零四十九条　【结婚登记】要求结婚的男女双方应当亲自到婚姻登记机关申

请结婚登记。符合本法规定的，予以登记，发给结婚证。完成结婚登记，即确立婚姻关系。未办理结婚登记的，应当补办登记。

第一千零五十条　【婚后双方互为家庭成员】登记结婚后，按照男女双方约定，女方可以成为男方家庭的成员，男方可以成为女方家庭的成员。

第一千零五十一条　【婚姻无效的情形】有下列情形之一的，婚姻无效：

（一）重婚；

（二）有禁止结婚的亲属关系；

（三）未到法定婚龄。

第一千零五十二条　【胁迫婚姻】因胁迫结婚的，受胁迫的一方可以向人民法院请求撤销婚姻。

请求撤销婚姻的，应当自胁迫行为终止之日起一年内提出。

被非法限制人身自由的当事人请求撤销婚姻的，应当自恢复人身自由之日起一年内提出。

第一千零五十三条　【隐瞒疾病的可撤销婚姻】一方患有重大疾病的，应当在结婚登记前如实告知另一方；不如实告知的，另一方可以向人民法院请求撤销婚姻。

请求撤销婚姻的，应当自知道或者应当知道撤销事由之日起一年内提出。

第一千零五十四条　【婚姻无效和被撤销的法律后果】无效的或者被撤销的婚姻自始没有法律约束力，当事人不具有夫妻的权利和义务。同居期间所得的财产，由当事人协议处理；协议不成的，由人民法院根据照顾无过错方的原则判决。对重婚导致的无效婚姻的财产处理，不得侵害合法婚姻当事人的财产权益。当事人所生的子女，适用本法关于父母子女的规定。

婚姻无效或者被撤销的，无过错方有权请求损害赔偿。

第三章　家庭关系

第一节　夫妻关系

第一千零五十五条　【夫妻地位平等】夫妻在婚姻家庭中地位平等。

第一千零五十六条　【夫妻姓名权】夫妻双方都有各自使用自己姓名的权利。

第一千零五十七条　【夫妻参加各种活动的自由】夫妻双方都有参加生产、工作、学习和社会活动的自由，一方不得对另一方加以限制或者干涉。

第一千零五十八条　【夫妻抚养、教育和保护子女的权利义务平等】夫妻双方平等享有对未成年子女抚养、教育和保护的权利，共同承担对未成年子女抚养、教育和保护的义务。

第一千零五十九条　【夫妻相互扶养义务】夫妻有相互扶养的义务。

需要扶养的一方，在另一方不履行扶养义务时，有要求其给付扶养费的权利。

第一千零六十条　【日常家事代理权】夫妻一方因家庭日常生活需要而实施的民事法律行为，对夫妻双方发生效力，但是夫妻一方与相对人另有约定的除外。

夫妻之间对一方可以实施的民事法律行为范围的限制，不得对抗善意相对人。

第一千零六十一条　【夫妻相互继承权】夫妻有相互继承遗产的权利。

第一千零六十二条　【夫妻共同财产】夫妻在婚姻关系存续期间所得的下列财产，

为夫妻的共同财产，归夫妻共同所有：

（一）工资、奖金、劳务报酬；

（二）生产、经营、投资的收益；

（三）知识产权的收益；

（四）继承或者受赠的财产，但是本法第一千零六十三条第三项规定的除外；

（五）其他应当归共同所有的财产。

夫妻对共同财产，有平等的处理权。

第一千零六十三条 【夫妻个人财产】下列财产为夫妻一方的个人财产：

（一）一方的婚前财产；

（二）一方因受到人身损害获得的赔偿或者补偿；

（三）遗嘱或者赠与合同中确定只归一方的财产；

（四）一方专用的生活用品；

（五）其他应当归一方的财产。

第一千零六十四条 【夫妻共同债务】夫妻双方共同签名或者夫妻一方事后追认等共同意思表示所负的债务，以及夫妻一方在婚姻关系存续期间以个人名义为家庭日常生活需要所负的债务，属于夫妻共同债务。

夫妻一方在婚姻关系存续期间以个人名义超出家庭日常生活需要所负的债务，不属于夫妻共同债务；但是，债权人能够证明该债务用于夫妻共同生活、共同生产经营或者基于夫妻双方共同意思表示的除外。

第一千零六十五条 【夫妻约定财产制】男女双方可以约定婚姻关系存续期间所得的财产以及婚前财产归各自所有、共同所有或者部分各自所有、部分共同所有。约定应当采用书面形式。没有约定或者约定不明确的，适用本法第一千零六十二条、第一千零六十三条的规定。

夫妻对婚姻关系存续期间所得的财产以及婚前财产的约定，对双方具有法律约束力。

夫妻对婚姻关系存续期间所得的财产约定归各自所有，夫或者妻一方对外所负的债务，相对人知道该约定的，以夫或者妻一方的个人财产清偿。

第一千零六十六条 【婚姻关系存续期间夫妻共同财产的分割】婚姻关系存续期间，有下列情形之一的，夫妻一方可以向人民法院请求分割共同财产：

（一）一方有隐藏、转移、变卖、毁损、挥霍夫妻共同财产或者伪造夫妻共同债务等严重损害夫妻共同财产利益的行为；

（二）一方负有法定扶养义务的人患重大疾病需要医治，另一方不同意支付相关医疗费用。

第二节 父母子女关系和其他

第一千零六十七条 【父母的抚养义务和子女的赡养义务】父母不履行抚养义务的，未成年子女或者不能独立生活的成年子女，有要求父母给付抚养费的权利。

成年子女不履行赡养义务的，缺乏劳动能力或者生活困难的父母，有要求成年子女给付赡养费的权利。

第一千零六十八条　【父母教育、保护未成年子女的权利义务】父母有教育、保护未成年子女的权利和义务。未成年子女造成他人损害的，父母应当依法承担民事责任。

第一千零六十九条　【子女应尊重父母的婚姻权利】子女应当尊重父母的婚姻权利，不得干涉父母离婚、再婚以及婚后的生活。子女对父母的赡养义务，不因父母的婚姻关系变化而终止。

第一千零七十条　【父母子女相互继承权】父母和子女有相互继承遗产的权利。

第一千零七十一条　【非婚生子女的权利】非婚生子女享有与婚生子女同等的权利，任何组织或者个人不得加以危害和歧视。

不直接抚养非婚生子女的生父或者生母，应当负担未成年子女或者不能独立生活的成年子女的抚养费。

第一千零七十二条　【继父母与继子女间的权利义务关系】继父母与继子女间，不得虐待或者歧视。

继父或者继母和受其抚养教育的继子女间的权利义务关系，适用本法关于父母子女关系的规定。

第一千零七十三条　【亲子关系异议之诉】对亲子关系有异议且有正当理由的，父或者母可以向人民法院提起诉讼，请求确认或者否认亲子关系。

对亲子关系有异议且有正当理由的，成年子女可以向人民法院提起诉讼，请求确认亲子关系。

第一千零七十四条　【祖孙之间的抚养、赡养义务】有负担能力的祖父母、外祖父母，对于父母已经死亡或者父母无力抚养的未成年孙子女、外孙子女，有抚养的义务。

有负担能力的孙子女、外孙子女，对于子女已经死亡或者子女无力赡养的祖父母、外祖父母，有赡养的义务。

第一千零七十五条　【兄弟姐妹间的扶养义务】有负担能力的兄、姐，对于父母已经死亡或者父母无力抚养的未成年弟、妹，有扶养的义务。

由兄、姐扶养长大的有负担能力的弟、妹，对于缺乏劳动能力又缺乏生活来源的兄、姐，有扶养的义务。

第四章　离婚

第一千零七十六条　【协议离婚】夫妻双方自愿离婚的，应当签订书面离婚协议，并亲自到婚姻登记机关申请离婚登记。

离婚协议应当载明双方自愿离婚的意思表示和对子女抚养、财产以及债务处理等事项协商一致的意见。

第一千零七十七条　【离婚冷静期】自婚姻登记机关收到离婚登记申请之日起三十日内，任何一方不愿意离婚的，可以向婚姻登记机关撤回离婚登记申请。

前款规定期限届满后三十日内，双方应当亲自到婚姻登记机关申请发给离婚证；未申请的，视为撤回离婚登记申请。

第一千零七十八条　【离婚登记】婚姻登记机关查明双方确实是自愿离婚，并已经对子女抚养、财产以及债务处理等事项协商一致的，予以登记，发给离婚证。

第一千零七十九条　【诉讼离婚】夫妻一方要求离婚的，可以由有关组织进行调解或者直接向人民法院提起离婚诉讼。

人民法院审理离婚案件，应当进行调解；如果感情确已破裂，调解无效的，应当准予离婚。

有下列情形之一，调解无效的，应当准予离婚：

（一）重婚或者与他人同居；

（二）实施家庭暴力或者虐待、遗弃家庭成员；

（三）有赌博、吸毒等恶习屡教不改；

（四）因感情不和分居满二年；

（五）其他导致夫妻感情破裂的情形。

一方被宣告失踪，另一方提起离婚诉讼的，应当准予离婚。

经人民法院判决不准离婚后，双方又分居满一年，一方再次提起离婚诉讼的，应当准予离婚。

第一千零八十条　【婚姻关系解除时间】完成离婚登记，或者离婚判决书、调解书生效，即解除婚姻关系。

第一千零八十一条　【军婚的保护】现役军人的配偶要求离婚，应当征得军人同意，但是军人一方有重大过错的除外。

第一千零八十二条　【男方离婚诉权的限制】女方在怀孕期间、分娩后一年内或者终止妊娠后六个月内，男方不得提出离婚；但是，女方提出离婚或者人民法院认为确有必要受理男方离婚请求的除外。

第一千零八十三条　【复婚登记】离婚后，男女双方自愿恢复婚姻关系的，应当到婚姻登记机关重新进行结婚登记。

第一千零八十四条　【离婚后的父母子女关系】父母与子女间的关系，不因父母离婚而消除。离婚后，子女无论由父或者母直接抚养，仍是父母双方的子女。

离婚后，父母对于子女仍有抚养、教育、保护的权利和义务。

离婚后，不满两周岁的子女，以由母亲直接抚养为原则。已满两周岁的子女，父母双方对抚养问题协议不成的，由人民法院根据双方的具体情况，按照最有利于未成年子女的原则判决。子女已满八周岁的，应当尊重其真实意愿。

第一千零八十五条　【离婚后子女抚养费的负担】离婚后，子女由一方直接抚养的，另一方应当负担部分或者全部抚养费。负担费用的多少和期限的长短，由双方协议；协议不成的，由人民法院判决。

前款规定的协议或者判决，不妨碍子女在必要时向父母任何一方提出超过协议或者判决原定数额的合理要求。

第一千零八十六条　【父母的探望权】离婚后，不直接抚养子女的父或者母，有探望子女的权利，另一方有协助的义务。

行使探望权利的方式、时间由当事人协议；协议不成的，由人民法院判决。

父或者母探望子女，不利于子女身心健康的，由人民法院依法中止探望；中止的事由消失后，应当恢复探望。

第一千零八十七条　【离婚时夫妻共同财产的处理】离婚时，夫妻的共同财产由双方协议处理；协议不成的，由人民法院根据财产的具体情况，按照照顾子女、女方和无过错方权益的原则判决。

对夫或者妻在家庭土地承包经营中享有的权益等，应当依法予以保护。

第一千零八十八条　【离婚经济补偿】夫妻一方因抚育子女、照料老年人、协助另一方工作等负担较多义务的，离婚时有权向另一方请求补偿，另一方应当给予补偿。具体办法由双方协议；协议不成的，由人民法院判决。

第一千零八十九条　【离婚时夫妻共同债务清偿】离婚时，夫妻共同债务应当共同偿还。共同财产不足清偿或者财产归各自所有的，由双方协议清偿；协议不成的，由人民法院判决。

第一千零九十条　【离婚经济帮助】离婚时，如果一方生活困难，有负担能力的另一方应当给予适当帮助。具体办法由双方协议；协议不成的，由人民法院判决。

第一千零九十一条　【离婚损害赔偿】有下列情形之一，导致离婚的，无过错方有权请求损害赔偿：

（一）重婚；

（二）与他人同居；

（三）实施家庭暴力；

（四）虐待、遗弃家庭成员；

（五）有其他重大过错。

第一千零九十二条　【一方侵害夫妻共同财产的法律后果】夫妻一方隐藏、转移、变卖、毁损、挥霍夫妻共同财产，或者伪造夫妻共同债务企图侵占另一方财产的，在离婚分割夫妻共同财产时，对该方可以少分或者不分。离婚后，另一方发现有上述行为的，可以向人民法院提起诉讼，请求再次分割夫妻共同财产。

第五章　收养

第一节　收养关系的成立

第一千零九十三条　【被收养人的范围】下列未成年人，可以被收养：

（一）丧失父母的孤儿；

（二）查找不到生父母的未成年人；

（三）生父母有特殊困难无力抚养的子女。

第一千零九十四条　【送养人的范围】下列个人、组织可以作送养人：

（一）孤儿的监护人；

（二）儿童福利机构；

（三）有特殊困难无力抚养子女的生父母。

第一千零九十五条　【监护人送养未成年人的特殊规定】未成年人的父母均不具备完全民事行为能力且可能严重危害该未成年人的，该未成年人的监护人可以将其送养。

第一千零九十六条　【监护人送养孤儿的特殊规定】监护人送养孤儿的，应当征得有抚养义务的人同意。有抚养义务的人不同意送养、监护人不愿意继续履行监护职责的，应当依照本法第一编的规定另行确定监护人。

第一千零九十七条　【生父母送养】生父母送养子女，应当双方共同送养。生父母一方不明或者查找不到的，可以单方送养。

第一千零九十八条 【收养人的条件】收养人应当同时具备下列条件：

（一）无子女或者只有一名子女；

（二）有抚养、教育和保护被收养人的能力；

（三）未患有在医学上认为不应当收养子女的疾病；

（四）无不利于被收养人健康成长的违法犯罪记录；

（五）年满三十周岁。

第一千零九十九条 【收养三代以内旁系同辈血亲子女的特殊规定】收养三代以内旁系同辈血亲的子女，可以不受本法第一千零九十三条第三项、第一千零九十四条第三项和第一千一百零二条规定的限制。

华侨收养三代以内旁系同辈血亲的子女，还可以不受本法第一千零九十八条第一项规定的限制。

第一千一百条 【收养子女的人数】无子女的收养人可以收养两名子女；有子女的收养人只能收养一名子女。

收养孤儿、残疾未成年人或者儿童福利机构抚养的查找不到生父母的未成年人，可以不受前款和本法第一千零九十八条第一项规定的限制。

第一千一百零一条 【共同收养】有配偶者收养子女，应当夫妻共同收养。

第一千一百零二条 【无配偶者收养异性子女】无配偶者收养异性子女的，收养人与被收养人的年龄应当相差四十周岁以上。

第一千一百零三条 【继父母收养继子女的特殊规定】继父或者继母经继子女的生父母同意，可以收养继子女，并可以不受本法第一千零九十三条第三项、第一千零九十四条第三项、第一千零九十八条和第一千一百条第一款规定的限制。

第一千一百零四条 【收养、送养自愿】收养人收养与送养人送养，应当双方自愿。收养八周岁以上未成年人的，应当征得被收养人的同意。

第一千一百零五条 【收养登记、收养公告、收养协议、收养公证、收养评估】收养应当向县级以上人民政府民政部门登记。收养关系自登记之日起成立。

收养查找不到生父母的未成年人的，办理登记的民政部门应当在登记前予以公告。

收养关系当事人愿意签订收养协议的，可以签订收养协议。

收养关系当事人各方或者一方要求办理收养公证的，应当办理收养公证。

县级以上人民政府民政部门应当依法进行收养评估。

第一千一百零六条 【被收养人户口登记】收养关系成立后，公安机关应当按照国家有关规定为被收养人办理户口登记。

第一千一百零七条 【抚养】孤儿或者生父母无力抚养的子女，可以由生父母的亲属、朋友抚养；抚养人与被抚养人的关系不适用本章规定。

第一千一百零八条 【抚养优先权】配偶一方死亡，另一方送养未成年子女的，死亡一方的父母有优先抚养的权利。

第一千一百零九条 【涉外收养】外国人依法可以在中华人民共和国收养子女。

外国人在中华人民共和国收养子女，应当经其所在国主管机关依照该国法律审查同意。收养人应当提供由其所在国有权机构出具的有关其年龄、婚姻、职业、财产、健康、有无受过刑事处罚等状况的证明材料，并与送养人签订书面协议，亲自向省、自治区、直辖市人民政府民政部门登记。

前款规定的证明材料应当经收养人所在国外交机关或者外交机关授权的机构认证，并经中华人民共和国驻该国使领馆认证，但是国家另有规定的除外。

第一千一百一十条　【收养保密义务】收养人、送养人要求保守收养秘密的，其他人应当尊重其意愿，不得泄露。

第二节　收养的效力

第一千一百一十一条　【收养效力】自收养关系成立之日起，养父母与养子女间的权利义务关系，适用本法关于父母子女关系的规定；养子女与养父母的近亲属间的权利义务关系，适用本法关于子女与父母的近亲属关系的规定。

养子女与生父母以及其他近亲属间的权利义务关系，因收养关系的成立而消除。

第一千一百一十二条　【养子女的姓氏】养子女可以随养父或者养母的姓氏，经当事人协商一致，也可以保留原姓氏。

第一千一百一十三条　【无效收养行为】有本法第一编关于民事法律行为无效规定情形或者违反本编规定的收养行为无效。

无效的收养行为自始没有法律约束力。

第三节　收养关系的解除

第一千一百一十四条　【当事人协议解除及因违法行为而解除】收养人在被收养人成年以前，不得解除收养关系，但是收养人、送养人双方协议解除的除外。养子女八周岁以上的，应当征得本人同意。

收养人不履行抚养义务，有虐待、遗弃等侵害未成年养子女合法权益行为的，送养人有权要求解除养父母与养子女间的收养关系。送养人、收养人不能达成解除收养关系协议的，可以向人民法院提起诉讼。

第一千一百一十五条　【关系恶化而协议解除】养父母与成年养子女关系恶化、无法共同生活的，可以协议解除收养关系。不能达成协议的，可以向人民法院提起诉讼。

第一千一百一十六条　【解除收养关系登记】当事人协议解除收养关系的，应当到民政部门办理解除收养关系登记。

第一千一百一十七条　【解除收养关系后的身份效力】收养关系解除后，养子女与养父母以及其他近亲属间的权利义务关系即行消除，与生父母以及其他近亲属间的权利义务关系自行恢复。但是，成年养子女与生父母以及其他近亲属间的权利义务关系是否恢复，可以协商确定。

第一千一百一十八条　【解除收养关系后的财产效力】收养关系解除后，经养父母抚养的成年养子女，对缺乏劳动能力又缺乏生活来源的养父母，应当给付生活费。因养子女成年后虐待、遗弃养父母而解除收养关系的，养父母可以要求养子女补偿收养期间支出的抚养费。

生父母要求解除收养关系的，养父母可以要求生父母适当补偿收养期间支出的抚养费；但是，因养父母虐待、遗弃养子女而解除收养关系的除外。

参考文献

[1]《思想道德修养与法律基础（2018 年版）》课题组．思想道德修养与法律基础［M］．北京：高等教育出版社，2018．

［2］曹贤信．婚姻家庭与继承法［M］．厦门：厦门大学出版社，2013．

［3］陈鹏．中国婚姻史稿［M］．北京：中华书局，2005．

［4］孟令志，曹诗权，麻昌华．婚姻家庭与继承法［M］．北京：北京大学出版社，2012．

［5］潘新喆．婚姻家庭法新论［M］．北京：中国民主法制出版社，2006．

［6］冉克平．论《民法典婚姻家庭编（草案）》的体系、内容及其完善［J］．武汉大学学报（哲学社会科学版）．2019（6）：149－158．

［7］史尚宽．亲属法论［M］．北京：中国政法大学出版社，2000．

［8］巫昌祯．婚姻与继承法学［M］．北京：中国政法大学出版社，2017．

［9］习近平．习近平谈治国理政：第 2 卷［M］．北京：外文出版社，2017．

［10］夏吟兰．婚姻家庭继承法［M］．北京：中国政法大学出版社，2017．

［11］夏吟兰．民法典分则婚姻家庭编立法研究［J］．中国法学．2017（3）：71－86．

［12］徐宪江．最新婚姻法热点问题解答全书［M］．北京：中国法制出版社，2012．

［13］杨大文，龙翼飞．婚姻家庭法［M］．北京：中国人民大学出版社，2020．

［14］张华，蒙柳．婚姻家庭继承法［M］．武汉：武汉大学出版社，2016．

［15］中共中央马克思恩格斯列宁斯大林著作编译局．马克思恩格斯全集：第 1 卷［M］．北京：人民出版社，1956．

［16］中共中央马克思恩格斯列宁斯大林著作编译局．马克思恩格斯全集：第 27 卷［M］．北京：人民出版社，1972．

［17］中共中央马克思恩格斯列宁斯大林著作编译局．马克思恩格斯文集：第 4 卷［M］．北京：人民出版社，2009．

［18］卓冬青．婚姻家庭继承法［M］．武汉：武汉大学出版社，2012．